周易全书

卷二

林之满 主编

吉林出版集团有限责任公司

目　录

周易研究

第一篇　《易》名辨

简　　易 …………………… (193)
变　　易 …………………… (195)
不　　易 …………………… (196)
交易及其他 ………………… (197)
结　　语 …………………… (198)

第二篇　三与四和不三不四

三才是上古思想的高峰 …… (199)
三四爻属于人位 ………… (200)
做人难，难做人 ………… (201)
不三不四的人物 ………… (202)

第三篇　先阴后阳

说"阴阳"，不说"阳阴" ……… (203)
循环逻辑 ………………… (204)
《易》逆数也 ……………… (204)
一阳一阴非道也 ………… (205)
佛家主张先阳后阴 ……… (206)
答案未必在周易 ………… (206)

第四篇　"一君二民"与"二君一民"辩释

治域广狭说 ……………… (208)
道家阴阳说 ……………… (208)
语焉不详说 ……………… (209)
政权分合说 ……………… (209)
君主民主说 ……………… (209)
得一得二说 ……………… (210)
厚下安宅说 ……………… (211)

第五篇　卦，是什么

卦者挂也 ………………… (212)
卦者象也 ………………… (212)
卦象不是形式 …………… (214)
卦画是形式与内涵的统一体
……………………………… (214)
义理宝库的巨大功能 …… (215)
卦者时也 ………………… (217)
卦者情境也 ……………… (221)

第六篇 何谓“天地之心”

群阴剥阳 ……………………（223）
一阳来复 ……………………（224）
生动是天地之心 ……………（225）
天地之心为无与静 …………（227）
动静结合始见天地之心 ……（229）
人者天地之心也 ……………（229）
天地之心是阴阳消长的规律 ……………………………（231）
玄是否为天地之心 …………（232）
天人合一与扶阳抑阴 ………（234）
情义双关的命题 ……………（236）
天地之心的美学意义 ………（237）
天地之心的实践意义 ………（239）

第七篇 “制器尚象”与“居则观象”

此象非彼象 …………………（240）
《易》者象也 ………………（242）
占以象为本 …………………（245）
《易》生于象 ………………（246）
是耶非耶 奇谈怪论 ………（251）
合理调改 ……………………（254）

第八篇 囫囵吞《易》

难解的“利见大人” …………（256）
是谁“利见大人” ……………（256）
谁是九五爻中的大人 ………（260）
八面玲珑的观点 ……………（261）
孔传及以孔传为本的观点 …（263）
高氏的说法 …………………（266）
李氏的说法 …………………（268）
《临》具《乾》德之说 …………（269）
闻氏的说法 …………………（270）
结 语 ………………………（271）
解《易》难于上青天 …………（272）
《蒙》卦初六爻辞怎么讲 ……（273）
《蒙》卦初六《象》辞的含义 …（275）

第九篇 大《易》是否不言有无

孔子的有无 …………………（278）
无和無有何区别 ……………（279）
《易》有太极是什么 …………（281）
孔传的第二个“有” …………（284）
太极图 ………………………（286）

第十篇 象乎 辞乎

汉《易》与宋《易》 …………（289）
孔子的体会 …………………（289）
象辞之辩 ……………………（290）
观象玩辞 ……………………（291）
难解的“以”字 ………………（294）

第十一篇 《易》苑漫步

难过的文辞关 …………………（297）
难解是周易的本性 …………（299）
象的优缺点 ……………………（300）
《易》象的表意功能 …………（300）
语言表意的局限性 …………（304）
世上没有“纯粹”的事物 ……（305）
存在和无的统一 ……………（307）
所谓纯阳者，即非纯阳，
　是名纯阳 …………………（308）
《乾》与《坤》是一物两体 ……（310）
人谋、鬼谋，先人后鬼 ………（312）
周易无鬼神 …………………（314）
周易不迷信鬼神 ……………（318）
周易焉能成为宗教 …………（320）
周易不是魔术和木乃伊 ……（322）
什么是鬼神 …………………（323）
易传中的鬼神 ………………（326）
人在前，鬼神在后 …………（328）
鬼神源于生死 ………………（329）
神字的奥义 …………………（332）
何谓神明 ……………………（338）
何谓神武而不杀 ……………（340）

第十二篇 《易》立于交

《易》生于交 …………………（342）
占成于交 ……………………（344）
经文中的交字 ………………（346）
传文中的交字 ………………（349）
《易》体首尾的交义 …………（353）
互体见交义 …………………（353）
文明的交义 …………………（354）

第十三篇 “大人”屑谈

孔子对周易的活学活用 ……（355）
大人是何等人物 ……………（357）
何谓天地之德　如何与
　天地合德 …………………（359）
孔《易》与周《易》的合德 ……（362）
天地合德与《乾》《坤》合德 …（366）
何谓“与日月合其明” ………（369）
《坎》《离》与日月 ……………（371）
“与四时合其序”的含义 ……（373）
何谓鬼神　如何与鬼神合
　其吉凶 ……………………（374）
先天后天，运用自如 ………（378）

第十四篇 《易》卦的功能及《易》与蓍的关系

吉凶者得失之谓也 …………（382）
定吉凶与见吉凶 ……………（382）
蓍生《易》，还是《易》生蓍 ……（383）
占非《易》的本质功能 ………（386）

周易研究

第一篇 《易》名辨

我国易学,自古即有所谓"三易"之说。其说有二:一为《周礼·春官·大卜》所谓"大卜掌三易之法,一曰连山,二曰归藏,三曰周易。其经卦皆八,其别卦皆六十有四。"汉代学者郑玄在《易论》中补充说:"夏曰《连山》,殷曰《归藏》,周曰《周易》。"又说:"《连山》以纯《艮》为首,《归藏》又名《坤乾》,以纯《坤》为首,周易则以纯《乾》为首。"此所谓"三易",是就书类而言。

此外还有个"三易"之说,是汉代纬书《易纬·乾凿度》所说:"《易》一名而含三义:所谓简易也,变易也,不易也。"此处的《易》专指周易而言。意思是,《易》这个名称,含有简易、变易、不易三个意义,是依据周易之易字的词义及其概念的哲理内涵所作的三种解释。

本文所论述的,是有关第二个三易之说的一些问题。

简 易

从字义来看,易字本来含有简单、容易的意思。为此,《易》之"简易"便有一种平淡的解释,说是周代以前的殷商时代和夏代,占卜的办法是烧灼龟甲,观其裂纹,据其兆象,以测吉凶。而所用工具、裂纹的征兆以及观测的方法都是非常麻烦而困难的,倘非专职的卜史,则难以胜任。后来到了周代,由于不胜其繁而在占卦时改用蓍草为卜筮工具,排列草棍,计其数目,借以起卦,观察卦象,参照卦爻辞,以推断吉凶祸福。占筮方法比利用龟甲火灼简便。由此,周易的易字便被解释为简便易行的占法。这是《易》为简易之义的一种说法。但这种说法只是就占术的历史发展来做解释,并未涉及周易的内涵。

对周易之简易性从哲理上作出根本性解说的,当首推孔子。孔子阐释周易哲理的《系辞》,开宗明义即以天人合一的精神指出,天地为宇宙人世的根本,而反映天地性能的周易体系的核心则为《乾》《坤》二卦。他说:

"《乾》知大始,《坤》作成物。《乾》以易知,《坤》以简能。易则易知,简则易从。"

这段话的中心思想是,如同天地造物一样,周易也由《乾》《坤》创始。《乾》主于开始,《坤》继以造成。其成物过程的特点是,《乾》以平易自然主持其始,《坤》则以简

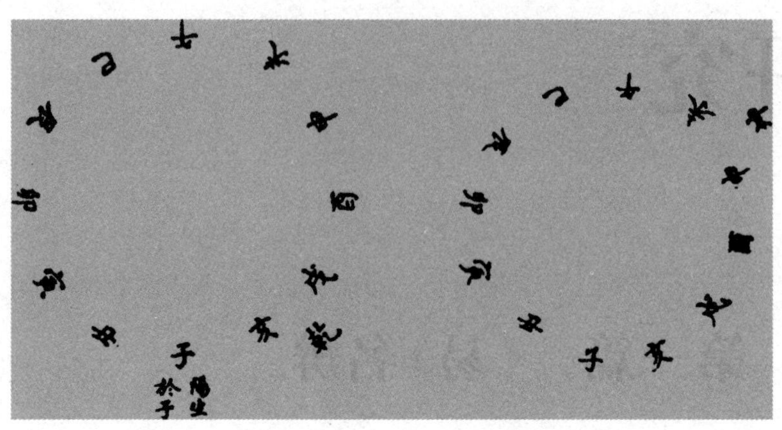

"乾知太始（左）、坤作成物（右）"图，出自元·张理《大易象数钩深图》。"乾知大始，坤作成物"一句出自《易经·系辞上传》，其意为"乾的作用是创造万物，坤的作用为成就万物"

易不繁予以完成。就是说，周易六十四卦的父母是《乾》、《坤》二卦，如此简易；而其演绎为六十四卦的体系，也是平易简单，顺其自然，无为而成，毫不勉强。其中的宇宙人世之理，也是如此。正是由于简易平顺，故而人们容易知晓，容易依从。接着，在这段话的最后，作为结论，孔子断定：

"《易》简而天下之理得矣。"

意思是说，把握住周易的简单平易之理，就可以把握住天下万事万物的规律。为什么周易有如此巨大的功能呢？孔子在另一处做了回答。他说：

"《易》与天地准，故能弥纶天地之道。"

正如他所述，周易是以天地为准则而创制的，周易之理亦即天地之理，故而一旦掌握了周易的简易规律，即可掌握天地的根本规律。掌握了天地的根本规律，自然就能把天地间万事万物包络（弥纶）起来。这样，由于周易所包含的宇宙人间的根本规律是如此简单平易，所以便于理解，便于遵行。这种情况正如《淮南子·原道训》中所说："舒之则幎于六合，卷之不盈于一握"，意为规律简易不繁，只是一点点，不足一把抓。但把它放开来分析万事万物，则四海之内所有事物都逃不脱它的范围。用今天的流行语来说，这种情形就是放之四海而皆准的真理。

如此说来，那么作为万物始祖的天地，即作为周易门户的《乾》《坤》二卦，其背后的最终规律究竟是什么呢？这一点，孔子也说得十分清楚。他说：

"一阴一阳之谓道。"

道即是万事万物的根本规律，它的内容再也简单不过，就是"阴阳"二字。也就是"- -、—"两个标象。明代思想家王夫之所谓"道之见于数者，奇一偶二而已"（《周易外传》），即是此意。道之为物，虽然如此简单平易，但宇宙间任何事物都不能越出它的囊括。宇宙、天地、男女、禽兽、君臣、上下、明暗、美丑、强弱，等等，任何事物，皆分阴阳，统由阴阳组成。阴与阳又对立又统一，又分离又渗透，阴中有阳，阳中有阴，阴长阳消，阳消阴长，阳倡阴随，阴盛阳衰，如此等等，宇宙人间一切事物，莫不如此。莫不由于阴阳二气之相反相成而生、长、衰、变，运动不已。周易这种阴阳学说，可谓古代中国式的辩证法的矛盾学说。《庄子·天下篇》中说"易以道阴阳"，确是要言不繁，一语中的，揭示了周易的精髓，把《易》名的简义，表明净尽。顺便说一句，南宋学者叶适创所谓独阳说，以为“道者，阳而不阴之谓也”，把一阴一阳之谓道，简化为独阳为道。但“独阳不生，孤阴不长”（程颐语），叶氏之说，非易简之简，而是错误的苟简。

变　　易

易字还含有变易之义。以变易来诠释《易》名，是古今中外最普遍最有权威的见解。例如周易的英语译名是“Book of change”，就是“变易之书”的意思。作为易书的译名，这种译法可以说是深得要领。

和简易一样，变易的观点也始自孔子。前面说过，孔子认为天地为宇宙之基，《乾》《坤》为周易之门。在《系辞》中他明确地说：“阖户谓之《坤》，辟户谓之《乾》，一阖一辟谓之变，往来不穷谓之通。”意思是说，《乾》、《坤》两卦如同周易的门户，一开一关即发生变化，从而生出六十四卦，如同天地相交、阴阳互迭而生出万物一样。换个说法，也就是孔子在另一处所说的“生生之谓易”。阴阳互动互化而生出《易》之整体六十四卦，仿佛自然和社会由于阴阳二气之交构而生出万事万物，并生生不已一样。

孔子对周易性质的解释，归结起来，不外乎易、道、神三个概念。所谓“生生之谓易”，以生生不已之变来为易下定义；所谓“一阴一阳之谓道”，以阴阳二气的互动之变，来为道下定义；所谓“阴阳不测之谓神”，以筮算的莫测之变来为神下定义。而无论易、道或神，莫不以阴阳的变化为本。也可以说，只是阴阳变化的三个侧面而已。

孔子以变化之义阐释周易内蕴，前后有十次之多。即此亦足见，在孔子思想中周易就是一部讲变化的书（以上引文均见《系辞》）。

孔子之后，战国时代的儒家大师荀子也说过“天地会而万物生，阴阳接而变化起”（《荀子·礼运》）这样的话。显然，这种观点，来自孔子对《易》理的阐释。

降至汉代，司马迁接受孔子所传义理派的余绪，既肯定“《易》以道阴阳”，又直截了当地断言“《易》以道化”（《太史公自序》），也把《易》名解为讲变化之义。

不仅义理派的观点如此，象数派也持有此种看法。如汉代象数派代表人物虞翻、荀爽、侯果等的卦变说和互体说，《易纬》的三易说、四易说之类，都离不开以变易的观点看待周易。

到了魏晋时代，青年哲人王弼摒弃汉易象数之风，专注义理。他也袭用易传的说法，以“一阴一阳而无穷”的所谓“天下之至变”来解释周易（《周易略例》），虽然是以老解《易》，但其一阴一阳的变易之论，却未脱出孔子的窠臼。

唐代注《易》名家孔颖达说：“《易》者变化之总号，改换之殊称（《周易正义》）。”对周易的名称，直截了当地以变化之义下了定义。这个定义，不仅具有超前的概括性和明确性，而且无形中已经从前人的三易四易之说中排除了变易以外的其他说法，应该算是易学研究的一个发展。

宋代的易学大师发扬义理派的传统，当然以孔学为基准。程颐说：“《易》，变易也，随时变易以从道也”（《易传序》）。“阖辟便是《易》，一阖一辟谓之变”（《程氏外书》）“开阖便是阴阳”（《程氏遗书》），以及朱熹所谓：“阴生阳，阳生阴，其变无穷”

(《周易本义》),等等,不但观点与孔子一致,连词语也大同小异。至于张载,他认为“乾坤,天地也;《易》,造化也。”(《横渠易说》)其乾坤天地之语,来自《系辞》。其所谓“造化”,为参照化育之义,也指阴阳交叠而言。《淮南子·览冥注》中认为:“造化即阴阳也。”由此观之,张载所说,仍本于《系辞》。

明代易学家来之德于易学多所发明,他在《周易集注》原序中开宗明义,提出易名问题。他的说法是:“《乾》、《坤》者万物之男女也,男女者一物之《乾》、《坤》也。故上经首《乾》、《坤》,下经首男女。《乾》、《坤》男女相为对待,气行乎其间,有往有来,有进有退,有常有变,有吉有凶,不可为典要,此《易》所由名也。”所谓《乾》、《坤》男女,也即指天地阴阳、来往进退、常变吉凶等,也都是孔子《系辞》的思想。但来氏对《系辞》中不可为典要一语,特别提出,予以强调,把它同《易》名之来源联系起来如此阐释,虽仍为变易之意,却看重变动不居,阴阳莫测,可谓略有新意。

清代学者李光地在名著《周易折中》里引徐在汉的话说:“一阴一阳,无时而不生生,是之为《易》。”这仍是袭用孔子以来阴阳交叠,生生不已的传统思想,并无新意。

综上所述,可见在三义的古说中,变易说确是横亘古今最有权威的说法。同时也可见孔子在传文中所阐述的一阴一阳的变易观,在历代易学的发展史上始终占有一以贯之的支配地位。

不　易

简易,变易之外,周易的第三义为不易。不易者,不变也。表面上看,似乎与变易矛盾;实质上说,是相反相成。亦即:在不易的基础上实行变易,在变易的情况下保持不易。

郑康成作《易赞》与《易论》,发挥《易纬·乾凿度》三易之义,引《系辞》“天尊地卑,《乾》《坤》定矣;卑高以陈,贵贱位矣;动静有常,刚柔断矣”这段话,来解释不易之义。当然,孔子这段话所包含的不易之理,既适用于《易》卦,也适用于外界。亦即:就结构的形式与性质来说,周易和周易所反映的世界,是一定不变的。天地、贵贱、动静、刚柔,实质上无非是一阴一阳,是阴阳之变而已。纵然周易之卦爻与客观世界千变万化,而贯穿其中的阴阳之道则永恒不变。用今天的话来说,即事物内在的根本规律永不变易。现代学者南怀瑾的《周易杂说》,在谈到这一问题时是这样说的:“万事万物随时随地都在变的,可是却有一项永远不变的东西存在,就是能变出万象的那个东西是不变的,那是永恒存在的。那个东西是什么呢?宗教家叫它‘上帝’,是‘神’,是‘主宰’,是‘佛’,是‘菩萨’。哲学家叫它是‘本体’,科学家叫它是功能。管它是什么名称,反正有这样一个东西,这个东西是不变的。”这段话的内容是正确的,但和周易之“不易”,却扣的不紧。易经只论阴阳八卦,未及宇宙本体(及其功能),更与主宰无关。孔子在《系辞》中提出“太极”,认为这是阴阳八卦乃至六十四卦的根源,但止此而已,并未以它代替一阴一阳之道,以之为产生千变万化的事物的根本不变的宇宙本体。所以,把周易之不易视为一阴一阳之道,恐怕最合乎周易的本义。

交易及其他

前边提到过，除三易说之外，还有四易说，是来自《易纬·乾坤凿度》。它说："易名有四义，本日月相衔。"意思是，古易字形是上为日，下为月，日月相合成易。郑玄也同意此说，认为"《易》者，日月也。"但从字形来说，易字非由上日下月构成。

《易》为日月之合的主要观点是，"日月为《易》，象阴阳也"（《读易会通》引秘书说），也还是用阴阳来解释《易》名，虽然，它和变易说的侧重点和角度不同，但其内容也不过是一阴一阳之谓《易》的姊妹篇。

此外，还有一个类似日月说那样据文字立言的蜥蜴说。据《读易会通》引《客斋随笔》所云，从《说文》来看，《易》本蜥蜴，此种爬虫身色无常，一日十三变。《易》之名易，是取其善变之义。《读易会通》作者不同意这种说法，斥之为"望文生义"。其实上述日月为《易》之说，千百年来已为一些大家所认许，但也何尝不是望文生义！只要生义得当，亦未尝不可。就实质来看，日月说或蜥蜴说，都不过是变易说的不同的变易形式而已。

除上述五说之外，还有《易》为交易之说。《周易指南》引近代易学家林赐光说："周，代名也；《易》，书名也。其卦本伏羲所画，有交易变易之义，故谓之《易》。"在变易之外又提及古已有之的交易之说。当然，交易也是变易的一种形式，但单独提出，侧重点便有所不同。自为一说，也可成立。本来，周易以八卦为基础的整个体系，便是阴（- -）阳（—）二爻相交的产物。说文说"爻者交也，象《易》六爻头交也（头当为相）。"以周易六爻相交解释爻字，可见交义在周易中的重要性。

交易之义，在十翼的《说卦传》中也具体存在。其十章说：

"《乾》，天地，故称乎父。《坤》，地也，故称乎母。《震》一索而得男，故谓之长男。《巽》一索而得女，故谓之长女。《坎》再索而得男，故谓之中男。《离》再索而得女，故谓之中女。《艮》三索而得男，故谓之少男。《兑》三索而得女，故谓之少女。"

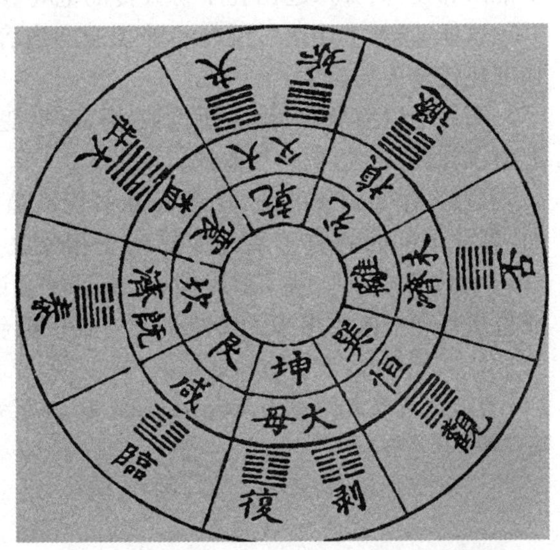

乾坤大父母图，出自宋·佚名辑《周易图》。取《说卦传》第十章所说的"乾，天也，故称乎父；坤者，地也，故称乎母"之意

这段话的意思是《系辞》思想的延长。《系辞》认为《乾》《坤》是"《易》之蕴""《易》之门"，《乾》《坤》之外的六卦乃至其他五十六卦全是由《乾》《坤》互相交错而产生出来的。《乾》☰《坤》☷相交，生出震☳坎☵艮☶三个男儿、巽☴离☲兑☱三个女儿。换句话说，也就是阴阳相交而构

成易体。只有阴阳相交而不是孤立,才会发生变动,有了变动,才会有《易》体的产生。所以孔子在《系辞》中不厌重复地说:“爻也者,言乎变者也。”“爻也者效天下之动者也。”而爻的本义是交错,交错则变动,变动则产生事物。

后来,汉代易学家推衍《系辞》的交义,创为互体之说。所谓互体,又名交互,即从一卦六爻之中除去初、上二爻,以二、三、四相交为一卦,五四三相交为另一卦。并说上至下(五四三)为交,下挂上(二三四)为互。把一个六爻母卦,变为四个三爻子卦。接着,宋代易学家们又推演出包体、环互、伏互、变互、相互等学说,无非都是周易交义在象数形式上的延长。无论其价值与效应如何,却足见交义在《易》义中占有多么重要的地位。但另一方面,由此也可看出,交义也不过是变义之一端而已。

结　　语

《系辞》说:“《易》之道广大悉备,”的确如此。一个《易》名,竟衍出这么多的说法。(清代朱骏声《六十四卦经解》甚至有“又《易》于文为勿,象日彩之散著”之说,于义空泛,令人目眩。)一个名称,竟而如此麻烦。怪不得周易学说如此繁复,学派如此纷纭,令初学者头痛不已。正如有人所说“《易》者意也,圣人各以其意遇之者”(《周易外传·系辞下传》所引)那样,一个巨大的思想体系,如周易者,难免令人从四面八方作出各取所需的解释。

《易》名多说,已经历许多年代,而尚未趋于一致。但如将各种学说综合起来深入思考,则感到其间并非分崩离析,各自为政,而有其互相联系、一脉相通之处。换言之,这些学说并不是独立地对古易经原文作出了解释,而是依据孔子《系辞》的精神作了推演和发挥,并未越出孔子易大传的范畴。

这样,既然上述诸学说有一脉相通的内容,那么自然可以把它们归纳一下,作出如下比较全面的说法:

周易是以简易而永恒的阴阳之道,演示变化多端的卦爻象数,从而显示人间正邪之路,借以趋吉避凶的一部书。

最后,作为题外的话,联系钱钟书管锥篇的《论三易之名》,联想到另一个问题,即:易字虽同时具有不易与变易两个相反之义,并可同时并存,但它和“乱”之兼训“治”,“废”之兼训“置”等字不同。单就字义讲,易字并无不易之义。其所谓不易,纯粹是从哲理上阐衍出来的特定训义。在一般叙述性文句中,易字断无否定含义。

附记:另外尚秉和《周易尚氏学》认为《易》名原为占卜之义,亦可备一说。因牵连其他问题,兹不涉及。详见后文。

第二篇　三与四和不三不四

三才是上古思想的高峰

周易原是一部深蕴哲理与伦理于卜筮形式之书，经孔子发掘其内涵并申衍发挥，从而建成一个巨大的哲学体系的思想宝库。用孔子的话来说，就是：

“易之为书也，广大悉备：有天道焉，有人道焉，有地道焉。”（《系辞下》十章）

在孔子心目中，无论是天体运行的规律、社会变动的规律或大地运动的规律，在周易之中，无所不备。

从周易六十四卦的整个体系来看，上经三十卦，始于《乾》、《坤》，终于《坎》、《离》；下经三十四卦，始于《咸》、《恒》，终于《既济》、《未济》。《乾》、《坤》为万物之始祖，《坎》、《离》为《乾》、《坤》之妙用，这属于天地之道。《咸》、《恒》表示男女夫妇之理，这属于人道的根本。而无论天地人哪一道，其运动形式总离不开完成（终）与未完成（始），亦即《既济》与《未济》的无穷连续，构成天地人运动的洪流。

另一方面，缩小范围，就组成周易体系的基本单元一卦来看，孔子认为其中也含有天地人三个层次。为什么一卦由六划构成？是由于“六者非它也，三才之道也”“兼三才而两之，故六。”（《系辞下》十章）也就是说，天地人三才所构成的卦，相重一次即变成内外两卦组成的六划卦。同时三划卦的三地人亦随而扩展为六划卦的天地人。以《乾》卦为例。

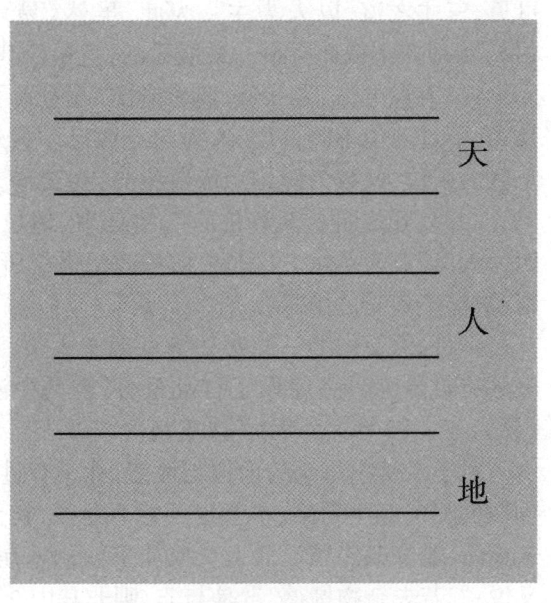

《乾》卦的状态

这样一天一人一地，即变为二天二人二地。即所谓“立天之道，曰阴与阳，立地之道曰柔与刚，立人之道曰仁与义。”（《说卦》）六画之卦，自下数起，初画为义，二画为仁，三画为刚，四画为柔，五画为阳，六画为阴。总共三对，成为地、人、天。

为什么由天地人各一画，变为各二画呢？此中有《易》之所以为《易》的根本道理。明代易学家来之德说：“天不两，则独阳无阴矣。地不两则独阴无阳矣，人不两，则不生不成矣。此其所以两也。”（《易经集注》）这个解释，十分恰当。周易“崇效天，卑法地”“明乎天之道，而察于民之故”（《系辞上》十章）。而天地人之变动都源于阴阳，即源于矛盾，无阴阳或矛盾，即无变动，即成为僵死之物。实际上宇宙只有成对的事物，并无单一的东西。“六者非它也，三才之道也”一句，就明显地告诉我们，三才的本身原来就是六，而不是三。

孔子以天人地三才的观点来分析《易》卦六爻的结构，是含有极其深刻而广博的意义的。何谓才？才是能力之意。天能复而资始，地能载而生成。人处天地之中有何能力？依三才之说，人不是消极被动地生存，而是顶天立地，与天地并行为叁，参加宇宙的生成造化。在大多数民众在精神上与物资上尚处于奴隶状态的社会中，人与天地并参的观点，无疑是达到了时代先进思想的高峰。

三四爻属于人位

这里值得注意的是，孔子虽然把易卦六爻定为天人地三才，但爻辞本身及孔子的解释，并未与天人地三才作机械的对应。亦即：并非初二爻的内容固定为地，三四爻的内容固定为人，五六爻的内容固定为天。六十四卦中只有乾坤两卦的六个爻位，可以直接作天人地三个层次的分析。而实际上，这样分析也还是以人为中心，离不开人所“参”的天与地。明末学者王夫之说得好：“道行于乾坤之全，而其用必以人为依。”“以人为依，则人极建而天地之位定也。”（《周易外传·泰》）就是说，天地不是离开人而孤立存在的，天地间一切事，可以说都是人事，都以人的利害为准则。孔子认为学《易》的目的在于“崇德、广业，知崇礼卑，崇效天，卑法地，天地设位，而《易》行乎其中矣。成性存存，道义之门。”（《系辞上》七章）意思是说，《易》的卦爻效法天地，而《易》道则行于其中；学《易》是为了崇德、广业和修性；《易》之门是道义之门。即此亦可见，三才之道，以人为主。为此，虽然《易》卦六爻可分为天人地三层，但爻辞及《易》传却并不依此行事。最明显的，就是汉代《易》著《乾凿度》的分析，它说：“初为元士，二为大夫，三为三公，四为诸侯，五为天子，上为宗庙。”除上六之外，其他五爻都是人，不过地位不同，以士人为起点而已。另外六爻还可依上下贵贱阴阳分为六位，奇数为阳位，偶数为阴位。依爵位分，初爻尚未入事，上爻已在事外，皆可谓无位，唯二、三、四、五这四个爻有位。二始任事，地位平平。三为内卦之顶，尤如地方长官。四为大臣，五为君位。这是一般依政治爵位所作的定位方法。总之，以人事为主的原则，贯穿于六爻之中。

不过，六爻中的三四两爻毕竟属于人位，于位中特别重要。汉《易》之八宫《易》序尽管对传统《易》序作了打乱重分，但其中游魂归魂二爻，仍为三四两爻。孔子赞《易》，于三四两爻，特别予以重视。

对于六爻中每爻的地位与性能，孔子有过分析和解释。他在《系辞下》九章里说：“其初难知，其上易知，本末也。”意思是说，初爻象征事物开端，处于机微状态，矛盾尚未显露，难知其隐情。而上爻象征事物的末尾，已成定局，情形大白，故而易于了解。又说：“若夫杂物撰德，辩是与非，则非其中爻不备。”意思是，至于观察刚柔相杂和阴阳性质，辩明其是与非，那非看中爻不能完全明白。中爻指的是六爻当中的二、三、

四、五这四个爻。他接着说明："二与四同功而异位，其善不同。"意为二与四都是偶数，都处于阴位。在这一点上，功用相同。但另一方面，因为它们所处的地位不同，故而美善的情况并不一样。"二多誉。四多惧，近也。"第二爻美好的居多，因为它虽在低处，却居中位（初爻三爻之间）和处于高位的五爻（君位）相呼应，往往形成对应的关系。而第四爻则多半怀有忧惧，因为逼近头上的君位，近君如近虎，一不小心便会沾包，所以经常战战兢兢，谨慎小心。他又说："三与五同功而异位"，即三爻五爻都是奇数，属阳，但地位并不相同。情况如何呢？"三多凶，五多功，贵贱之等也。"三爻与五爻一低一高，一贱一贵。同时，三居内卦之顶外卦之下，不处中位（《易》以二与五为中），故而多凶，即往往容易出事。五爻处上卦之中，为最高善之位，故而多半表现成功。这些就是孔子对易卦六爻基本情况所作的分析。

孔子像，图出自明·天然撰《历代古人像赞》。孔子，名丘，字仲尼，中国古代伟大的思想家、教育家、政治家。相传孔子50岁的时候，经人推荐才读到《易经》。他一发现《易经》，便爱不释手，连读多遍，以致"纬编三绝"

做人难，难做人

从上述评论中可以看出，三四两爻一凶一惧，居处艰难。三四爻为人爻，这是否暗示，在天地之间，做人最难？

按周易原则，以"中"为贵。二五两爻皆处于"中"（初与三之间、四与六之间），而三四爻则无此佳境。并且，三爻处于下卦之极，上卦之尾，犹如地方之独立首长，须听命于上（五爻），若以身处阳位而自作主张，往往难免受挫。一般不是官长的人，若地位上升至此，也要谦虚谨慎，以免吃亏。如《乾》卦三爻之"君子终日乾乾"，《坤》卦三爻之"无成有终"，即是例证。至于四爻，它处于一人之下，万人之上，伴君如伴虎，其惶惶不可终日之忧惧，更为明显。在古代专制政体中，这三爻四爻的为人之道，也许正是士大夫从政的有效法则。章太炎先生认为周易"记人事迁化，不越其绳，前事不忘，故损益可知也"（《易论》）。这个看法，完全正确。

当然，所谓三多凶四多惧，只是大体如此，不可一概而论。例如六爻皆吉的《谦》卦，三爻辞为"劳谦君子，有终吉"，四爻辞为"无不利，伪（挥）谦。"《观》卦三爻辞"观我生进退。”四爻辞“观国之光，利用宾于王”等等，依据卦爻所临的时、位及相互关系的转移（亦即时间，空间和条件的变动），都成为善爻。《易》道善变，可见一斑。宋儒程颐所谓“以一时而索卦则拘于无变，非易也；以一事而明爻，则窒而不通，非易也。”（《易传·序》）确是至理名言。

处于卦中人位的三四二爻，另一方面还可从数理上进行分析，予以发挥。按《易》理，三为阳、四为阴，阳虚而阴实。三阳虚，可视为时间，四阴实，可视为空间。人生天地间，不能离开古往今来的时（宇），也不能离开上下四方的空（宙），人类是生活在时空之中的（当然任何事物都如此，但人是中心）。具体说，三象征时，因为时由过去、现在、将来三要素组成。四象征空，由于空是由高低、宽窄、前后、左右四要素组成。人之一生可分为少、壮、老之三个时段，其活动场所则呈现四个方面合成的箱形。三四两个数与人体及其活动具有本质的联系。

不三不四的人物

最后，由三四两爻的性质、作用及其情况，不禁想到，周易这部古书经过孔子的阐述与发挥，加上历代学者的注释与宣扬，对中国传统文化的影响极为巨大而深刻。不仅深入于政治、经济、文学、艺术、体育、宗教、医学等领域，而且渗透于民俗民风的底层。仅就上述三四两爻数来说，此点亦甚为明显。举例来说，过去帮会组织（如青帮）开会时，惯用“三老四少”来泛称与会的同帮弟兄。这种称呼的含义，当然可以理解为“上下各个阶层的帮友们”，显然是来源于周易三四两爻的人位，是三四两爻意义的衍生与借用。另如俗语所谓“不三不四发了财”，“他认识了一些不三不四的家伙”等话，其含义也可解释为：一些不上不下的人，或者一些不阴不阳的人，既非君子也非小人的人，总之是指一些不成样子的人物。如依孔子所说的“立人之道曰仁与义”来套用，则“不三不四之辈”可转译成“不仁不义之辈”。或者，依“三凶四惧”的爻义来套用，则不三不四之辈，又可转译为“不听邪不知愁的家伙”。这样，虽不免有硬套之嫌，似乎也说得过去。即此可见周易对中国文化的影响多么深广。

第三篇　先阴后阳

说"阴阳"，不说"阳阴"

《尚书·周官》中有"论道经邦，燮理阴阳"之语；孔子说"一阴一阳之谓道"；老子说"万物负阴而抱阳(《道德经》四二章)"；《庄子·天下篇》中说"易以道阴阳"；《淮南子·说林篇》高诱注云："黄帝，古天神也。始造人之时，化生阴阳。"如此等等，学术界论及阴阳时，自古迄今都是先阴后阳，绝无例外。即便俗话中也是如此。例如"阴阳先生"、"阴阳怪气"、"忽阴忽阳"之类，这当然是语言中文白相承的自然现象。

问题是，为什么谈到阴阳时，总是把阴字放在阳字前面，说成"阴阳"，而不把阳字放在阴字前面，说成"阳阴"。假如阴阳概念始自周易，那么以《易》道扶阳抑阴的观念来说，先阴后阳的词语，难免有自相扞格之嫌。关于阴阳的问题，周易从天尊地卑、天阳地阴的概念出发，主张阳倡阴随，认为这是万事万物活动的正途。《坤》为阴之主体，《坤》卦卦辞说得明明白白，"先迷，后得主，利。"孔子在彖传中解释说，这句卦辞的意思是，"先迷失道，后顺得常。"(孙星衍《周易集解》)引何妥的话进一步阐述说，这句彖辞的意思是，"阴道恶先，故先致迷失；后顺于主，则保其常庆也。"所谓主，当然是指阳而言。既然阴恶先而顺阳，则阳先阴后，为理所当然。《乾》、《坤》二卦是周易的门户，六十四卦的根基。其内含的阳倡阴顺、阳先阴后的精神，自然要贯穿于周易的整个机体。但是，为什么周易本身乃至雅俗所有场合的用语(概念的使用)，总是说阴阳而不说阳阴，

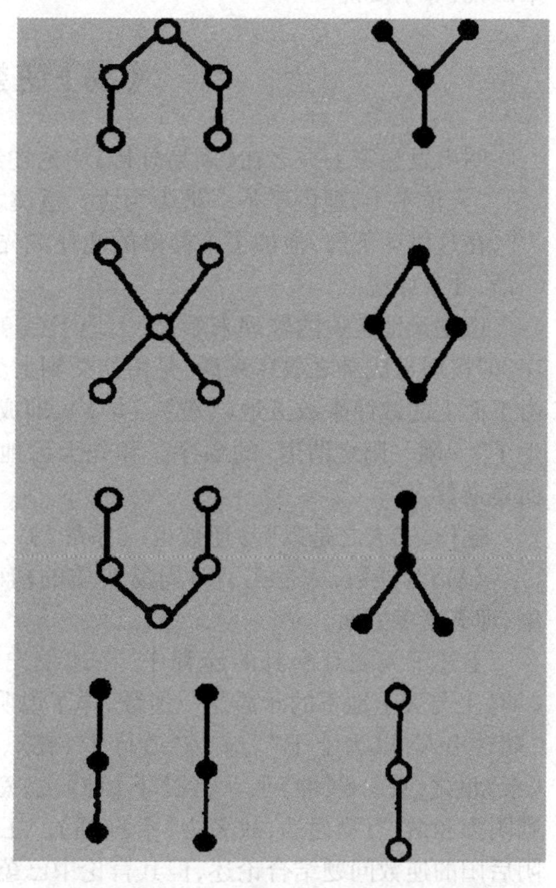

辨阴阳卦图，出自宋·刘牧《易数钩隐图遗论九事》

其故安在？

关于这一问题，历代学者先后有所论及，但阐述并不深切，而且迄今似尚无共识。

循环逻辑

近阅清末民初易学家林赐光在其论著的《义例篇》中，直接论到这一问题。他指出，“易不曰阳阴，而曰阴阳”。他认为理由在于，“系辞传所谓幽明死生鬼神，其阴阳之谓也。即天地而知幽明之故，即始终而知死生之说，即散聚而知鬼神之情状，皆先阴而后阳。”据此，他结论说：“故不曰阳阴，而曰阴阳。”（转引自《易经指南》）

在这里，林先生把阴阳和幽明、死生、鬼神作比较，根据这三个词的结构顺序都是先阴后阳，从而作出不曰阳阴而曰阴阳的论断。这里，林先生使用了类比推理的方法进行论述，虽然对问题外部特征有所启发，但只及其当然而未及其所以然。阳倡阴随与先阴后阳的疑问，依然存在。还由于，这是一种循环逻辑：等于说，为什么先阴后阳？因为先幽后明（先死后生、先鬼后神），为什么先幽后明？因为先阴后阳。车轮话来回说，等于没说。

《易》逆数也

明末思想家王夫之在《周易外传》中论述泰卦时，曾触及这一问题。他说：

“天位乎上，地位乎下。谁为为之？道奠之，故曰一阴一阳之谓道。”

在这段话下面，他加了个简单的注释：“先阴后阳者，数自下生。”只是这样简单的一语，并未详说。

依据天地定位的原理来看，天上地下（《乾》上《坤》下），即阳上阴下是合理的顺序，但按周易成卦之数序来说，是由初爻到上爻；不是由上而下，而是由下而上。如此由下而上的数序来数天地（《乾》、《坤》），即成地天，先地后天，亦即先阴后阳，于是产生了“一阴一阳之谓道”的顺序。和先天后地（先阳后阴）相比，先阴后阳不是顺数，而是逆数。

这样，王夫之是以“易逆数也（《系辞》）”之说，来解释先阴后阳。

《易》为逆数，这是孔子对周易实质的精确判断。其内容不仅涉及数，而且涉及象、理等诸多方面。

上述王夫之对泰卦的诠释中，在述说先阴后阳之故后，即对《泰》卦之《乾》下《坤》上与天上地下的矛盾这一逆数，作了说明。大意是，《乾》、《坤》相交，阴阳互动，“圜转出入，以为上下”，应以“道行于《乾》、《坤》之全”的灵活实用的眼光来看待《泰》世之《乾》下《坤》上。《乾》下《坤》上，意味着天气下降而地气上升，二气相交，则阴阳和谐，万物通达，故名为《泰》（通）。王夫之虽未将泰卦上阴下阳之逆象，与先阴后阳的逆数问题结合论述，但其言论中已蕴含对这一问题的看法。

关于阴阳相逆而化育万物的观点，在孔子的《系辞》中早已表露得很清楚。例如他在乾卦《文言》中对乾卦的实质解释并赞美说：“大哉，乾元！刚健中正，纯粹精也。

东汉末年《太平经》中所描绘的由龙牵引着的车奔驰于天空中的情景，即《易经·系辞》中所说的“时乘六龙以御天”场景

六爻发挥，旁通情也。时乘六龙，以御天也，云行雨施，天下平也。”这段话，汉代易学家荀爽曾解释为，“御，行也。阴升阳降，天道行也。”《坤》升于《乾》曰云行，《乾》降于《坤》曰雨施。阴阳和均而得其正。显然，这是以《乾》、《坤》交流，阴阳倒转的“逆数”来阐释孔子的话。这种阴阳倒转的逆数，在泰卦中表现得最鲜明。泰卦的卦象是上《坤》下《乾》，天地倒逆。但卦辞却说“小往大来，吉亨。”对此倒逆形象，汉代易学家虞翻解释说：“《坤》阴诎外为小往，《乾》阳信（申）内称大来。天地交，万物通，故吉亨。”

蜀才的解释是，“此本坤卦，小谓阴也，大谓阳也，天气下，地气上，阴阳交，万物通，故吉亨。”（清·朱骏声《六十四卦经解》）虞翻和蜀才对此阴阳交流的逆数之说明，和荀爽对“云行雨施”的解释，基本精神是一致的，都认为只有阴阳逆流，万物才能亨通。但是，这些易学大师的说法，只是到此而止。并未联系先阴后阳的语序问题，作进一步的探索。

一阳一阴非道也

以逆数解释先阴后阳问题，说得最明确而具体的，恐怕无过于杭辛斋。其言曰：

“《说卦传》：数往者顺，知来者逆。是故，《易》逆数也……此三字（指易逆数三字——笔者）至关重要，乃全《易》数理之关键所在。知来固由于逆数，而逆数实不仅知来之一端。大易之道，无一非逆而用之者。盖理顺而数逆，交相为用，非数之逆，无以济理之顺也。……故地中有山曰《谦》，而山附于地则《剥》。天在山中则《畜》，而天下有山则《遁》。地上天下则交而《泰》，天上地下则不交而《否》。水在火上则《既济》，火居水上则《未济》。一阴一阳之为道，一阳一阴则为非道。皆逆也。圣贤克己之功，丹家修炼之数，亦无一非以逆用。修德曰反身，君子必自反，反者逆之谓也。”（《学易笔谈》）

确如杭氏所言，大《易》的机体充满了综、错、交、互等逆反的运动变化，不仅顺往逆来；逆数的精神实为易道生命的关键所在。一阳一阴为正，一阴一阳为逆。杭氏认为前者为非道，而后者始为道，完全是从《易》为逆数的原则所作的解释。

但是，就具体问题来看，前述阳倡阴随与先阴后阳的矛盾，仍未解决。依据王夫之、杭辛斋等诸家的逆数说，坤卦“先迷，后得主，利”所表示的“阴先迷后利”的爻义，也无法解释清楚。

除了逆数说之外，还有其他的哲理命题涉及先阴后阳问题。记得有的宋代学者

谈易时曾说过这样的话：

"太极动为阳，静为阴，先静而后动。"

这段话，以太极（宇宙本体）之动静来说明阴先阳后之理。但这种关于宇宙本体运动的大原则却仍然无法与阳倡阴随的原理取得和谐。

佛家主张先阳后阴

此外，关于阴阳语序的先后问题，佛家的易学却另有新说。在《方山易》学秘籍的《说卦》评解当中，本光法师对先阴后阳之说作了批判。

请看他的学说：

"'观变于阴阳而立卦'，流行本作阴阳。《说卦传》作者与古今治《易》者，均习惯先说阴后说阳，实际为一差误。吾家易学讲授时，说为阳阴，方不背二气之主从关系。此句中之阳阴，指资始之阳气与资生之阴气而言。"（《禅与易·周易禅观顿悟指要》）

他的看法简单明了：先阴后阳的说法不对，因为阳（《乾》）主始，为主；阴（《坤》）主生，为从。"阴阳"的说法违背了阳阴二气的主从关系。故而《方山易》只讲阳阴，不讲阴阳。佛家易学这个办法，倒是简单易行，可惜并未讲出古今治易者何以"先阴后阳"的缘故。仍然使这一说法的成因，成为悬案。

答案未必在周易

关于这一难题，笔者认为，如果把目光扩大，越出周易之外，也许会获得正确答案。简言之，众所周知，上古时代中国有三易：夏之《连山》，殷之《归藏》，周之《周易》。三易都以阴阳八卦为基础而形成六十四卦体系，但《连山》从艮为山卦开始，《归藏》从坤为地卦开始，而周易则从乾为天卦开始。《礼记·礼运》记载，孔子在收集古文献时曾见过殷之占书《归藏》，他说："我欲观殷道，得《坤》、《乾》焉。"可见《归藏》起始两卦是《坤》、《乾》，不是《乾》、《坤》。孔子这段话大约是真实可靠的。学术界公认，所谓"殷道亲亲，周道尊尊"，殷代尚存母系社会的残余，其占书以阴性为首，不足为怪。而周易则是上古阴阳八卦的继承与发展，据孔子讲，大约作于殷末周初。时已至其道"尊尊"的周代，改

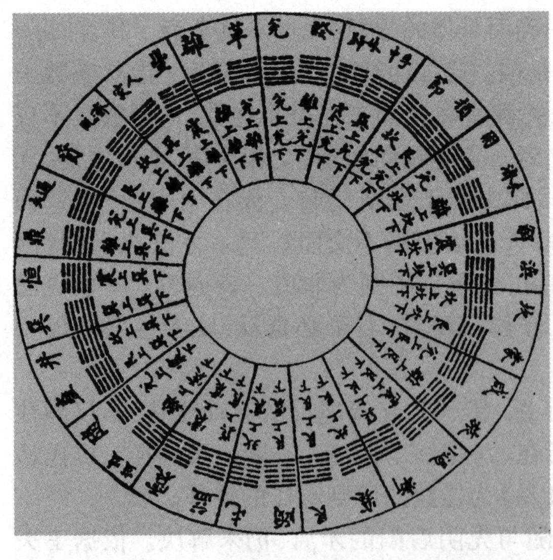

连山易图书卦位合一之图，出自宋·朱元昇《三易备遗》。上古时代中国有三易，即连山易、归藏易与周易

为以阳性为主，以乾卦为第一卦，把《坤》《乾》改为《乾》、《坤》，当是顺理成章。总之，殷易为首的《坤》、《乾》，传到周代，就逆转来变成周易开头的《乾》、《坤》。虽然六十四卦的卦序发生变化，但《归藏》之母系为先的思想，即阴先阳后的思想却在骨子里暗中保留下来。也许，这样以历史的观点来解释先阴后阳问题，会是一个合理的答案。

最后，还有一个可能的看法即认为一阴一阳、阴先阳后的说法，是为了语言表达的方便。从音韵来说，并列结构的词，多为仄声在后，如男女、上下、里外、左右、大小、强弱等等。但也不尽然，如死生、鬼神、是非等则是仄声在前，平声收后。同是平声，尊卑、师生、高低之类，则显然是照意义的顺序排列。老少、文武、前后都是仄声，其排列也是依据词义。乾坤二字都是平声，其顺序之先后，只有意义的差别，并无语音的妨碍。这样看来，语音说也便不能成立了。

总之，先阴后阳的词序，实质上并非词语问题，而是哲学问题。本文的意见并不成熟，不过抛砖引玉，希望经过深入探讨而获得最终的解决。

第四篇 “一君二民”与“二君一民”辩释

孔子在《系辞下》四章中说:“阳卦多阴,阴卦多阳。其故何也?阳卦奇,阴卦偶。其德行何也?阳一君而二民,君子之道也;阴二君而一民,小人之道也。”这是孔子对《易》卦分阴阳的原因、性质及作用的解释。

这段话当中的一君二民和二君一民,从古迄今异说分歧,尚无定论。大体上总括说来有如下几种说法。

治域广狭说

汉代易学大师郑康成在《礼记》注释中说:“一君二民,谓黄帝尧舜地方万里,为方千里者百。中国之民居七千里,七七四十九,方千里者四十九;四裔之民居千里者五十一,是中国四裔二民共事一君。二君一民,谓三代之末,以地方五千里,一君有五千里之土,五五二十五,更足以一君,二十五始满千里之方五十,乃当尧舜一民之地。故云二君一民”。(《礼记疏》)

郑康成这种解释,是依据以传说与理想为根据而由儒家拟制的所谓王制,其内容不足为凭。退一步讲,即使其制度为真也不足以说明问题。为此,杭辛斋《学易笔谈》中对它作了驳斥。杭氏认为郑说:“极迂迴曲折之致,而不敢谓其确合经义。”今天重读郑注,的确感到其以统治范围的广狭来诠释一君二民、二君一民问题,未免牵强附会,而又与原文的君民之义与君子小人之道,难以融合。

道家阴阳说

晋人韩康伯的说法。韩之言曰:“阳,君道也,阴臣道也,君以无为统众,无为则一也。臣以有事代终,有事则二也。故阳爻画奇,以明君道必一,阴爻画两,以明臣体必二。斯则阴阳之数,君臣之辨也。以一为君,君之道也,二居君位,非其道也。故阳卦曰君子之道,阴卦曰小人之道也。”(《周易王韩注》)

众所周知,韩康伯信奉道家,他继王弼未竟之业“以老解易”。在此,他不似康成及其他某些易家,泥于数字,而是活用数字,以道家倡导的无为而治的抽象性来解释“一”,以承命办事的具体性来解释“二”,并依据阴阳之道,把“君民”说成“君臣”,从而归结为君子小人之义。明确地说,韩氏之意就是认为一君二民,是君上臣下,是君子之道。相反的,二君一民则是臣上君下,是小人之道。换句话说,韩氏只是以有无的观点来看待君臣统治关系的正常与反常,从而阐释“一君二民”“二君一民”的含义，实际上并未涉及一与二的数量关系问题。而避开数量关系，《系辞》中的这段话就说不清楚。

这样韩注也不能令人满意。

语焉不详说

对上述命题，朱熹在《语类》中是这样表示的：“试问一个民而有两个君，看是什么样！?”这种近似讥讽的反驳，语焉不详，缺乏论证性和服说性，不为后学者所重视。杭辛斋就曾在《学易笔谈》中斥之为“尤为滑稽”。

政权分合说

两宋之际的易学研究者朱震在《汉上易传》中却对此作出较好的解释。他认为，“阳卦一君而遍体二民，二民共事一君，一也(奇，阳)，故为君子之道。阴卦一民共事二君，二君共争一民(耦，阴)，故为小人之道。”意思大约是上下一致的政体为君子之道。上下分裂的政体，则为小人之道。虽然，这种分析与阐述并不完备，但能从政治斗争的理论来理解原来的命题，应该说还是贴近《系辞》的原意。

来之德对易学内蕴多有发明。他对上述命题是如此诠释的：“一君二民乃天地之常经，古今之大义。如唐虞三代，海宇苍生罔不率俾是也，故为君子之道。二君一民则政出多门，车书无统，如七国争雄是也，故为小人之道。”

来氏之说，与《汉上易传》说大意相同。唯来氏所举两个史例与“政出多门”一语，在发掘原意上稍为具体些。但总体来看，仍使后学者感到美中不足。

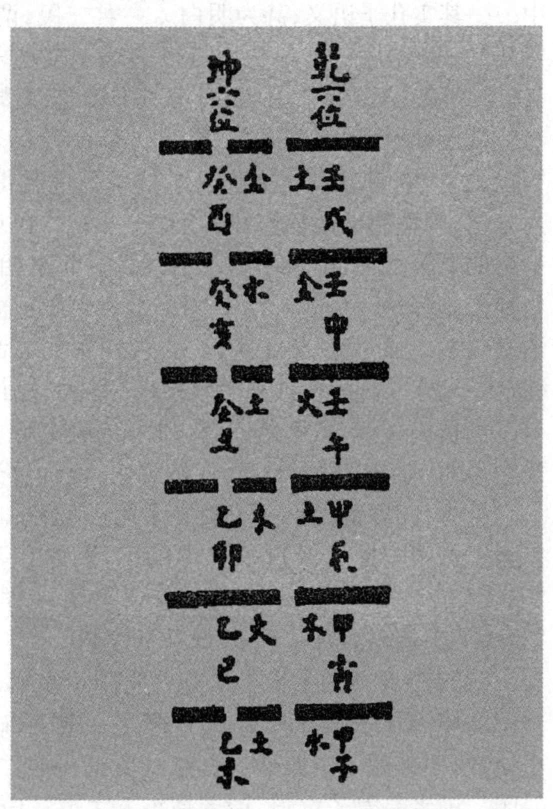

乾坤六位图，出自宋·朱震《汉上易传·卦图》

君主民主说

清代易学家李光地对此则有较多的阐述，其言曰：“《震》《坎》《艮》多阴而为阳卦者，阳卦主于奇也。《巽》《离》《兑》多阳而为阴卦者，阴卦主于偶也。盖奇阳为君，偶阴为民。一君则是君之权，而君为主，君为主则民听命，所以为君子之道也。二君则是君之权分，而民为主，民为主则君失职，所以为小人之道也。”

李说释君为权，以一君为一个君权。以君权之分裂来解释这一命题，其含义与朱氏所谓“一君遍体二民”和“二君共争一民”，以及来氏所谓一君为“天地之常经”和二君为“政出多门”等说法，大体类似。但李氏进一步推演，认为二君则民为主、君失职，则有欠妥当。虽然可以说二阳之卦以阴为主，但泥于此而导出民为主，二君为君失职，则不免穿凿而乖于事理。比较看来，依上古历史背景来说，对于所谓二君，还是以“天无二日，国无二君”之礼加以解释，最为贴切。

得一得二说

在古往今来诸多易学家中唯独杭辛斋于此有独具慧眼的见解。在《学易笔谈》中他论及《阳卦多阴，阴卦多阳》时说：

“此章阐明《易》道阴阳之大义，为全《易》之关键。辩卦爻阴阳之德行，数理之体用，乃学者入手之纲领，故设为问答以明之。阳卦者《震》《坎》《艮》，皆一阳而二阴。阴卦者，《巽》《离》《兑》，皆一阴而二阳。《乾》《坤》为各卦之原，且纯体不易，其阴阳易知，故不在此设问之列。历来注易家于‘一君二民、二民一君’之义，异说分歧，莫可折中……其实孔子语义，甚为明白。一君二民，谓君得其一，民得其二也。二君一民谓君得其二，民得其一也。一二两字不过表示多寡之意。故下文曰君子之道，小人之道。经义显豁呈露，无待曲解，何以时历三千年，经无数之经师大儒而迄未讲明，是可怪也。”

杭氏此解大异于前人，可谓一革命性的独到之见。他把原话中的一二解释为“得”之多少，即获利之大小。二君一民是君得多而民得少，损下益上，是谓失德的小人之道，即昏庸的政治路线。反之，一君二民则是，君得少而民得多，损上益下，是为有德的君子之道，即贤明的政治路线。非常明显，在这里杭氏是以《损》、《益》二卦的精神来阐释这一命题。《损》卦彖辞为“损下益上，其道上行。”正由于损下以益上，故谓之《损》。而《益》卦之所以为益，则正如彖辞所谓“损上益下，民悦无疆”之故。以《损》、《益》二卦的精神来考察杭氏“得失”之说，就会一目了然。

但杭氏所说，虽不落旧套，却未免脱离原文，而有标新立异之嫌。如果我们将杭氏之说与《系辞》原文对照，仔细思索，便会感到两者之间难以水乳交融，契合无隙。

首先，问题的提出在于阳卦多阴，阴卦多阳，由阴阳而及于君民，由君民之一二，以至于君子与小人。这一连串的问题，难以用“得失”二字加以串联。如同难以用“有无”二字来说明这一命题的全部含义一样。因为无论韩氏的“有无”说或杭氏的“得失”说，都脱离了《系辞》此节的主旨。

《系辞》此节的主旨是从卦之阴阳论及君子小人之道。孔子认为阳卦多阴，阴卦多阳的原因在于阳奇阴偶，即以阳之一或二，确定其为阳卦或阴卦。所以离开奇偶这个爻数，便理解不了原话的真意。所谓一君二民，就是一阳二阴；二君一民就得二阳一阴。前者是君子之道，后者是小人之道。应该这样来理解才对。得失与有无，都是脱离原文而衍化出来的释义。如果我们进一步从三爻卦扩展到六爻卦来做观察，情况就显得更加清楚。如《复》䷗《剥》䷖《师》䷆《谦》䷎为一阳之卦，一君之卦；而《姤》䷫《履》䷉《夬》䷪为一阴之卦，君非一个。前者（一君之卦“奇”）为君子之道；后者（非一君之卦“偶”）即为小人之道。如此看来，则一君之为一君主政，二君之为二君分政，昭然若揭。

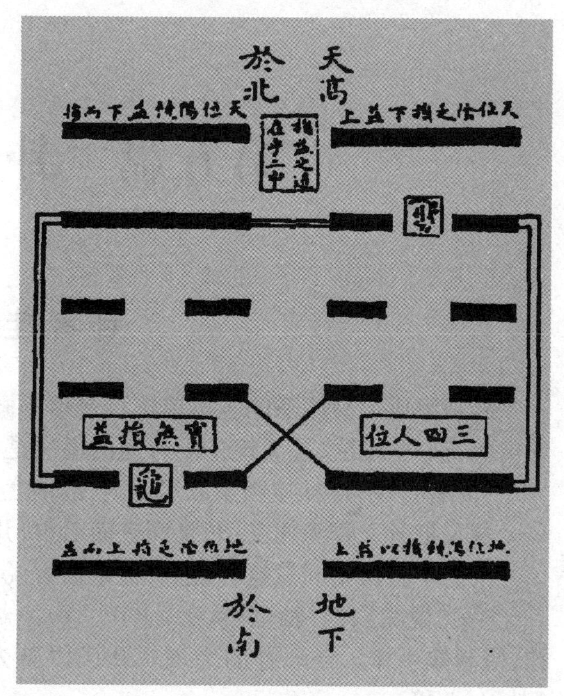

损益用中图，出自宋·佚名《周易图》

其次杭氏的得失之说，还有对古文的理解问题。依上古文法，君得一而民得二，只说“君一民二”，不说“一君二民”。就文字关系来看，杭说也失之“意解”。

总之，所谓一君二民二君一民云者，应该说包含这样意义。即：一般情况下，阳为君，阴为民；阳为君子，阴为小人。一阳二阴之卦表示一君二民；二阳一阴之卦表示二君一民。一为“单体”，二为复体（不必是两个）。一君二民表示：一君主政，政令统一，众民拥戴，上下一致。二君一民表示：多头乱政，令出多门，民力软弱，无所适从。

以上观点，前人多已论过。此处只是把它与错误说法对比缕析，加以阐明而已。但作为学《易》心得，还可作为下补充。

厚下安宅说

本文认为，所谓一君二民，不仅表示一君专政而众民拥戴，并且是底厚上轻，显出金字塔形的政权稳固的形象。反之，二君一民则表示政权分裂，民力衰弱，上重下轻，显出政权基础极不稳固的形象。这一点，并不仅是探索《系辞》此节时就事论事的印象，而是从联系孔子《系辞》思想的网络中所产生的心得。具体说，本文觉得要彻底理解孔子这一命题，必须同《剥》卦的象辞相参照才行。《剥》之象曰：“山附于地，《剥》。上以厚下安宅。”山剥附于地，是由于基础不牢。也许观此卦象，孔子体会到“本固邦宁”思想的重要性，才作出这样象辞。另外，《剥》卦上九的象辞说：“君子得舆，民所载也。”也许孔子从《剥》卦的阴阳矛盾以及上九一阳独存的形象中悟到一君受到万民拥戴，如同身受车载一样，安稳自在。虽然处于群阴剥阳，阳消阴息之时，但阳道不尽，《剥》极必《复》，卦中“以阴承阳者，无所不利，而应阳者亦得无咎。唯远阳而剥阳者凶”（陈梦雷《周易浅述》）。所以像《剥》卦这样一阳多阴的卦，实质上属于君子之道。这样对比一看，所谓“一君二民、二君一民”的真义，也便洞若观火了。

第五篇　卦,是什么

卦者挂也

卦是组成大易体系的基本单位。卦这一概念的内涵也具有多重性。何谓卦?易学史上有好些说法,迄无定论。普通的说法是:

"卦者挂也,言悬挂物象以示于人,故谓之卦。"(孔颖达《周易正义》引《易纬》)

这是把卦义释为挂义,乃是同音而引申,并无其他根据。

清人丁寿昌不同意这种说法,他依据古说认为:

"案《说文》,挂,画也,从手,圭声。……卦、挂古通,皆取分画之意,后人乃云悬挂,俗制挂字耳。卦画叠韵为训。孔氏以卦为悬挂,非古义也。"(《读易会通》总论《卦辞、爻辞》)

丁氏依古义认定卦字原为画义,悬挂云者,乃是依后起俗字"挂"与卦同音而设想,不是卦字本义。这是把卦训为画,认为《易》卦由画象而来。

上述两说,内容不同,但有一共同点:都是就卦的字面意义所作的训解,并未触及《易》卦的内涵。单就字面意义的根据来看,可以认为后说较好。

另外,《说文》还解释说:"卦,所以筮也,从卦,圭声。"这是就《易》卦的表面功用层面所作的诠训,也未触及《易》卦的本质。

卦者象也

那么,《易》卦的本质属性是怎样的呢?让我们先看看孔子的说法。

在《系辞》中和《说卦》中,孔子有三十次(《系辞》二十七次,《说卦》三次)提到卦,但没有一次正面界定。而对爻则不然,直接揭示其本质属性。如:"彖者言乎象者也,爻者言乎变者也。"(《系辞上》三章)"彖者材也,爻也者效天下之动者也。"(《系辞下》三章)彖是表达卦的主题思想的文辞,说彖是讲象的,等于说彖是讲卦的;说彖是卦义之材料,等于说彖是卦材。但孔子却不直接提出卦字,而同时对爻是何物,却直截了当明显地作出断定。这一点,初看似乎有些奇怪,但细一思索便会发现,孔子对卦是何等事物,只从各方面对其本质进行描述,而不作简单明了的界定。为什么?我想原因也许在于,卦是含义很深而具有多层规定性的具体概念,只使用定义式的简单语句,难以界定。所以,在孔子易传中尽管有"爻者如何"这样的句式,却没有"卦者如何"这样的命题。

那么,孔子对卦这个东西是怎样阐释的呢?

第一,即象言卦。

当然,"《易》者象也",象是《易》的骨干与灵魂。从《易》的根基阴阳两画起,三画卦、八卦乃至六十四卦,卦内的六个爻以及卦变、爻变,等等,都离不开象。但孔子说爻就直接以爻为主词,而说卦却有时以象做主词。除了前面引述的例子之外,还有:

"圣人有以见天下之赜,而拟诸形容,象其物宜,是故谓之象。圣人有以见天下之动,而观其会通,以行其典礼,系辞焉,以断其吉凶,是故谓之爻。"(《系辞上》八章)

这段话的大意是,圣人发现天下事物中的复杂而深奥的道理,便模拟这些事物的形象,按其性质画出卦象,因此名之曰象。圣人又发现天下事物的运动变化,而观察其互相间会合贯通的法则,据以成为日常的行为准则,并系以文辞,以断其吉凶,因此名之曰爻。这段话前半主要是指卦象形成的依据及其性质,(即《系辞上》十二章所谓"极天下之赜者存乎卦")。后半是谈爻(包括爻辞)形成的依据及其性质(即《系辞上》十二章所谓"鼓天下之动者存乎辞")。但前半谈卦时只笼统谈象而不谈卦,说"是故谓之象",以象括卦。后半谈爻时则说"是故谓之爻",清清楚楚。

确如《系辞》所说,"《易》者象也"。象是《易》的根本属性。象的外延包括阴阳之象、卦象、爻象(包括爻辞之象)等;而就整个体系来说,卦象为其中的主体。它是组成易体的基本单位,是蕴含义理与变化的宝库,是彖辞和爻辞的源地。朱熹所说"卦即象也,爻即辞也",虽有些粗疏,却是贴切的体会。他这一体会,大约是来自孔传,因为孔子谈到卦时,多数场合同象相联系,甚至以象指代之。下面列举例句,以见实况。

(一)卦始于观象、摹象

1."古者包羲氏之王天下也,仰则观象于天,俯则观法于地,观鸟兽之文,与地之宜,近取诸身,远取诸物,于是始作八卦……"(《系辞下》二章)

2."……是故夫象,圣人有见天下之颐,而拟诸其形容,象其物宜,是故谓之象。"(《系辞上》八章)

(二)卦即是象

1."《易》者象也,象也者像也。彖者材也;爻也者,效天下之动者也。"(《系辞下》三章)

2."彖者言乎象者也。"(《系辞上》三章)

彖是"成卦之才,以统卦义者也。"(韩康伯注)就是说,它是揭示一卦主旨的文辞。它所言的象,自然是卦象,虽无卦字,但象为主体,以象括

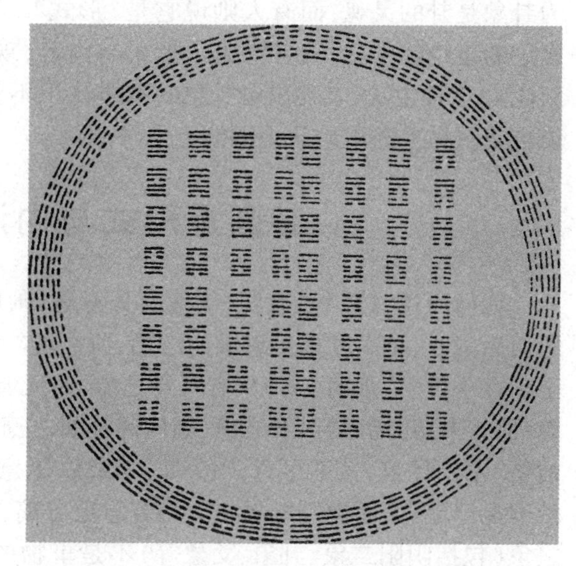

伏羲六十四卦图,出自宋·朱熹《易学启蒙》

卦,卦在其中矣。

3.“八卦成列,象在其在矣。”(《系辞下》一章)

卦的序列,即是象的序列。象为卦之本质属性,象既括卦,亦在卦中,这种场合,可谓卦象一如,二位一体。

4.“观变于阴阳而立卦。”(《说卦传》一章)

这句话把卦表达得最清楚。从中可见,卦是通过阴阳的中介而建立起来的。韩康伯说得好:“卦,象也;蓍,数也。卦则雷风相薄,山泽通气,拟象阴阳变化之体。”可见,孔子认为,卦是在观察阴阳变化的形象下树立起来的。换言之,阴阳变化成象,于是观象立卦。

(三)卦通过象而起作用

“八卦以象告,爻彖以情言。”(《系辞下》十二章)这是说,占筮时,卦以象回答问者。

(四)观卦先观象

“圣人设卦观象……君子居则观其象而玩其辞……”(《系辞下》二章)

这些例子充分说明,在孔子心目中,虽然象的外延大于卦象,卦象之外还有爻象(“爻象动乎内,吉凶见乎外”)(《系辞下》一章),但卦象却是卦的实体,卦的本质特性。换言之,最能体现卦的本质的是它的象。所以,孔子谈爻,多与辞相联,谈卦则多与象相联,不为无因。韩康伯和朱熹都说过“卦即象也,爻即辞也”,可谓对孔传思想的正确理解。

卦象不是形式

可是,什么是卦象?卦象的本质是什么?这一点,人们的认识并不一致。笔者认为卦象是卦的灵魂,而有人则说它是“形式”。其言曰:“卦画是反映事物形象,卦辞则论断事物的本质,二者构成了形式与内容,现象与本质的对立统一。”(《周易大传新注》)这种说法,表现出对卦象的本质认识不深,而卦象是象的主体,所以从根本上说也是对易象的本质认识不清。

卦画是形式与内涵的统一体

如前所述,《系辞》表明,伏羲画卦不是“画像”,而是仰观俯察,取身取物,经过深思而后画成,是高度抽象思维的产物,所以能“通神明之德,类万物之情,”使“天下之至赜存乎卦”。那时《易》只有八卦之象,而无卦辞。如卦象仅是形式,其内容存乎卦辞,那么未缀卦辞的八卦之象,如何通神明之德、类万物之情、存天下之至赜?孔子说的是“书不尽言,言不尽意,”故而“立象以尽意”。言辞不足以尽意,卦辞是言辞,当然不是以尽意,而象则能尽之。如若意象分离,象中无意,如何尽之?由此看来,《易》之象(包括阴阳二象、卦象、爻象等)不是事物的外部形象的空壳,而是蕴涵深厚内容的事物的内部形象。卦辞只是象中内容的语言形式而已。把《易》象看成黑格尔在

伏羲六十四卦次序图，出自宋·朱熹《周易本义》

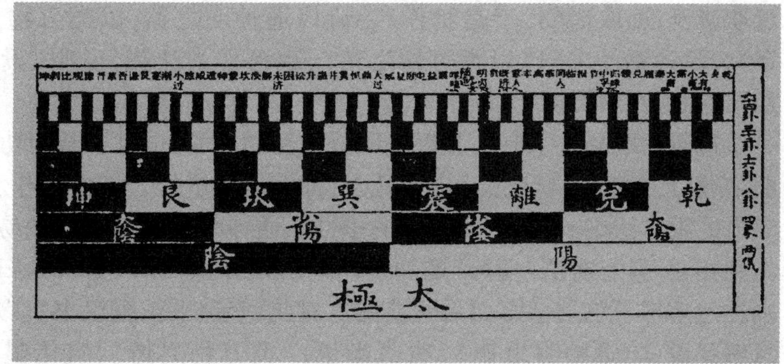

《小逻辑》中所说的事物的外部形式，是未之深思的结果。其实，仔细察看，该书在另一处注释"《乾》《坤》，其《易》之蕴耶"时，已经把《易》象的实质说得一清二楚。其言曰："《乾》《坤》，非指《乾》《坤》二卦，而是指奇偶两画。因《乾》《坤》为纯阴纯阳之卦，归根结底不外奇偶两画，而六十四卦不外是乾坤的奇偶两画交错而成，所以奇偶两画有无穷的变化，它蕴藏着极其深奥的道理。"奇偶两画是《易》象的基础，卦是由奇偶两画交错组成。既然，奇偶两画蕴藏深奥的道理，那么，由它们所组成的卦象，何以只是形式？其内容何以全在卦辞？如此，该书对易象的观点，便形成自语相违了。这里顺便提出这一点谈谈，以加深对卦象的分析。

义理宝库的巨大功能

（一） 义理宝库

关于卦的内涵及其作用，孔子的看法是这样的：

1. "极天下这赜者，存乎卦。"(《系辞上》十二章)

赜字，有的解作深远（程颐《经说》），有的解作杂乱（朱熹《周易本义》）。说卦将世界深远的道理囊括在内，易解；说卦将世界杂乱的道理囊括在内，费解。显然，这句话应释为：把天下最深奥的道理储存起来的是卦。孔子把卦视为义理的宝库。

2. "圣人立象以尽意，设卦以尽情伪。"(《系辞上》十二章)

孔子认为由于"书不尽意，言不尽意"，故而立象以求尽达其意：《易》象之所以创立及其功能是这样的。设卦当然包括在立象的范围之内。是立象的主体。所以，设卦也是为了尽意。但不是尽一般的意，而是尽意之情伪。情伪二字，有解作阳阴的(《周易集解纂疏》引"虞下传注云："情，阳；伪，阴也")，但阴阳实不可尽，此注未必妥当。就系辞全文来看，也就是"极天下之赜者有乎卦"的另一种就法。故此，还是把情伪解作真实、虚伪，贴乎原意。意为，卦的作用是充分显示万事万物的真假虚实。

（二） 巨大功能

1. 通德类情

"古者，包羲氏之天下也，仰则观象于天，俯则观法于地，观鸟兽之文，与地之宜，近取诸身,远取诸物,于是始作八卦,以通神明之德,以类万物之情”(《系辞下》二章)。这段话的末句“以类万物之情”,也可作为注脚,说明“设卦以尽情伪”的“情伪”,是指万物的情伪。

这段话既是讲了卦的起源和画卦的目的,同时也讲了卦的功能。其中所谓“通神明之德”的“神明”,《系辞》出现几次,都无超自然的人格神意味。它是指千变万化的宇宙的根本法则。德,是说法则的本性。通神明之德,就是说《易》卦可与宇宙大法的本性相通,具有所谓“通天”的功能。“类万物之情”的“类”,是归类之意,即能够分门别类地模拟万物的情态而无所遗漏。对此,李道平依据汉书“《易》本隐之以显”的观点解释说:“‘通神明之德’,达诸幽也,‘类万物之情’,宣诸显也。”(《周易集解纂疏》)这样,他以“探赜索隐”来解释“通神明之德”,以“象其物宜”来解释“类万物之情”,和《系辞》另一处论述《易》的功能时所说“夫《易》,彰往而察来,而微显阐幽”,意义相通。前句和“通神明之德”相通,后句和“类万物之情”相通。虽是谈全易,但《易》的作用主体在于卦,主要是通过卦显示其功能,故而这两句话当然也适用于卦。李道平的观点符合《系辞》对卦的功能的阐述。

2. 顺性命之理

“昔者圣人之作《易》也,将以顺性命之理。是以立天之道曰阴与阳,立地之道曰柔与刚,立人之道曰仁与义。兼三才而两之,故《易》六画而成卦。”(《说卦》二章)

这段话讲卦的内容。头一句是说,作《易》的原则是依照人性与天理的规律,由此而使卦的内涵具有天道的阴阳、地道的柔刚和人道的仁义,是谓三才。三才再加一倍,就成了六画的卦。

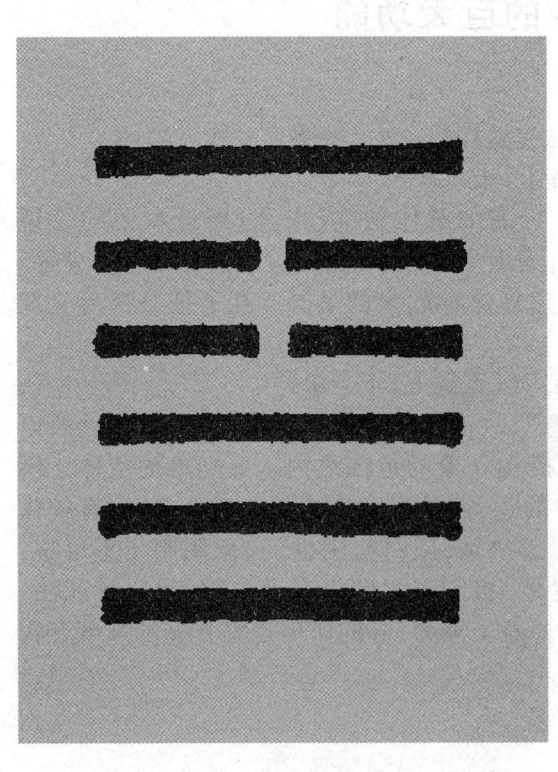

乾甲图,出自宋·朱震《汉上易传·卦图》

这短短的几句话把卦的深广内涵及其来源说得十分明白,可谓要言不繁。

3. 小中见大

《系辞》讲《易》的功能时,还说过“其称名也小,其取类也大。”全《易》如此,卦亦如此,每卦都具有这样功能。对此,韩康伯注释表明,《易》卦之所以具有这样功能,原因在于“托象以明义”,“因小以喻大”。确实如此。每卦的内涵与外延,都不限于本身,都有多重含义,多类取象。《乾》卦不仅在上为天,在地为龙为马,为金为玉,在人又为君,为父,为君子,等等。集天地人三才于一身,《乾》名虽小,取类甚广。其他诸卦,也莫不如此。

4. 彰往知来

《系辞上》第十一章综论《易》道。其言曰:“夫《易》何为者也,夫《易》开物成务,冒天下之道,如斯而已者也。是故圣人以通天下之志,以定天下之业,以断天下之疑。是故蓍之德圆而神,卦之德方以志,六爻之义易以贡。”

有些学者,如朱熹,认为这段文字仅是从数理筮法谈占筮,这是片面之词。实际上它是通过谈占筮的形式综谈《易》的德性、内涵、特性与功能。对蓍、卦、爻的性能,作了简明的断定。“圆而神”是说蓍的计算“运而不穷”(韩注)神妙莫测;“方以知”是说卦的形象“止而有分”,(韩注)内含深智。而六爻的作用则是以爻辞变动告知吉凶。从“方以知”中可看出,在孔子思想中,卦是一个稳定的储藏天下智慧的宝库。它与蓍、爻合作,使人可彰往知来,通志,定业,断疑。这便形成一个从已知到未知的占筮逻辑。卦是“已知”(知识宝库),蓍是开库之钥,爻则是知识的媒体。整个过程就是下文所说的“神以知来,知以藏往”。也就是说,卦为“彰往知来,微显阐幽”的利器。

孔子对卦的看法,大致如上。归纳起来,大意如下。

卦的本质是象(生于象,体即象,以象生用),深涵天下义理、知识和智慧,能通神明之德,类万物之情,尽物之情伪,为彰往察来、微显阐幽的基础。

卦者时也

孔子之后,史学史上对卦的特点与属性进行揭示的,不乏其人其文。但就其深度与广度来说,超过孔传的似乎没有。朱熹和程颐二位易学大师,应该说是易学史上的佼佼者,但朱氏所说“卦者象也”(《周易本义》)是袭用晋代人韩康伯的话(见上文),而韩氏的观点则来自孔传。程颐所说的“卦者阴阳之物也”(《易序》),也是来自孔传的思想。在这一点上,二人的说法可谓因袭旧说,并无创见。并且,语言笼统,内容贫乏,其深刻性与全面性,远不及孔传。

孔子之后,王弼扫除象数,发挥义理,虽是以老解易,但多有创新。在《明卦适变通爻》一文中,他论述了卦的性质和卦与爻的关系等。文章伊始,他就给卦的性质作了一个界定。

“夫卦者,时也。爻者适时之变者也。”

以“夫卦者”,这种定义式的句型对卦的性质作出断定的,王弼之前似乎没有。孔子以这种口气谈过《易》、谈过爻,但未用这种口气直接谈过卦。

以“时”字来揭示卦的内涵,当然有失笼统,但在他之前,还没有人单以“时”之一字,概括卦的本质特征。或者,这可谓《易》学研究史上的新发明。

王氏认为,卦的特质是“时”,爻则表示“时”的变动。爻属于卦,卦之动必通过爻,这毋庸赘论。这里出现的问题是,(一)何谓“时”?(二)时字能否概括卦的本质特征和基本属性?为弄清这两个问题,有必要对“时”这一概念的内涵与外延试作探索。

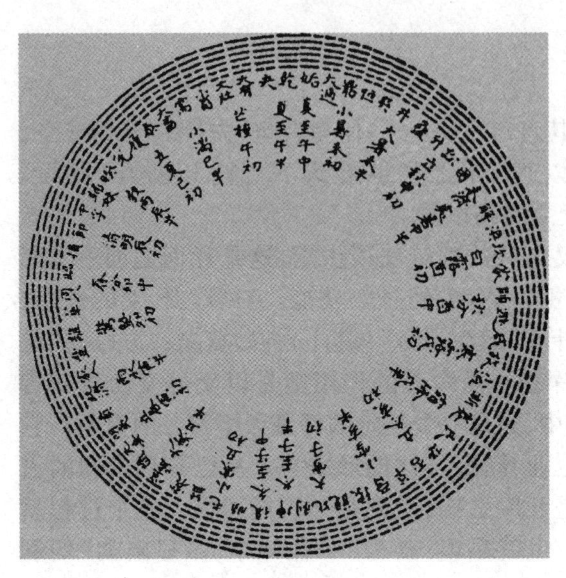

伏羲六十四卦节气图，出自宋·胡方平《易学启蒙通释》，此图反映了六十四卦与节气的对应关系

在古文里，时字的原义是“四时”（《说文》），由此而派生许多意义，是个多义词。什么时令、时节、时光、时候、时宜、时期、时务、时间，等等。不一而足。除了一般生活与工作的用语以外，其中具有哲理意义的，则有时代、时势、时运、时机、时局、时会等好几个“时”。王弼所说的“时”，当然不是指一般用语，而占筮的常规语当中，又没有这个词，所以只有从哲理意义的圈子中去寻觅王弼所说的“时”。

有的易家认为，一个卦代表一个时代。如《周易全解》说：“从整个六十四卦的宏观方面看，每一卦代表一个时代。由此一时代发展到彼一时代，当然也是动的；但是从一卦的微观方面看，代表一个时代的卦就是相对静止的了。而卦中各代表一个发展阶段看的六个爻则是反映趋时之变的。”这段话从大意上看，似乎和王弼所说的“夫卦者时也，爻者适时之变者也”，意思仿佛。但仔细推敲，又不尽相同。差异就在这个时字上。王弼所说的时，是不是指“时代”而言，值得研究。韩康伯的注解说：“卦者统一时之大义”，把“时”解作“一时”。但一时又是个多义词，是一个时期、一个时节、一个时会、一个时运，还是一个时代？从字面上看，显然不是指一个时期或一个时节。但是否指一个时代？韩注未说清楚。不过，认为一卦可以代表一个时代的说法，并不罕见。例如清人朱骏声《六十四经解》的《易例发挥》中就有“《屯》作君，《蒙》作师，《需》以养民，《讼》以刑政，《师》武，《比》文，《小畜》富，《履》礼，而《泰》运成矣。”这样的话，是把易经前十卦看做一连串发展的十个时代，把卦名视为这十个时代的特征。杭辛斋《学易笔谈》二集卷四中载有《卦象进化之序》一文，将《乾》、《坤》、《屯》、《蒙》、《需》、《讼》、《师》、《比》、《小》、《畜》、《履》、《泰》、《否》、《同人》、《大有》、《谦》、《豫》、《随》，定为十六期，即十六个时代（其中《乾》、《坤》为开天辟地时代，合为一期）。他说：《乾》、《坤》以后至《随》，世界进化之序，约分为十六期。”杭氏所说的期，并非短暂的时期，而是长久的时代。如他说《师》卦为“民众立法之时代也，是为第六期。”说《否》卦为“天地不交，万物不通时代，是为第十一期”，等等除《乾》、《坤》外，他卦皆以一卦为一时代。

但是，把卦的“时”单解作时代，似乎于义未安。这里存在两个问题。第一，时代的概念时间悠久，年代、时期等均包括在内。《易》卦的内容有的长及一个时代，如《屯》为原始时代，《蒙》为蒙昧时代等，但多数只够一个年代或时期。如《师》，可以说是战争年代，《革》，可以称之为革命年代，《明夷》可谓黑暗年代等。如把它改称时代，就有大而无当的空泛之感。第二《易》卦之“时”，不仅指某种时间，往往是指某种情况。如《咸》卦的卦辞是“亨利贞,取女吉。”孔子释之为“咸,感也,柔上而刚下,二气感应以相与。”这种卦象卦义,只能解为某种阴阳相感的情况,而无法引申为某种时代。《恒》卦也如此。彖辞曰“《恒》者久也”,基本卦义是“夫妇之道不可以不久也,故受之以《恒》”(《序卦》)。这种卦义也无法推演为长久的时代。其他如《损》、《益》、《家人》、《归妹》等卦,都是指某种情况而言,甚至与时代无关。用时期、年代等,也不合适,因为这些卦的卦情,不宜以时间来表述。

其他与时字有关的义理概念:时势、时宜、时运、时局、时会等,哪一个能恰当地用来解释王弼所说的“卦者时也”的“时”呢?具体观察,有的卦时,宜以时势表达,如《坎》卦之险,可说成“时势险恶”,《鼎》卦之定,可说是“时势安定”等。但多数卦时,不含此义。如《既济》卦时是表示事物之完成,《未济》卦时表示事物之未完成,以时势概之,都不合适。时宜是当时的需要之义,也仅适用于个别卦,如《需》卦表示云在天上,阴阳尚未融合,不能成雨;暂待一时,饮食安乐才合乎形势需要。这种情况,可以“时宜”名之。但其他很多卦之时,却非时宜之义。如《讼》卦之义为非讼。任何时代,讼都全不合时宜,为之者只限于不得已罢了。时运一词,语义范围也较窄,仅指运气而言,如项羽所唱的“时不利兮逝骓不逝”的时,就是此意。《易》卦之中的《遁》卦,是小人逐渐得势的形势,对君子来说,是时运不济之时,应该退遁。彖辞所说:“与时行也”,即是顺乎时运而行动之意。但《易》中适合时运之义的卦才,毕竟有限,对统一解释全《易》诸卦之“时”,也不中用。时机一词适用于卦时的范围更小,《艮》卦彖辞之“时止则止,时行则行,动静不失其时”的时,即指时机而言。但这不是《艮》的本义,《艮》的本义是止,时机乃是派生义。时机之义在爻辞中倒有明显的表现,如《乾》卦初爻“潜龙勿用”和二爻“见龙在田”,都表现时机的重要性。接下来,时务的概念,通常指客观形势的需要,所谓“识时务者为俊杰”之时务,即是此义。《易》卦中合乎此义的卦时亦甚少。《随》卦则有此意。随“时”而动,是其主旨。亦即通达时务,不拘泥于常规。但卦才本义在随,时务为副义。以时务解《随》之时,也不贴近。而其他多数卦时则并无时务之义。至于时势,多指政局,虽《泰》、《否》等卦时有此义,而其他许多卦如《颐》、《家人》、《夬》、《渐》、《旅》,等等,都与政局风马牛不相及。故而王弼所谓卦之时,也绝不限于时局。还有时会一词,义亦接近时运、时务、时势,也不能概括六十四卦的卦义。如此说来,所谓“卦者时也”之“时”,怎样理解才合乎原义呢?真令人伤脑筋!

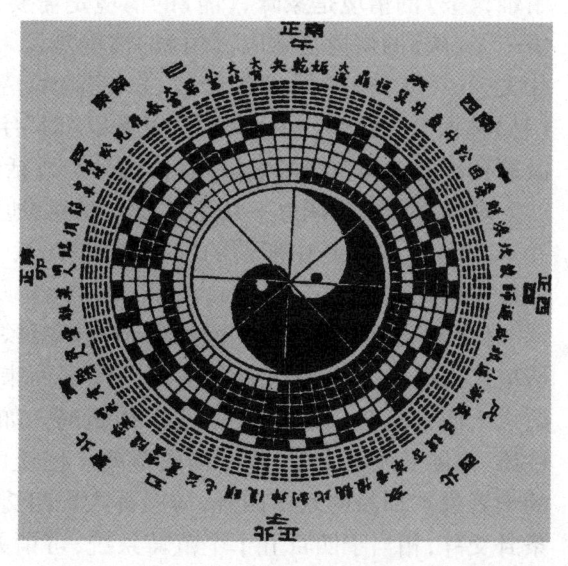

伏羲六十四卦时刻方位图,出自李仕徵《叙说八卦太极图》。本图蕴涵了太极、阴阳、四象、八极、十二辰、二十四节气等道数机制

为弄清这一问题，首先必须了解“时”在《易》中的含义。“时”是周易的重要概念，它和《易》为变易之基本意义，密切相关。虽然作为词来说，只在《归妹》卦九四爻中出现一次，但经孔子从《易》蕴中加以开发、阐释和运用，对发扬周易基本精神，作用很大。《系辞》说：“变通者趋时者也”，意思是卦之爻刚柔变通，目的在于趋“时”，即追求一个恰好反映物情的形势。最合理的时，就是所谓“时中”，时是适时，中是恰当，不偏不倚的适合形势谓之“时中”。在占筮来说，是否适中，最后表现为吉凶悔吝之类的占断。《蒙》卦彖辞所谓“以亨行，时中也”，就是说，为什么亨通而行（行而亨通）呢，因为行动恰合其时，该行则行，该止则止，合乎客观形势，所以如此。这样，“时”的概念就不是字面意义的“时候”“时间”之类，而是包括时势、时运、时局、时会、时宜等诸多意义在内的一种特定情况。它不仅指时间，也指空间，不仅指时间与空间，还指条件、关系。它是时间、空间、条件、关系的综合体。换言之，亦即一定的时间、一定的空间、一定的条件和一定的关系综合起来所构成的一种特定的形势、局势、时运、时会、境况和情况。孔传所说的“时”大体是这个意思，王弼所说的“时”，大约来自孔传，也不外乎这个意思。但《易》所蕴涵的“时”，不仅仅指主客观情境，同时也谕示处境之道。故而孔子和王弼所说的“时”，自然包括“境”与“计”两个方面。如果是这个意义的“时”，便可适用于易经六十四卦的任何一卦。这个“时”字是古语，简约多义而过于笼统，最好以另一具体概念代之，以使其内容明显化。但换成今语，却找不到恰当的词，只好“无以名之，强字之曰”“情境”。“情境”一词较之“时”字，在表达内容上比较具体、明显。

如此，则六十四卦的任何一卦，都可以说是表现了某种“情境”，或者说，都是现实的某种“情境”的概括反映。《乾》的情境是健道，《坤》的情境是顺道，《屯》的情境是始难，《蒙》的情境是蒙昧，《需》的情境是需要，《讼》的情境是争讼，《师》的情境是战争……《咸》的情境是感应，《恒》的情境是长久，《遁》的情境是隐退，《大壮》的情境是壮大……《既济》的情境是已成，《未济》的情境是未成，如此则将时义贯通于整个《易》体而毫无滞碍。由此观之，王弼以“时”字明卦，应该说是前无古人的创见，也是汲取孔传精神而作出的发展，其恰当性与概括性毋庸置疑。

现代辩证法强调办一切事都要以时间、地点和条件为转移。有如上述，这个观点并不新颖，上古周易中所谓的“时”，即是此意。所差的只是后代人未从哲学上具体地加以发扬光大而已。

但《易》卦的内涵是多重性的，从它所反映的主客观事物的情况来说，可谓之时或情境。而另一方面，从它所构成的思想层面来讲，它也是一种思想范畴，六十四卦可谓六十四个范畴。当然，爻辞也形成范畴。如《乾》卦的潜、现、乾乾、跃、飞、亢，就其性质、内涵及领域来看，都可构成范畴。但爻的范畴存在，并不妨碍卦之为范畴。有的学者说：“周易的六十四卦，与三百八十四爻辞，连同……用九、用六，合计四百五十条卦爻辞，相当于四百五十个范畴系统，可谓人类至今最大的思维范畴系统。”（朱高正《周易与中国文化》）的确如此，周易可谓当之而无愧！

但是，放眼看看，有些关于《易》卦之为何物的判断，同孔子的《系辞》和王弼的《明卦》比较起来，却颇有逊色。朱熹的“卦者象也”是孔子的思想和重复韩康伯的注释，程颐的“卦者阴阳之物”，也重复孔传的思想，并且内容简略，语焉不详。有的易书说：“卦是《周易》经的组成部分之一，易书用以表现天地万物之性质与变化的符号。”(《周易辞典》)有的《易》书说八卦是“喻示种种物情、事理的象征符号。”(《周易译著》)这样一些关于卦的断定，同上述孔、王关于卦的论述与断定比较起来，不仅内容贫乏，未将《易》卦的本质规定性全部表出，而且所谓“符号”的说法，也与《易》象的特殊本质相游离，并不妥当。这是符号论的观点，把反映宇宙万事万物本质的阴阳之象，以及由此而组成的仿拟事物之象，看成空洞的符号，看成类似代数符号‘x’‘y’‘z’之类的空壳，可以装进任何思想。或者看成类似计算机的数字符号那样，可以标记任何思想。表面上看，《易》象类似符号，实质绝非符号，前边说过，《易》象是事物的形象与性质的反映，是形式与内容的综合体，是思想的内部形式，是与思想具有联系的特殊形式。而符号则是事物的外部形式，是可以脱离内容的形式。符号只是一种记号，它和它所标记的事物没有内在联系，不是该事物的反映。符号的内容只是符号本身。《易》象不是无内容的空洞形式，无须赘述。《易》象既然如此，则《易》象中之卦象当然也如此。在历史上汉《易》的象数派，有的从占筮的角度，把《易》的卦象随意摆弄、调动，如同玩弄符号一样，使《易》陷入形式化的泥淖而几乎丧失其义理内容，变成类似计算机占卜的符号游戏。这是周易外部形式的发展，是周易发展的一条斜路。*

卦者情境也

总的说来，关于何者为卦——卦的本质属性是什么的问题，上述孔子的论述加上王弼的说法，合起来看，应该说已具有圆满正确的答案的内容。我们的任务是以现代的哲学思想加以分析，并以现代语言进行阐释，使它得以严密、具体的面貌出现，以发扬其学术光辉。

如上所述，则六十四卦任何一卦的“时”，都可以说是一种情境。情境还有不同的类别：如《乾》为天健之德与处健之道的情境，《坤》为地顺之德与处顺之道的情境，《泰》为大通的局势及处之之道的情境，《否》为闭塞局势与处之之道的情境，等等，这是客观的情境。

也有主观的情境，如《谦》为谦德与处谦之道的情境，《中孚》为诚信之德及保持诚信之道的情境，而最多的卦时，是表示某种行为的情境。如《同人》表示求同与团结之道的情境，《讼》表示争讼现象及处讼之道的情境。他如《需》、《随》、《噬嗑》、《咸》、《恒》、《渐》、《归妹》等，都是表示某种行为与行为原则的情境。总之，易经的卦是从主客观现象以及行为现象中截取一个横断面，通过卦爻象及卦辞爻辞，对其意义及处理原则作出表述，从而构成一个特定的情境，以引导人们趋吉避凶，祛邪向善。因此，本文认为以“情境”的概念来代替“时”的概念，对揭示卦的本质特性来说，可能

* 温振宇《新易学》“自序”中说：“细心考察周易使我们认识到：这是一种古代东方朴素的辩证系统二极二值符号逻辑。”把内含天人之道的易象，视为与自身同一空洞的符号，把义理与象数相结合的作为辩证逻辑的周易，视为经符号进行推理演算的作为数学一个分科的数理逻辑，实属牵强。

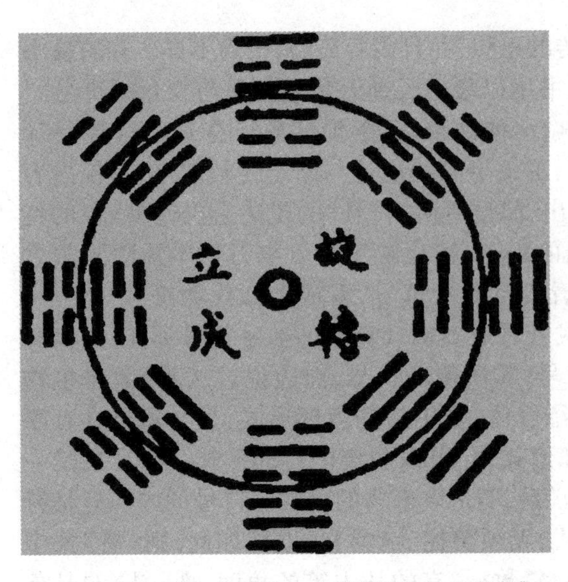

六十四卦立成图，出自宋·林栗《周易经传集解》

是进了一步。

但是，上面说过，《易经》是一个以阴阳八卦为基础而展开的，由六十四卦、三百八十四爻所组成的，囊括天地人三道的，巨大的图像思想体系。从这个角度来说，前述孔子对卦德的阐述和论断，王弼所补充的“时”以及本文阐发“时”所用的“情境”等概念，对认识一个思想体系的内涵来说，还有所不足。应该补充说，卦是情境，也是范畴，例如泰卦是通达太平的局势，加上处《泰》之道，谓之情境。而从《泰》是一种上下畅通的思想领域来说，它同时也是同《否》塞相反的“泰”的范畴。故此，易经六十四卦既是六十四个情境，也是六十四个范畴。这样看，比较全面。

第六篇　何谓“天地之心”

周易体系，分散言之为六十四卦。而自序列关系言之，则为三十二对卦。上经始自《乾》《坤》，止于《坎》《离》。下经始自《咸》《恒》，终于《既济》《未济》。其中上经第三十三卦《剥》，与第三十四卦《复》，为一相反相成的伙伴。所谓“天地之心”，乃是《复》卦彖辞中的一句，但此句的内容源于《剥》卦，所以探讨它，想知其究竟，必须从《剥》卦谈起，同时，谈《剥》卦又必须从阴阳关系入手。

群阴剥阳

“《易》以道阴阳”（《庄子·天下篇》）——这是上古以来易家的共识。阴阳乃易经的核心，整个易经，无非是阴阳互变形成的思想体系。总体说来，阴与阳是对立统一，相反相成，互相消长，又互为其根的辩证关系。阳决阴，阳长阴消，直至五阳一阴，阳气最盛，是为《夬》卦。阴剥阳，阴长阳消，直至五阴一阳，阴气最凶，是为《剥》卦。两卦内涵相反，爻象旁通。

剥为阳气图，出自宋·佚名《周易图》

剥字从刀从录，有割裂、零落等意，合起来可训为割而落之。在《剥》卦里，阴气侵阳，由初爻而上达五爻，阳气凋零，如被阴气所剥落，故谓之《剥》，卦象为群阴剥阳。以人事喻，则为小人邪气凶盛，君子受挤受害，正气偃伏。达到顶点时，只剩下一阳，孤零零地处于上位。爻辞喻之为“硕果不食”。阳为大，阴为小，故称一阳为硕果。亦即余下一阳如硕大果实，独悬于上，尚未为阴所剥落。这是阳的最后阵地，据此对阴邪发动反攻。成语所谓“硕果仅存”，就是来自《剥》卦。

在《剥》卦里，阳虽处下风，被剥落到仅余硕果，但阴阳同根，阳不会消尽，依据物极必反的规律，仅存的硕果会迸发生机而东山再起。由被剥而复生，此即序卦所说"《剥》者剥也。物不可以终尽，《剥》，穷上反下，故受之以《复》。"由《剥》而《复》，《剥》、《复》相继，紧密相伴。《复》卦的复，是反还之意。孙星衍《周易集解》引何妥曰："复者返本之名。"就是说："群阴剥阳，至于几尽；一阳来下，故称反复。"在《剥》卦里，独悬于上位的硕果，至此又返回到初位，彖辞所说的"刚反"（阳刚反），即指此而言。于是阳由消变长，重新开始利有攸往的征程。这就是复卦的来由及卦名的大意。

一阳来复

如此，所谓《复》，是指一阳的来复。《剥》、《复》两卦的卦象，鲜明地表现出阴阳爻相反的地位。在《剥》卦里是一阳在上，五阴在下；在《复》卦里是一阳居下，五阴居上。按《易》例，无论阴气阳气，皆由下上长，上被下消。阴由初上长剥阳，经二、三、四、五，步步紧剥，以致上阳仅余一果。而阳不能尽，复返初位后，势必沛然上长，以消阴气。故此，仅从卦象也可看出，《复》卦的含义是阳气衰而复兴。

凡事复兴，都需从根本作起。一阳从上返下，必复归于初。初，乃卦体之最底层。按天地人三层分析，初属于地之下层。王弼说得好："复者返本之谓也。"所谓本，即指卦的最底层的初位而言。在这个意义上，阳之复可谓之复初。

《复》卦的难题就出在这个复初的"初"字上。在《复》卦中初位接纳一阳来复，使它得以重整旗鼓，东山再起。作为载体，初是个根本的关键之位。这里，困难在于不能把初位所载，简单地视为来复之一阳，在一阳复初的深处，秘涵着玄妙的奥义，如果做不到正确把握其奥义，就不会对彖传所说的"《复》，其见天地之心乎"，做到透彻的理解。

从形象来看，《复》卦是一阳载五阴，五阴乘一阳。上卦为《坤》地，下卦为《震》雷，与剥卦相反，一阳来复之象，极其显著，不待解而自明。其卦辞为："复，亨，出入无疾，朋来无咎。反复其道，七日来复。利有攸往。"大意为：《复》卦象征剥极阳复，阳复势强，其运亨通。阳反于下，逐渐上长，其出入皆无妨害。必将引来同类群阳（朋）相助，并无差错。这表现出，阴阳相互之间，反复消长，乃自然之道。自五月《姤》卦阴长阳消，经《遁》、《否》、《观》、《剥》、《坤》，到十一月凡变七次而成复卦，谓之"七日来复"。来复之后，阳长阴消，表示正面人物的君子之道日渐伸展，反面人物的小人之道日趋消退，即所谓"刚长柔退"，正是贤者有所作为之时，所以说"利有所往"。但另一方面，象辞又说："雷在地中，复。先王以至日关闭，商旅不行，后不省方。"大意是说，《复》卦卦体是上《坤》（地）下《震》（雷）咝，象征十一月冬至一阳复生，潜力虽大，而外势尚微，尤如雷尚潜伏地中，未能破土奋起与外阴相搏，震动四方。此际需养精蓄锐，以待来日。古代圣王体察卦象之情，乃在冬至这一天闭关静养。游商旅客不外出，君主也不巡视四方。前面卦辞说"一阳来复，利有攸往"，后面象辞又说"至日关闭，不利有攸往"，看似矛盾，其实并无矛盾。因为"利有攸往"是指将来的前途，"不利有攸往"是指当前的处境。

以上所述,是《复》卦卦体、卦象、卦辞的状态,意义以及孔子对它的认识与体会。这些内容,大体上并不难理解(虽然有的地方说法不一)。但这些内容只是《复》卦内涵的表层,其深层尚未触及。第一个触及《复》卦内涵的深层并揭示其奥义的不是别人,仍然是为周易作传的孔子。面对复卦,除照例解释卦象卦辞并从中吸取经验教训外,孔子还特别做了一件大事,那就是他以超群出众的观察能力与思维能力,升堂入室,抓住《复》卦的中心奥秘,结合自己的哲学思想,创造性地加以升华,从而提出了一个激动人心的问题。即:"《复》,其见天地之心乎!"句中的"见",以读"现"为好。意思是:《复》,是天地之心的表现吧。

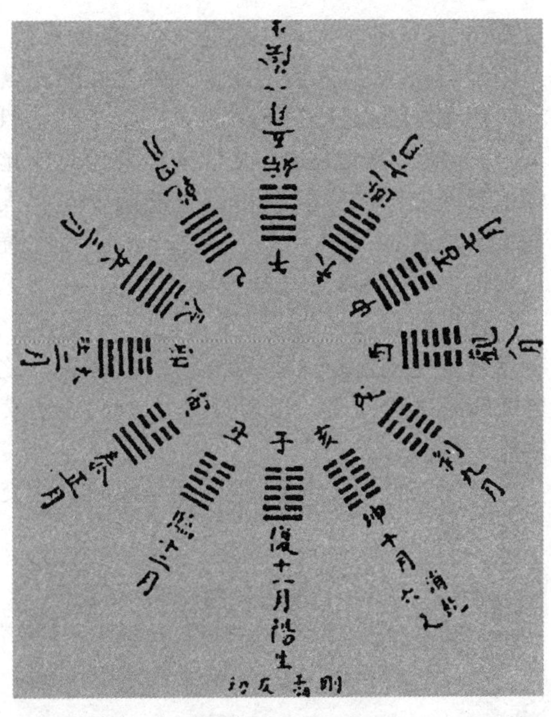

复七日来复图,出自宋·朱震《汉上易传·卦图》

这个论断,是易学史上一个著名的命题。自古以来,易学家们多次对它进行探讨,但对其含义及其所指,见解不一。

生动是天地之心

一般来说,儒道两家虽都崇拜周易,重视《复》道,但在这个问题上,基本观点不同。笼统地说,儒家认为天地之心为"生"为"动",道家则认为天地之心为"无"为"静"。下面,先看儒家的学说。

首先,汉代大儒、易学家荀爽的说法是这样的:"《复》者,冬至之卦。阳起初九,为天地心;万物所始,吉凶之先。故曰见天地之心矣。"(孙星衍《周易集解》)

大意是说,《复》卦在节气上是象征冬至的卦。在这卦里,阳气复返,从初爻开始兴起,这就是天地之心。万物借以开端,尚未涉及得失,还在吉凶之前。在这段话里,荀氏虽未明说天地之心为"生",但"万物所始"云云,已含有生意。阳起当然为阳动,总体是动而生之意。这是依据孔子《文言》所说"大哉《乾》(阳)元,万物资始"之意来解释孔子在《复》卦中提出的"天地之心"。同时,所谓"吉凶之先"云者,也是以孔解孔。孔子在《系辞》中曾说:"几者动之微,吉之先见者也。"以几字形容万物始生,微有动意,而未遇吉凶的时机。荀氏的"吉凶之先",显然是吸取孔子"几"的思想,用以解释孔子的"天地之心"。不愧为儒家的经学大师,他对天地之心的这一解释,虽不那么具体,但在儒家易学史上是有开创性的,对后代易学有很大影响。由荀氏这段话还可看出,宋代易学大师程颐所说“先儒皆以静为见天地之心”的论断,未免以偏赅全。一阳复起的动之端、吉之先即天地之心的观点,早在汉末即由荀爽言之在前了。

但把“天地之心”释为“生”“动”的代表性人物却是程颐。他诠释说:“一阳复于下,乃天地生物之心也。先儒皆以静为见天地之心,盖不知动之端乃天地之心也,非知道者熟能识之!”(《易传》)又答弟子问:“人说‘《复》,其见天地之心’,皆以谓至静能见天地之心,非也。《复》之卦,下面一画,便是动也,安得谓之静?自古儒者皆言静见天地之心,唯某言动而见天地之心。”(《二程集》)

程颐的观点与荀爽完全相同。荀说阳起初九为天地心,万物所始。程说阳复于下乃天地生物之心。荀说吉凶之先,程说动之端,基本思想并无出入,只是表达方式略有粗糙之分而已。荀未明说生与动,表达模糊,程则直说生与动,表达明确,较荀说略胜一筹。

欧阳修虽是文学家,但对周易也颇有研究。在《易童子问》中,他说:“天地之心,见乎动。复也,一阳初动于下矣,天地以生物为心者也。”他说得更明白、具体:天地之心是生,生以阳动为本。唯有动,才能现出天地之心。荀的阳起初九,程的动之端,欧阳的阳动于下,是一个思想的三种表达,实质上没有差异。朱熹的说法是“天地以生物为心者也。”(《朱子大全》文六七《仁说》)与欧阳、程颐类似,不必赘述。宋代哲人中,张载也是主张天地之心为生物者,不同的是他作了深入的解释与发挥。他说:

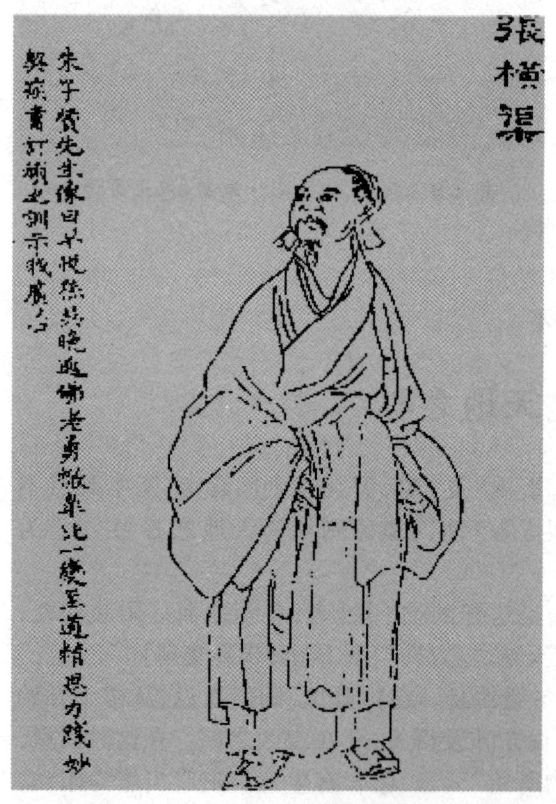

张载像,出自明·吕维祺《圣贤像赞》。张载,宋代哲人。对《周易》颇有研究,主张天地之心为生物者,同时,他对《周易》作了深入的解释与发挥。他认为阴阳消长,此起彼伏,循环往复,密切无间,剥尽阳复,永无间歇,倘一刻阳消不复,则天地之运行即将停止

“《剥》之与《复》,不可容線,须臾不复,则《乾》、《坤》之道息也。故适尽即生,更无先后之次也。此义最大。”

意思是说,阴阳消长,此起彼伏,循环往复,密切无间,剥尽阳复,永无间歇。倘一刻阳消不复,则天地之运行即将停止,这一点,意义最大。这是把《复》的必然性提高到宇宙存在的高度加以观察而作出的价值判断。接着步入本题,他说:“大抵言天地之心者,天地之大德曰生,则以生物为本者,乃天地之心也。”他以孔子在《系辞》中所说的“天地之大德曰生”作为天地之心的注脚,以孔解孔(当然也是解《易》),

顺理成章，自然立说。接下去，他又以雷在地中的《复》象作深入论述："地雷见天地之心者，天地之心惟是生物，天地之大德曰生也。雷复于地中却是生物。彖曰：'终则有始，天行也。'天何尝有息？"（以上《横渠易说》）这段话的主要意思是说，既然天地之心是生物，则雷复于地中正是生出之物，故而《复》即是生，生生不已即是天地之心。

张载的基本观点与其他儒家学者没有什么两样。但内容的论述，围绕生与动二字，已相当展开。

明人来之德的诠释虽仍承儒家旧说，但却有些新意。来说内容包括四点：（一）"天地无心，生之不息者，乃其心也。"这句话概念含糊，大意可译为：天地无意识，所谓天地之心是指其生生不息的本质而言。（二）"剥落之时，天地之心几乎灭矣，今一阳来复，可见天地生物之心，无一息之间断也。"这和张载"适尽即生"的观点相同。（三）"此孔子象传（指'复，其见天地之心乎！'）言天地间无物可见天地之心，惟此一阳初复，万物未生，见天地之心。若是三阳发生，万物之后，则天地之心尽散在万物，不能见矣"（《易经集注》）。这是说，唯此《复》卦之一阳初复能现出天地欲生未生之心，阳长后则不能见。对此，也有不同见解。俞琰《易辑说》中谓："天地之心，谓天地生物之心也。天地生物之心，无乎不在，圣人于《剥》反为《复》，静极动初，见天地之心，未尝一日息，非谓惟《复》卦见天地之心。"但俞氏此说，有与周易游离之嫌。因为周易六十四卦除《复》卦外，无他处可见一阳来复的天地之心如此显著者。来氏之说甚是。（四）"天地之心，动后方见。"这是讲生与动的本质联系，生为动之本，动为生之现。

以上是儒家学者对天地之心的代表性解说。这一以生、动为核心的学说，言之成理，持之有故，自然无碍于成立。但其中还存在一些问题，主要是概念含糊以及概念间关系不清，需要进一步探讨解决。

首先，天地之心的心是什么，是具体概念、还是比喻？来之德所说"天地无心，生之不息者乃其心也"，作为理性判断，显然含有自语相悖的逻辑错误，心为何物，并未说明。"生生不息"云者，是愿望、是能力？是谁的愿望，谁的能力？如认为是天地的愿望或能力，则天地之心应解为天地的愿望或能力。但来氏及上举诸家于此点俱未说清。

上举诸家之说，皆以一阳初复为天地之心，意思也含混不明。阳何以能复？是自力抑是他力？如承认有天地之心，并且天地之心为生，则阳复当为生的表现，而非生的自身。所谓天地为"动之端""天地之心动后方见"，都是讲天地之心表现为动，而非动即天地之心。其次，如以孔子《系辞》中所谓"天地之大德曰生"来证明天地之心为生，则反过来也可以天地之心为生来证明天地之大德曰生，循环证明，终不能说明天地之心为何物。其实，孔子彖辞中的原话"《复》，其见天地之心乎"，意思是说，阳复（生）表现出天地之心，或者是说，从阳复（生）中看得出天地之心。换句话说，孔子的体会是，剥尽阳复之象，透露出天地之心，是天地之心促使阳在几乎剥尽之后得以再生。生是天地之心的表现，而非天地之心其物。由此可见，儒家以生、动为答案来解释天地之心，尚有商讨的余地。

天地之心为无与静

关于天地之心，道家的说法和儒家站在对立面。其代表人物为王弼。他在周易

老子像，老子即老聃，姓李，名耳，字伯阳，春秋时期思想家、道家的创始人，思想代表作为《道德经》。老子的"天下万物生于有，有生于无"，"致虚极，守静笃，万物并作，吾以观复"等观点与《周易》主张如出一辙

注里说："《复》者，返本之谓也。天地以本为心者也。"儒家认为，"《复》是阳气复生于下"（程颐《易传》复卦卦辞注），而王弼以老释《易》，提出复是返本，天地则以本为心。阳复于本，即复于天地之心。那么，什么是天地之本，即天地之心呢？他接着阐述说："凡动息由静，静非对动者也。语息由默，默非对语者也。然则天地虽大，富有万物，雷动风行，运化万变，寂然至无，是其本矣。故动息地中，乃天地之心见也。若其以有为心，则异类未获具存矣。"

在这段话里，王弼首先以动静语默为例，强调静与默的独立性；其次讲千变万化的事物最终必归于寂无、静止。提出"无"为天地之本。最后指出《复》卦的雷息于地中，就是象征阳气之返于本，亦即表现出以无为本的天地之心。接着，在象辞注解中他又进一步补充说："冬至（当为夏至之误）阴之复也，夏至（当为冬至之误）阳之复也。故为复则至于寂然大静……动复则静，行复则止，事复则无事也。"总之，王氏是以无、静二字来解释天地之心，并称天地之心就是天地之本。

王氏之说，源于道家。在《道德经》中老子说："天下万物生于有，有生于无。"（四十章），表明"无"为天下之本。又说："致虚极，守静笃，万物并作，吾以观复。""夫物芸芸，各复归其根，归根曰静，是曰复命，复命曰常，知常曰明。"（十六章）表示万物皆归根于静。上述王弼以无、静来解释天地之心的思想，和老子这些观点如出一辙，是以老解《易》的明显表现。

王氏以无为本、以静为根的学说，恰与儒家以生为本、以动为用的学说形成对立之势，当然为儒家学者所不容。程颐在《易传》中驳斥说："一阳复于下，乃天地生物之心也。先儒皆以静为见天地之心，盖不知动之端乃天地之心也。"一面驳斥，一面又讽刺说："非知道者，熟能识之！"话中的所谓"先儒"是指谁说的呢？对此，《读易会通》的回答是："案程子谓先儒言静见天地之心，即指王辅嗣（王弼之字）而言。"后面又引苏子美的话："《复》，其见天地之心乎，王弼解云：'复者返本之谓，天地以本为心，寂然至无则其本也。故动息地中，乃天地之心见矣'。予惑焉！夫《复》也者，以一阳始生而得名也。彖曰：'刚反'，又曰：'刚长'，安得谓寂然至无耶？安得谓动息耶？象曰：'雷在地中，复，雷者阳物也，动物也。今在地中，则是有阳动之象也。辅嗣昧举卦之体，乃以寂然至无为《复》，斯失之矣。'"苏子美依据《复》卦卦象卦体对王弼无静说所作的批驳，可谓理由充足，观点正确。根据这一批驳，不仅可看出以无与静解释天地之心的错误，更可看出以老解《易》之不可行，因为以老解《易》，免不了陷入以老解孔的泥淖。所谓天地之心是孔子对周易的体会，想要正确把握它的含义，仍须从孔子思想中找答案，舍此并无他途。

动静结合始见天地之心

同是儒家，同认为天地之心为生、为动，其中关于动与静，却有些歧义。荀爽之"阴起初九，为天地心"，只有动意，不含静意。程颐之"动而见天地之心"，来之德之"天地之心，动后方见"等，皆强调动而不及静。唯有张载言动又言静。他说："天地之心唯是生物……此动是静中之动，静中之动，动而不穷。"（《横渠易说》）大意是：天地之心在静中，而其生物之端则为动，动静结合，始可动而无尽。这样从动静结合中看天地生物之心，就看得更为深入，更为明白。在这一点上，陈梦雷曾对程颐的唯动说提出了异议。他说："程传以动为天地之心，然阴阳分动静善恶，不可太拘。盖天地之气，纯阴寂静之中未尝无阳，然必一阳之动，而后生物可见。"（《周易浅述》）说得很对，确实，阴阳为对立统一体，动为阳，静为阴，动静亦为对立统一体，互有消长，却不能分离。程颐当然并非不谙此理，只是思考问题略有疏漏而已。《程子语类》载，程颐在回答季明之问，强调动而见天地之心后，有人提出了动静关系问题："莫是动上求静否？"对此，程颐并未反驳，而加以肯定，说："固是，然最难。释氏多言'定'，圣人便言'止'。"这一问答虽然犯了暗换论题之病：从天地之心的动静转移到修心的动静上来，但程颐毕竟肯定了动静一如的辩证关系，他也曾说过"孤阳不生，孤阴不长"，可见他并非不懂个中的道理。

动静关系是理解天地之心的必要条件。

儒家的天地之心为生的观点中，还含有个善恶问题。简言之，亦即剥尽阳复，代表君子之道，既消而复，在人则为"恶极而善，本心不息，而复见之端也。"（朱熹《周易本义》）"一阳之复，在人心则恻隐、羞恶、辞让、是非、性善之端也。"（来之德《易经集注》）意思是，一阳来复，在天地来说，则见生物之心，生物之心是为善心。故而在人来说，则为善心之动，善心之端，即见出天地之心。这一点，对认识易经内在的天人合一之义和儒家的天地之心说，也是一个必要条件。

人者天地之心也

儒家学者当中，除了以生生之说诠释天地之心以外，也有其他异军突起之说。明末清初的大思想家王夫之，便是如此。在《周易外传》中论《复》卦时，他提出了"人者天地之心"的命题。理由是："故夫《乾》之六阳，《乾》、《坤》始交而得《复》，人之位也。"这是依据《说卦》或苏轼卦变说所作的分析。其说认为，八卦乃至六十四卦都成自《乾》、《坤》之交。《乾》父《坤》母，相交而得三子《震》、《坎》、《艮》和三女《巽》、

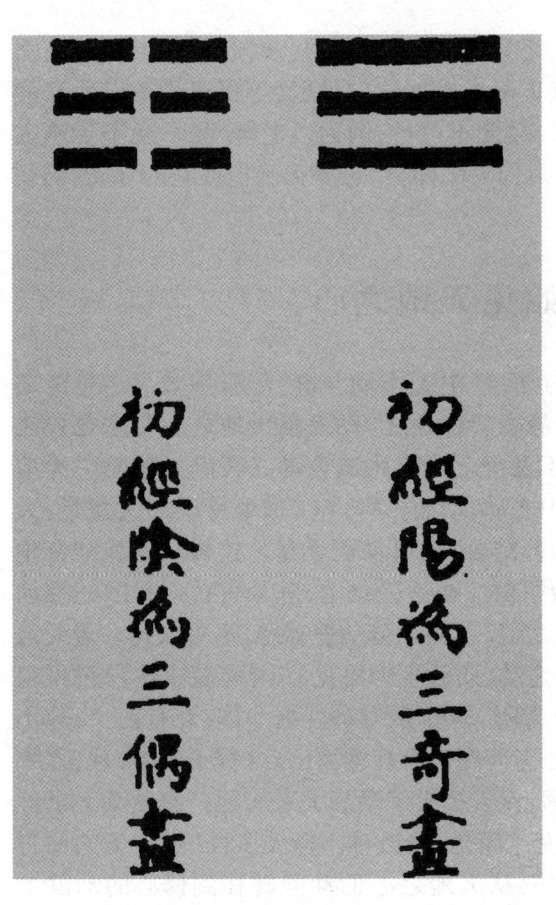

乾坤大父母图，出自宋·税与权《易学启蒙小传》。此图揭示了尽管乾坤两卦共九画，然而天地生成之数尽在其中之理

《离》、《兑》，形成八卦，推演成六十四卦。《乾》、《坤》始交所得长子，为《震》卦，人由此生，故为人位。王氏之说的核心就在于此。接着他论述说："天地之生，以人为始。故其吊灵而聚美，首物以克家，明聪睿哲，流动以人物之藏，而显天地之妙用，人实任之。人者，天地之心也。故曰：'《复》，其见天地之心乎！'"此段话中的"以人为始"之始字，不训初，而训本《荀子·王制》所谓"天地者生之始也"之始，即本之义。意为"天地之生，以人为本"，人是天地生物中的根本。聪明贤惠，如万物之灵，显示天地造化之神妙。人可谓天地之心灵。故而孔子说："复，其见天地之心乎！"

王夫之的"天地人"观点，有其思想史的传统。无论儒家道家，都讲天地人，都强调天地之中人的伟大。《老子》二十五章说："……天大地大王亦大"，王弼注曰："天地之性，人为贵，而王是人之主也……故曰王亦大也。"孔子在《系辞》中说："《易》之为书也，广大悉备，有天道焉，有人道焉，有地道焉。"把周易内涵 分为天地人三大部分，将人与天地并列，极为重视。特别是《礼记·礼运篇》以"天地人"的关系为礼的理论根据。王夫之对《复》卦天地之心的见解，就是来源于此。《礼运篇》对天地人的关系及人的本性作了深入的阐述。在讲完"君主治国必知情、通义、明利、达患"，必知"人心之大端"为"大欲""大恶"而"制之以礼"以后，对人的本质作出了判断，其言曰："故人者，其天地之德，阴阳之交，鬼神之会，五行之秀气也。"它把万物之中独具情、义、欲、恶的人，赞为天地的美德、阴阳的交融、玄妙之机的会合以及由金木水火土五行的灵气等几种优秀物质凝集而成。最后，作为结论，它说："故人者，天地之心也。"这是把人视为天地灵气的结晶，灵气的结晶即天地之心。王夫之大约从《礼记》礼运篇这一观点中得到启发，把它与周易《复》卦结合起来，从而得出《复》卦象辞所谓天地之心即指人而言的结论。

依据这一观点，王氏对《复》卦象义作了分析。他说："《复》者，阳一而阴五之卦也。阳一故微，阴五故危。一阳居内而为性，在性而具天则，而性为'礼'；五阴居外而为形，由形以交物状，而形为'己'。"如此，对《复》卦的结构从阴阳、内外两面进行探讨。意思是阳少阴多，阳内（卦）阴外（卦），阳为性、为礼，阴为形、为己（私）。他从周易扶阳抑阴的儒家思想出发，认为《复》卦之一阳代表天地（《乾》、《坤》）相交所生的人性。人性禀赋“天则”（先天的法则），是为善。五阴代表天地相交所生的形体，形体为物欲所累，是为己（私）。人者天地之心，当然是指一阳所代表的善性。这种观点显然和孔子《系辞》中所谓“一阴一阳之谓道，继之者善也，成之者性也”的思想是一脉相承的。孔子认为，阴阳互变，生生不已，便是善。《乾》元之元，就是善之长。生生不已是为仁，生而有则是为礼，有则而循行不紊，是为义。善实包括仁、礼、义在内，人生之初具有的性便是善性。王夫之认为孔子所说的“《复》，其见天地之心乎”之心，便是指天地阴阳之气交融而凝结成的善性。简言之，天地之心就是人之本性。王夫之最后总结说：“自然者天地，主持者人。人为天地之主，主必以心，故曰人者天地之心。”（以上均引自《周易外传》）

王夫之的学说是将周易、易传和礼记的思想融在一起而形成的。但礼记所说的人者天地之心，是从伦理意义出发把礼的规范性提高到天性的高度，和《易》传所说的剥尽阳复而现天地之心的哲理意义，有所不同。混而言之，殊觉不甚融洽，不太自然。

天地之心是阴阳消长的规律

伴随时代的发展，关于《复》见天地之心问题，又出现上述学说以外的新解。当代易学家金景芳的见解就是其中之一。在《周易全解》复卦部分中，金先生在总览旧说的基础上提出了自己的看法。他说：“《复》卦《彖传》说‘复其见天地之心乎’，这个‘天地之心’极难理解。什么是‘天地之心’呢？古人说法不一。有的说静是‘天地之心’，有的说动是‘天地之心’，有的则强调‘天地之心’是天地生物之心亦即生生不已之心。所说的都有一定的道理，却都未说到中肯处。所谓‘天地之心’就是天地之间万事万物中刚柔相摩，阴阳消长的规律。它无乎不在。虽无乎不在，却唯有在《复》的时候看见的最清楚。因为在《复》的时候，阳似乎被剥尽乃又复生于下，表面静默不动，实际则蕴涵着一片勃勃生机，这比任何别的时候都更能说明阴剥阳消、剥极而复的客观规律。”

天地设位图，出自元·张理《易象图说内篇》

金先生认为孔子所讲的“天地之心”，只是个比喻，“其实就是孔子在别的卦里讲的‘消息盈虚’，就是不以人的意志为转移的自然规律。”

这是用现代语言所作的表述，如以古语来说，则是“消长相因，天之理也。”程颐在千余年前早已作出这样的论断。实质意义和金先生的上述表述，并无根本差异。“消长相因”就是指阴阳相反相成所造成的消息盈虚，“天之理”就是“自然规律”。这样看来，金先生的说法，实质上可谓继承古人之说，加以改造而成。或者说，是以辩证唯物主义的观点和语言对旧说注以新意而成。

但是，无论旧说新说，倘若仅以“天之理”或“客观规律”来诠释“天地之心”，则总有不足之感。因为问题在于，单单把它作为一个“客观存在”来看待和解说是不够的，它不单是“客观存在”，而且是“主观存在”，它是客观世界的“天地之心”和孔子思想中的“天地之心”化合的结晶。具体地说，就是《复》卦之一阳来复，鲜明地体现出阴阳之间消长相因、消息盈虚的自然规律，表现出元阳复始的众善之首，表现出天地生生不已的气机。约言之，孔子从《复》卦中不仅看出消息盈虚的自然规律，而且对此规律的根本机能在此所起的作用，作了真善美的伦理评价。总而名之，名之曰“天地之心”。这样看，或许更贴近孔子彖传的本义。这是笔者读《易》的一点心得，详细情况后面再说。

关于“天地之心”的解释，还有另外一说，也该浏览一番。

玄是否为天地之心

扬雄邵康节曾经说过：“扬雄作太玄，可谓见天地之心者也。扬雄知历法，又知历理，知历理者，即所谓知天地之心也。”杭辛斋赞同此言，他论述说：“《复》之象曰：‘《复》，其见天地之心乎！’一阳来复，故生之机动于一阳，而一之数起于人心，人心即天心，天人合一，孔子赞易之微旨，具于是矣。”（《易数偶得》）邵、杭二位先生都以“数理”诠释天地之心，无非是“唯初太始，道立于一”的思想，以一为生生之始，从而说明天地之心，甚至以人心附会天心，既言之草草，又未必符合扬雄玄说的原义。下面我们看看扬雄的《太玄》，找一找其中的天地之心。

历史记载，扬雄写哲学论文《太玄》，是模仿孔子的《易系辞》，毫无疑问，他这篇论文免不了周易与孔传的影响（当然道家的阴影也很浓重）。扬雄之说的基本内容是，宇宙的本体是谓‘玄’，天地阴阳以至万物皆生于玄、而为玄所支配。他说：

“玄者幽摛（音离），万类而不见形者也。资陶虚无而生乎规。攔（音关）神明而定摹，通同古今以开类，摛措阴阳而发气，一判一合，天地备矣。天日迴行，刚柔接矣，还复其所，终始定矣。一生一死，性命莹矣。”

大意为：“玄”这个东西，在冥冥中支配万物而不露形迹，取养于虚无而生出圆规，控制神明莫测之变而确立定则，通贯古今，开辟物类，交措阴阳而发出气机，阴阳开合，遂成天地。天与日相背而行，遂造成刚柔相摩。天地运动，循环往复，乃形成始终。人之始终，是为生死，生死之间，性与命的情形也就洞若观火了。

扬雄此言，是他的宇宙论，包含四个要点：（一）宇宙本体为万物之主的无形的玄。（二）天道运行周而复始，若圆规然。（三）玄发阴阳而成天地，产生万类。（四）天道人道，循环始终。

另外，在《太玄》的《玄图》中有这样的话：

“夫玄也者，天道也，地道也，人道也，兼三道而玄名之。”

非常明显，扬雄以“玄”为宇宙本体，首先是来之于老子。《道德经》开宗明义即云：“无名天地之始，有名万物之母。……此两者同出而异名，同谓之玄，玄之又玄，众妙之门。”王弼注谓：“两者始与母也。同出者同出于玄也。……在首则谓之始，在终则谓之母。玄者，冥也，默然无有也。”扬雄以“玄”为虚无，王弼以“玄”为冥默无有，表达稍有不同，内容并无二致。扬雄之玄论，在名称上哲理上资取于道家思想，是最清楚不过的。如果扬雄以“玄”来解释《复》彖的“天地之心”，他必然和王弼一样，以无为本。这是思想脉络展开的必然结果。

除了道家思想的影响之外，扬雄的《太玄》既是摩仿孔子《系辞》而写成的，则无论形式内容必定免不了孔子思想的影响。例如前述《玄图》以天道、地道、人道等三道来为玄下定义，显然就是从孔子给周易下的外延定义“《易》之为书也，广大悉备，有天道焉，有人道焉，有地道焉。”（《系辞下》十章）中学来的。另外，尤其重要的是，扬雄所借用和建立的“玄”这一理念，和孔子在《系辞》中所创造的太极这一理念，有一脉相通之处。孔子说：“《易》有太极，是生两仪，两仪生四象，四象生八卦，八卦定吉凶，吉凶生大业。”孔子所讲的既是周易的形成、发展、变化的作用，也是宇宙的生成、发展、变化的作用。扬雄的“玄”除了不讲周易之外，作为宇宙观来看，和孔子的太极说对比，有些地方很相像，模仿的痕迹清晰可见。

扬雄像。扬雄是西汉著名的哲学家，受《周易》和孔子的《易系辞》影响很深，他的哲学论文《太玄》即模仿《周易》和《易系辞》而作。后人说的“九天”“九流术士”都是从扬雄处得来的

由此看来，扬雄的“玄”这一理念，就其基本性质来讲，不妨说是从儒道两家思想的血液中脱胎而生的混血儿。

但是，扬雄并未把他的“玄”视为孔子所说的“天地之心”，只是邵康节持有那种看法而已。邵氏那种看法，其实并无新意，在他之前王弼早就把天地之心释为无，把阳复视为返本而返于无了。总之，以道家的消极的复返于无来解释孔子的积极的“天地之心”，即无论证力也无说服力，使人产生空洞缥缈之感。而且，“玄”也罢，“太极”也罢，都属于宇宙本体范畴，是天（阴阳）的始祖，以始祖为心，未免差距过大，流于牵强，所以“玄”为天地之心之说，难以立住脚跟。

天人合一与扶阳抑阴

说到这里，我们还得返回来再从易经本身，从《复》卦本身，从孔子赞《易》的思想本身去寻觅“天地之心”。

前面说过，剥尽阳复的天地之心不仅体现阴阳消长相因，消息盈虚的自然规律，也融合了孔子易道观在内。不仅是客观真理的表述，同时有思想倾向与情感色彩。需要回过头来依据周易与易传仔细进行考察。

纵览周易全书，阴阳实为其“基因”。《易》以道阴阳，乃学界之共识。但《易》传虽然认为一阴一阳之谓道，阴阳共济始生万物万变，但从儒家思想出发对阴阳的态度却有所不同，不是平等对待，而是扶阳抑阴，尊阳卑阴。表现得最明显的是《乾》、《坤》、《泰》、《否》四卦。《乾》、《坤》为《易》之始，《泰》、《否》为运之成。《乾》卦之初爻曰“阳在下”，以为龙之潜，而《坤》卦之初爻则曰“阴始凝”，以为邪气之始，其尊阳贬阴之意跃然纸上。《泰》卦彖辞曰：“内阳而外阴……内君子而外小人。”《否》卦彖辞则曰“内阴而外阳……内小人而外君子。”把阳比作君子，把阴比作小人。喜阳恶阴之情，十分明显。但尽管如此，这种倾向却只限于畸轻畸重的范围内，并不是扶阳灭阴。有的书上说周易尊阳灭阴，那是违反易理的，因为孤阳不生，孤阴不长，阴阳互变，始为天道。

除《乾》《坤》《泰》《否》四卦之外，这种倾向通贯全易，莫不如此，《剥》、《复》二卦自不例外。本来阴阳之消长相因、盈虚互变乃天之道，对于阴阳来说，本来无可厚薄。《剥》、《复》二卦共同表现此理，亦无可轻重，但经文却说此际“不利有攸往。”彖传解释说：“不利有攸往，小人长也。”把阴盛阳微喻为小人当令，君子失势。其扶阳抑阴，为君子谋不为小人谋之意，无论本经或传辞都极明显。这是一。第二，虽然孔子主张扶阳抑阴，为君子谋，但他从易经中看到一阴一阳之谓道，阴阳互济始为天理，所以，他在《剥》彖中斥责小人之后，又不得不承认“君子尚消息盈虚，天行也”，亦即君子必须对《剥》的阴长阳消，阴盈阳虚，加以尊重，因为那是理应遵守的大自然的运行规律。综合上述两点，可见孔子对《剥》之阴盛阳衰，一方面从伦理上表示厌恶，并主张谨慎对待；另一方面又无可奈何地表示承认并尊重这一不可避免的客观规律。这是孔子对《剥》卦的看法与态度。

孔子对《复》卦的态度与看法，和对《剥》卦大为不同。《复》卦经文：“复，亨，也入无疾，朋来无咎。反复其道，利有攸往。”对此，孔子的彖传以一言蔽之，亦曰“《复》，亨”，重复经文，为《复》卦定调。接着解释经文说：“刚反，动而以顺行，是以出入无疾，朋来无咎，反复其道，七日来复，天行也。利有攸往，刚长也。”最后结论是：“复，其见天地之心乎！”

这里值得注意的是，《复》卦卦象是一阳居初，五阴在上，与《剥》卦之一阳居上，恰好相反。阳复于初之势，一目了然。但经文却只赞《复》之美，而未说何物来复。“刚反”（即“阳复”云云），是孔子的补充。“见天地之心”是孔子的体会，孔子的赞叹。是孔子对刚反之体会，对阳复之赞叹。这里只针对两仪之一的《乾》阳，而未溯及两仪之祖的太极。仅此也足见天地之心为玄的说法，实不贴切。总之，由于《剥》、《复》两卦卦辞彖辞的迥乎不同，亦可见扶阳抑阴实为周易的基本精神。

孔子像。孔子对《周易》十分欣赏。他在赞同《周易》的观点的同时，也在《易系辞》等文章中阐述了自己的主张

这一点，在《夬》《剥》两卦也表现得很清楚。《剥》是阴剥阳而上九曰硕果不食，表明阳为君子之道，有复生之义。《夬》为阳决阴，而上六则曰："终有凶"，表示阴为小人之道，虽不言其亡，亦言其前途可悲，一褒一贬，极为明显。

此外，十二辟卦表明阴阳之消息盈虚，循环无已的天之行（自然规律）。其环之两极为《姤》与《复》。《姤》为五月，一阴生，经六月《遁》，二阴生，七月《否》，三阴生，八月《观》，四阴生，九月《剥》，五阴生，十月《坤》，六阴生，到十一月《复》，则一阳复生，是为复。然后十二月《临》，二阳生，正月《泰》，三阳生，二月《大壮》，四阳生，三月《夬》，五阳生，以至于四月《乾》，六阳生。《乾》之后一阴复生，是为《姤》。如此一长一退，一升一沉，一盛一衰、一代一谢，消息盈虚，循环无已，是为"天行"。本来就天行本身而论，其运行之每一环节皆同样必要，价值相同。必以等同之值运行，运行始得正常。其中《姤》为夏至，《复》为冬至，从《姤》到《复》，从夏至到冬至，天之运行，秩序井然，季节之转换，有条有理。对此《剥》《复》《复》《剥》之循环运行，只应全面肯定，而不应或褒或贬。但周易（包括孔传）并非单讲大自然的书，而是"讲天道以明人事"的书，是借天言人，天人合一的书，因此仅以天行之道来看待《剥》、《复》的消息盈虚，就会看不清其全部面貌。举例说，为什么对一阴生的《姤》，贬之为"女壮，勿用取女，"而对一阳生之《复》，则赞之为"亨"？对二阳生的《临》说"元亨利贞"，而对二阴生的《遁》则曰"亨，小利贞"？对三阴的《否》戒之曰"否之匪人，不利君子贞"，而对三阳之《泰》则颂之曰"小往大来，去亨"？如此等等，尊阳贬阴、阳淑阴慝之义，处处可见。当然，这种带有倾向的态度也是合理的，不可避免的。周易是"天学"，同时更是"人学"。其中的天道、地道、人道，毕竟须以人道为核心。其占辞之断语或戒辞，为亨、贞、吉、凶、悔、吝、无咎、厉、无不利、利有攸往、利涉大川、贞吝、征凶、终吝，等等，皆以人事之利害、正邪、是非、得失为基准。孔子讲周易偏爱阳刚，是依天人合一的理论，借天道以明人道，如斯而已。

但问题却出在这里：对于《剥》卦，既要坚持人道之扶阳抑阴的立场，戒之为"不利有攸往，小人长也"，同时又劝之为"顺而止之"，对"消息盈虚"之"天行"，持尊重态度。对于《姤》卦，亦复如此。对其一阴生，一方面戒之曰"勿用取女"，对《复》之一阳生，则赞之曰“亨”。一憎一爱，何其分明！这并不是逻辑矛盾，而是《周易》内在的，又经孔子发扬的天人合一思想展开后，必然到达的合理的结果：天与人是一而二，二而一，合中有分，分中有合。

情义双关的命题

依据上述来看，所谓“《复》，其见天地之心乎”，就是情义双关的命题：一方面表示由此现出（或见到）“天地之心”，指出阴阳之间消长盈虚的客观规律，这是义，即“尚天行也”之义。同时表示对阴极阳生、恶退善萌的无限欣悦与赞叹而仰之曰：“天地之心”，这是情。换个形象的说法，孔子这个命题可以说是“二美具”。

孔子对天行规律如此尊重，对阳之《复》如此欣赏，不仅表现在《复》彖上，在孔子的全部易传中都有其形影。尤其是《系辞上》所说“一阴一阳之谓道，继之者善也，成之者性也”，表现得最清楚。邵康节注曰：“一阴一阳，天之道也。物由是而生，由是而成者也。”一阴一阳之谓道的道，就是规律，一阴一阳之消长盈虚，就是天之道，即自然的规律的运行。《剥》、《复》之循环无已就是一阴一阳之天道的典型表现。。万物皆由此而生，继续不断，生生不已，此之谓善，善而落实于人和物即成为性（属性）。孔子这段话是叙述阴阳之道生物的过程，并表示始生之为善，天之生物，无所偏私，泛爱万物，实其仁性，故曰善（这是孟子性善说的本源）。在周易，生物之始又名为“元”。孔颖达周易《正义》引《子夏易传》谓：“元，始也。”《公羊传》隐公元年何休注：“变一为元，元者气也，无形以起，有形以分，造起天地，天地之始也。”元在古文，训为正。在《复》卦中，一阳初复，是为生之始，生之始为元为正，故元即是善。而且，“元者善之长也”，元是最高的善（内含仁、礼、义、智），这在孔子的《文言》中已说得很清楚。同时《乾》彖又讲“大载乾元，万物资始”，表明《乾》阳为元之本，阳动而物生，遂呈元始。元为周易之重要概念，凡四七见。孔子对元，曾反复颂扬，对元的颂扬，当然基于对生之颂扬，所以《复》彖颂扬阳之复与阳之生，为“天地之心”，等于对元的颂扬，等于对“善之长”的颂扬，其扶阳抑阴的心情，表露无遗。

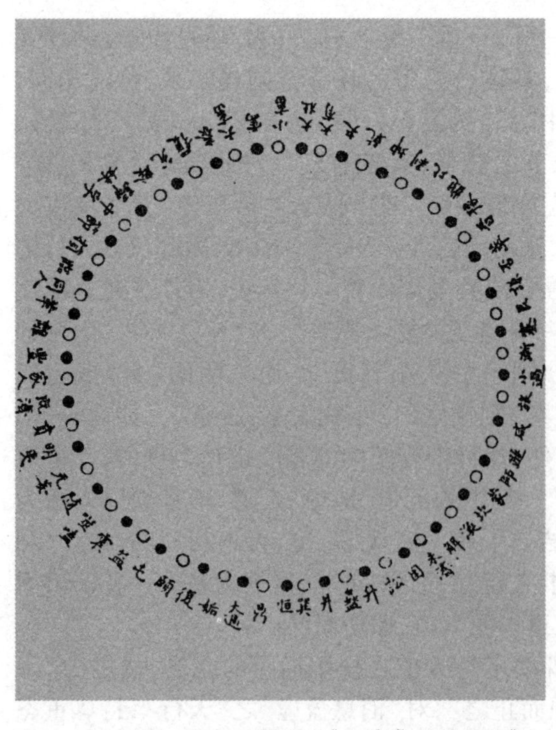

一阴一阳图，出自元代张理《大易象数钩深图》

但是问题的另一方面，是所谓“易以道阴阳”“一阴一阳之谓道”。周易作者也罢，孔子也罢，对“孤阳不生,孤阴不长”的道理,自然十分清楚。但何以对一阴之生的《姤》卦如此贬斥,而对一阳之生的《复》卦如此颂扬,把“生”的贡献完全归功于阳呢?这个问题也不难回答。答案应该是:第一,阳为主阴为从。生,以阳为主导。第二,阳被阴剥,至极而复。阳复之际,为生为元为善(仁),是所谓“动之端”“其势必强”(程传),可谓朝气蓬勃,前程无量,对此加以颂扬,合情合理。第三,扶阳抑阴之旨也表现在生死问题上。本身生死相伴,不能割裂。《系辞》所谓“生生之为易”其实应为“生生死死之谓易”。唯因扶阳抑阴,乐言生而慎言死,以致如此说。《系辞》所说“天地之大德曰生”,正是这种倾向性的表现。正如孔颖达《周易正义》所说:“《易》主劝诫,奖人为善,故云生不云死也。”据此可见,《复》彖对生之颂扬只及阳而不及阴,完全合乎周易的内在逻辑。

此外,还有一点值得注意。那就是周易对“复”之道基本上持肯定态度。《讼》卦之“不克讼,复即命渝,安贞,吉”;《小畜》卦初九之“复自道,何其咎?吉”;九二之“牵复,吉”;《解》卦“其来复吉”。以及《复》之“亨,出入无疾,朋来无咎”等,诸卦之“复”大都如此吉祥。但他卦之复,仅为局部的爻间之复,不关大体。唯独《复》卦之复,是全卦之复。复之道,无论天道地道或人道,在此卦都得到肯定与发挥。《剥》尽来《复》为天地之道,修身自反为人之道。如同《谦》之道一样,《复》之道也在天人合一的理论中为《周易》所肯定。不但予以肯定,而且特别予以欣赏。这一点,也包含在《复》卦“见天地之心”的彖辞中,值得玩味。

天地之心的美学意义

最后,“复,其见天地之心乎”这一命题,不仅如上所述,具有宇宙观的意义,伦理的意义,也具有政治的意义和美学的意义,并且涵盖天人万端,应用于所有事业。

邵康节有一首歌颂《复》卦的诗,诗曰:

“冬至子之半,天心无改移,一阳初动处,万物未生时。玄酒味方淡,太音声正稀。此言如不信,更请问包羲。”

这首诗十分有名,不仅在易学界为人们所乐于传诵,在一般文化圈内也脍炙人口。它不但通过韵律节奏与艺术形象表现出大宇宙阴阳消长的根本规律,而且点出了这一规律运行的机密性与积极性。使人读了,不仅加深了对阳复的“天地之心”的领悟与理解,而且有一种似乎人心突然与天心碰撞而产生的难以名状的“第六感”在精神深处油然而生,好似在严冬极尽的雪原上忽然发现一株野草的青苗一样,或者宛如困在黑暗的山谷中忽然发现了一线光明一样,欣喜之情,涌上心头。邵康节的诗,以自己的感受唤起了读者的感受,引起了广泛的共鸣。

这首诗含有丰富而生动的内容。它是说,冬至为一年间夜最长(阴最盛)昼最短(阳最衰)的节令,是气温开始入九,进入最严寒的时节。但就在这当口,黑夜开始由长变短(阴盛极而始衰)。这是谁的支配作用?这是“天心”的作用,亦即阴阳消长的法则的功能。“天心无改移”,是说这一宇宙的根本法则是准确运行,绝无差忒的。这是阴阳兴衰交替的时刻,是一阳始生的瞬间,是静极而始动的一刹那,是阳主阴从关系即将水乳交融的过渡当口,天地充满无限生机和无限春意,前程光明,无穷无尽。

邵康节像，图出自明·天然撰《历代古人像赞》。邵康节，北宋哲学家，名雍，字尧夫，谥号康节。他有一首歌颂《复》卦的诗，不仅在易学界为人们所乐于传诵，在一般文化圈内也脍炙人口

这时万物将生而未生，生意盎然而尚不显现。犹如一棵无形的种子充满生的能量而尚未破壳而出。这是宇宙间最微妙，最美妙的时刻。从外表来看，五阴在上而一阳在下，阳气初复，自然微弱，但从实质上从发展来看，阳生之势必将如野草之破土而出，势不可挡，生、长、壮、大是毫无疑问的。对这迷离惝恍的动人时刻，邵康节满怀激情地以玄酒、太音作喻，加以颂扬。玄酒为上古祭祀所用，引申为薄酒、美酒。美酒不在烈性，而在淡泊之处，最堪品味。太音即大音（上古大太通用），“大音稀声”（《老子》四一章），是说最高最美之音乐听不出声音，亦即《庄子·天运》所谓“无声之中，独闻和焉”。陆机《连珠》所谓“繁会之音，生于绝弦”，白居易《琵琶行》所谓“此时无声胜有声”那样的意境。（参见钱仲书《管锥编》二册，第449页），特别是，鲁迅所说“于无声处听惊雷”（《复》卦卦象正是雷隐于地中），最能表明“太音稀声”的意境。总之，玄酒太音这两个比喻，形象地表达出一阳始复、将生未生的美妙瞬间，把这一瞬间的沛然待发的无限生机，表露得十分深刻，耐人寻味。同时，全诗意义最深、意味最浓、意境最高的是结尾两句：“此言若不信，更请问包羲（包羲即伏羲，包伏一音之转）。”意为如果此诗所颂的一阳独生的美妙境界若你不信，便请你去问一问创造八卦的包羲氏。说得好！的确是一问包羲，答案便立即呈现。稍加思索，便会同意康节先生的结论。因为，世界上最先发明创造出八卦的包羲氏，他仰观俯察，取身取物，经过深入思考而后画出宇宙人世的基本架构：《乾》、《坤》、《坎》、《离》、《震》、《巽》、《艮》、《兑》八种物象，谓之八卦。而万事开头难，他画卦是从哪里开始的呢？毫无疑问，是先从“—”开始，“—”是天之象，其德为《乾》，其性属阳，然后才接着画出“- -”，用以象地，其德为《坤》，其性属阴。一为数之始，亦为物之始，数即是物，数之始即是物之始。包羲氏初画出“—”的瞬间，为一阳初生，尚未画“- -”，阴尚未生，正是孔子所说的“乾元”（即一阳）之际，“始而亨者也”，充满了畅通无阻的生机。虽然《乾》天《坤》地尚未画出，《坎》水《离》火《震》雷《巽》风《艮》山等也未滋生，八卦尚未形成，但这个最原始的一画，却内蕴着产出花花世界和千变万化的基因，亦即象征这个花花世界和千变万化的八卦乃至六四卦的体系。或者说，这一画就为中华民族从原始走向文明画出了一个开端。

这不正是康节先生所谓“一阳初动处，万物未生时”的情景么！此种情景中的心理境界，将宇宙法则乃至世界万象寓于胸中而酝酿出生机的春意境界。当然画卦的包羲氏亲身体验，领悟最深。虽然包羲氏早已作古，其人其事其意，并无文献可征，但世上却有个对包羲的精神、周易的奥义，以至《复》卦的精髓能够彻底通晓的圣人存在，那就是孔子，后学者尽可以循此而体悟到初画一阳时包羲氏的顶天立地、超凡出众的高尚境界。回过来头，再吟玩邵子的诗，便自然会豁然开朗，大彻大悟。

以上所述，总结一下，可以归纳为“《复》，其见天地之心乎”这一命题（包括《复》卦五阴一阳的卦象）的美学意义。从美学理论来看，美属于形象化的艺术范畴，抽象的哲理似乎与美学关系不大。但正如古希腊建筑具有几何式的数学之美一样，《复》卦的形象以及孔子彖传所涵孕的生机勃勃的气象，也具有充分的审美意义，给人以美的感觉和享受。

天地之心的实践意义

阴阳消长盈虚，循环无端，这是宇宙的根本大法，是天地之心，它涵盖世界的一切方面。政治上的一治一乱，一乱一治；合久必分，分久必合；政权的一兴一衰，一交一替；政治人物的一起一落，一上一下，等等，都逃不出这一自然的根本大法。乃至军事上的胜败之间，战和之间，事业上的成功与失败之间，顺利与困难之间，甚至心理与感情的喜怒之间、哀乐之间，也都可以看到这天地之心在起支配作用。另外，这一根本大法的突出表现，在于它内在的“物极必反”的规律。从周易来看，《夬》决阴而成纯阳之《乾》，阳已极盛，极而必反。于是《姤》之一阴乃油然而生，生而长，长而壮，“物壮则老，是谓不道，不道早已”（《道德经》三十章），阴长至《剥》，猖狂至极，极则必衰，于是“硕果仅存”之一阳“七日未复”，遂成阳《复》。一阴一阳，极则必反，兴衰交替，无时或已。从这一“天地之心”的运行中，我们读易者应该像孔子那样，发现其人事的积极意义。在事业的经营上乃至生活的处理上，一方面要像孔子所说的那样，存不忘亡，安不忘危，善于持盈保泰而避免走极端，以免走向反面；另一方面，对待困难与失败，绝不灰心失望，应该仿效陷于阴剥之中的阳气，努力保持元气，以待“天地之心”运行的回转，养精蓄锐，目光向前，在黑暗中静候事情的转机，期待光明的来临。应该在苦难中，坚持真理必至的希望，坚信阴剥极尽必转为阳气来复。这可以说是我们探讨何为天地之心这一问题的实践意义。

第七篇 “制器尚象”与“居则观象”

此象非彼象

在孔子的心目中，周易是君子修养与行动的指南，其中含有“圣人之道”，足资汲取。他以总结的语气说：

“《易》有圣人之道四焉：以言者尚其辞，以动者尚其变，以制器者尚其象，以卜筮者尚其占。”（《系辞上》十章）

以，用也，尚，崇也。意思是，周易有四个圣明的道理：需要言论的，重视其中的文辞；需要行动的，重视其中的变化；需要制创器物的，重视其中的形象；需要卜筮的，重视其中的占断。

在另一处，他又说：

“……君子所居而安者，易之序也，所乐而玩者，爻之辞也。是故，君子居则观其象而玩其辞，动则观其变而玩其占。”（《系辞上》二章）

上一段话说的是辞、变、象、占，后一段话说的也是辞、变、象、占。表面看来，大意仿佛。但稍加注意便可发现，两段话之间存在一个巨大的差异。具体说，差异就在象字上。前段话的象，是“以制器者尚其象”的象。后段话的象，是“居则观其象”的象，内容深广程度，迥乎不同。前者的范畴，仅限于从卦象中汲取模样或含义，以开发造器之智，除了传说中帝圣为利民而制器之外，在孔子生活的春秋末季，在“君子不器”（《论语·为政》）的社会气氛中，这并非君子进德修业的要事，和辞（修辞）、变（通变）、占（察来）三者并列为“圣人之道四”，过于牵强。后者的范畴，较之前者其外延远为广阔，内涵远为深厚。它不止于一事一物之形态与义理，而是包络天地人三道而弥沦万事万物。所谓观象，实质上是观察象中阴阳交叠变化之道所表现的各种情态，据此为进德修业、彰往察来的指南。制器尚象云云，不过象义之一角，较之“君子居则观象”之象，可谓小题大做，它与“君子观其象”的象，实不可同日而语，把它列为周易四道之一，无法前后呼应，昭然若揭。可是历代许多易学家都只顺应原文加以注解或阐释，而不表疑问，《周易纂疏》引崔觐之言，即是一例。崔曰：“圣人德合天地，智周万物，故能用此易道。大略有四，谓尚辞、尚变、尚象、尚占也。”意为，只有德智至上的圣人，才能运用易经中的“四道”。这样依原文的字面意义来做解释，便把易经四道之主的象、易经灵魂的象，局限于为制器提供蓝本的狭小的功利范围，从而大大冲淡了易象的精髓，降低了易象的功能与价值。来之德在注释“易之为道，不过辞、变、象、占而已”（《易经集注》），也是顺应原文的意思，承认“制器尚象”为易经四道之一，而对“制器尚象”仅为易象功能之点滴，远不足以代替四道之一的易象一点，未作任何辩释。这对发明易象颇有贡献的来氏来说,不能不说是一个可惜的疏漏。还有向来读书而好甚解的张载,对“圣人之道四”这段话,却不求甚解。他说:“尚辞则言无所苟,尚变则动必精义,尚象则法必致用,尚占则谋必知来。”(《横渠易说·系辞上》)抛开《易》之四道,以“法必致用”解释“制器尚象”,不过是肯定原文字面意思,顺水推舟,略加申述而已,并未作任何剖析。

如上所述,把“制器尚象”说成易经内涵的四道之一,其小题大做,以点带面的弊病相当明显,略有见识的人,即不难发现。但何以不少名家如此草草肯定而不表异议呢?对此,有人认为,这是由于古代的学者们,无论儒家或道家,对圣人孔子说的话,多怀有尊崇与敬服之心,而难以发现疑问的缘故。这个说法,有一定的道理。思想史证明,不仅古代,不仅对孔子的言论有此种情况,就是近现代或当代,也有不少类似的事例。实质上这也许是政治空气对学术心理的干扰吧。

不但古代的易学家对上述《系辞》原文抱着含糊其辞,敷衍了事的态度,当代一些易书也不少此种情形。如《周易大传新注》就把“制器者尚其象”简单地释为“用来制造器物应以卦象为主”,并未就其不合理处提出任何疑问,《周易今译》也是只照原文字面译为:“用来制造器物时,崇尚《易经》的形象”,在总结中,也未作任何辨析。可见易学传统的负面影响今天仍然存在。

以上所谈,是《系辞》“易有圣人之道四焉”当中,关于“制器者尚其象”的第一个疑问。此外,还有另一个疑问就是:既然“制器者尚其象”(姑不论易象是否有全面地为制器提供仿效的功能),那么,是象在器先,还是器在象先?亦即:是先有象,还是先有器?这一问题,按实际情况,以常识论之,头脑正常的人,当然都会说:根据事实来说,一般情况下自然是先有器物,而后有易象,因为易象是源于物,是人仿物而画成的。但《系辞》在这一点上产生了自语相违。它一面说“制器者尚其象”,表明制器者模仿易象;另一面又说:“古者包羲氏之王天下也,仰观象于天,俯观法于地,观鸟兽之文与地之宜;近取诸身,远取诸物,于是始作八卦……”(《系辞下》二章)。意思是说,“八卦取象于日月天地雷风山泽……”(《周易集解纂书》李道平疏语)。易象生于人仿外物,先有物,后有象,象为物

黄帝像,图出自明·天然撰《历代古人像赞》。《易经·系辞》中说,黄帝尧舜垂衣裳而天下治,盖取乾坤

的象征。所以《系辞》下文在总结时才说："是故，《易》者象也，象也者像也"，把易象的来源归结为模仿外物的相似。这和前文"制器尚象"的思想，恰好相反。

可是，紧接着《系辞》又转过身来以大量实例论证"制器尚象"的正确。它说：

"（包羲氏）作结绳而为罔罟，经佃以渔，盖取诸《离》。"

"包羲氏没，神农氏，斫木为耜，揉木为耒，耒耨之利，以教天下，盖取诸《益》。"

"日中为市，致天下之民，聚天下之货，交易而退，各得其所，盖取诸《噬嗑》。"

"黄帝尧舜垂衣裳而天下治，盖取诸《乾》《坤》。"

"刳木为舟，剡木为楫，舟楫之利以济不通，致远以利天下，盖取诸《涣》。"

"服牛乘马，引重致远，以利天下，盖取诸《随》。"

"重门击柝，以得暴客，盖取诸《豫》。"

"断木为杵，掘地为臼，杵臼之利，万民以济，盖取诸《小过》。"

"弦木为弧，剡木为矢，弧矢之利，以威天下，盖取诸《睽》。"

"上古穴居而野处，后世圣人易之以宫室，上栋下宇，以待风雨，盖取诸《大壮》。"

"古之葬者，厚衣之以薪，葬于中野，不封不树，丧期无数。后世圣人易之以棺椁，盖取诸《大过》。"

"上古结绳而治，后世圣人易之以书契，百官以治，万民以察，盖取诸《夬》。"

这样，《系辞》又进一步以十三个"盖取诸"的"历史事例"为证，证明制器者如何尚于象。显然，这同上文所说的仰观俯察而取象画卦的观点，水火不容。

《易》者象也

于是，在阅读《系辞》这一部分时，人们不可避免地要面临两个问题：

（一）周易的四个圣人之道，即周易的四大内容，可以集约为辞、变、象、占。但其中的象，应指周易整体的象，而不应指象中的小节"制器尚象"。将"制器尚象"与辞、变、占并列，显然极不平衡。所谓尚辞、尚变、尚象、尚占云云，按理说，是与第二章君子"居则观其象而玩其辞，动则观其变而玩其占"的话前后呼应，是同一思想两个角度的表达方式。何楷说："此章与第二章'观象玩辞'、'观占玩变'相应。"（《周易订诂》）点出了两章两话间的脉络，但未对"制器尚象"提出究诘，恐怕也是由于对圣人言论持述而不作的态度吧。第二章所说的观象，当然是指易体全象，即六十四卦的整个卦爻象，是从"冒天下之道"的高度和"类万物之情"的广度去玩象尚象。这样看来，"制器者尚其象"和"观象"两者并非同一序列的概念，不应与辞、变、占并例为圣人之道。这是第一个问题。

（二）"制器者尚其象"的论断以及后文的"十三盖取"的例证，也许是为了"说明《易》象的'神奇'作用"（《周易译注》），但就史实、事实及大体看来，却是颠倒是非的空论。从根本来说，应是象源于器而非器源于象（此指形而下者的器，制器者之器是其中之一）。况且"十三盖取"（《系辞下》二章）一章内部也有矛盾，开头之"仰观俯察"与总结之"易者象也"，是说象生于器，中间之"十三盖取"则说，"器生于象"，互相扞格，难以自圆其说。

这是第二个问题。

下面，分头试加剖析。

在周易的四大内容（四大圣人之道）辞、变、象、占中，占有根本地位的是象。《系辞下》说："象者像也"，可谓一言中的。象是周易的灵魂，也是它的躯体。正如来之德所说："易卦者写万物之形象之谓也，舍象不可以言《易》矣。"（《易经集注》）可以断言：象外无《易》。

伏羲氏画八卦图，出自《二十一史通俗演义》。伏羲氏是传说中的五帝之一

第一，《易》从象生。《系辞》所谓"易有太极，是生两仪，两仪生四象，四象生八卦"也罢；所谓"伏羲氏……仰则观象于天，俯则观法于地，观鸟兽之文，与地之宜，近取诸身，远取诸物，于是始作八卦……"也罢，都是表示易体始于阴阳八卦的画象，《易》离不开阴阳八卦，阴阳八卦则离不开象。丁寿昌引《说文》"卦，画也"。驳斥了卦为"悬挂"之义说，认为卦的本义源于画，《易》之画是画象，象成则《易》成（《读易会通》）。王夫之也说："因像求象，因象成《易》"（《周易外传·系辞下三章》），把《易》从象生之义表达最为简明确切。

第二，象外无《易》，《易》即是象，从阴阳二画起直到八卦六十四卦乃至三百八十四爻，无一非象，各种卦序，无论传统的，八宫的，或马王堆的，无一非卦象之序。各样卦变爻变，无一非象变，所有卦辞爻辞，亦无一非象之释辞，等等。《易》即是象，其理昭然。所以《左传·昭公二年》晋国韩宣子出访鲁国，观赏文献时，不称周易为《易》，而名之为"易象"，可见，《易》与象具有一而二二而一的密切关系。

第三，《易》之辞生于象，先有象，后有辞。古时曾有有象无辞之《易》，但无有辞无象之《易》，《尚氏学》曰："凡易辞无不从象生"（《系辞上》），所谓"圣人设卦，观象，系辞焉而明吉凶"，即指此而言。如《乾》卦卦辞之"元、亨、利、贞"，是表现天所具有的"始、通、和、干"四德等六个纯阳之象而系上的文辞。"潜、现、乾乾、飞、亢"等爻辞，是依据六个爻所表现的天地人三位以及龙在三位六个阶段中的情态而缀上的爻辞，等等，都是文王、周公（或他人）观其象而后按象义所作的文辞，辞从象生。王弼所谓"言生于象"（《明象》），朱熹所说："'象者物之似也'，此言圣人作《易》，观卦系之以辞也。"（《周易本义》）说明象是辞所从出的本源。

第四,义自象生。象的本质是,以象征万物情态的形象“冒天下之道”与“彰往察来”(《系辞下》)。孔子认为,《易》之所以立象,是由于“书不尽意,言不尽意。故而立象以说意,设卦(卦亦为象)以尽情伪。”(《系辞上》)王弼解释说:“夫象者,出意者也……尽意莫若象。”(《明象》)都表明语言文字在表达意念上的局限性和象在表示思想意念上的优越性,正由于象有蕴涵义理的优越性,故而圣人才能从中悟其义理“微显阐幽”而系之以辞。程颐所谓“理无形,故因象以明理”(《答张闳中书》),王夫之所谓“天下无象外之道”(《周外传·系辞上》),都是阐发此意。换言之,从根本上讲,周易并不是“文以载道”,而是象以载道,象以蕴理;卦爻辞不过是把象中所含的义理表达出来而已。何况周易的文辞也大多采用寓言、比喻等形式,也属于象。“意以象尽,象以言著”——王弼这八个字把意、象、言三者的关系和象在三者中主要地位的意思,表现得简明而恰当(至于他的忘象扫象之论,及是以庄解易,其利弊是另一问题,此处不谈)。对周易象数义理俱深有修养的杭辛斋,总结自己研究易象的心得说过下面一段类似评语的话:“周易卦爻,文字所不能赅者,而象无不可以赅之,象固不可限量也。”(《学易笔谈》)卷一)“象也者形也,其不曰形而曰象者,形仅以状其物质,而象则著其精神”(《学易笔谈》二集卷三)。

此间,前一段是说象的功能。赅者,备也,意为周易的卦爻的奥义,文辞不能完备地表达,而象则完全可以象征,象的功能本来就是不可限量的。这段话的中心是说象的功能大于辞。第二段是将象与形对比,而辨其区别。他认为形仅表达外貌,象则表达精神,这是很高超的见解。的确,形仅是空虚静止的物貌,并不含有深厚的义理,不会变化;而象则是蕴事物义理情性的构图,以阴阳的对立统一为内核,生机勃勃,变化多端,一象表多物,含多义,是一与多的统一。仅以《说卦》为例,其中的《乾》象除具纯阳之健性外,还代表天、首、君、父、玉、金、寒等十四种事物,而且不止于此,还可增益,所谓“象固不可限旦也”,于此可见一斑。同时,既此也足见,有些人有些书把《易》之阴阳、八卦和六十卦说成“符号”,是不妥当的。表面看来,为了表达的方便,似乎可称之为符号,而从实质上说,易象与符号完全是两回事,因为严格意义的符号,是标志事物的空洞的信息外壳,是与外界事物并无相似之处的单纯记号,与它所标志的事物之间并无固定的联系,亦即符号本身并无固定的内容,它是事物的外在形式,这是一。其次,由于它是空壳的载体,所以并不蕴涵义理,电报或数理逻辑的符号就是这样,本身并无意义。最后,符号代表的事物和关系,是单一的,固定的,绝无“变动不居”或一个符号代表多数事物的

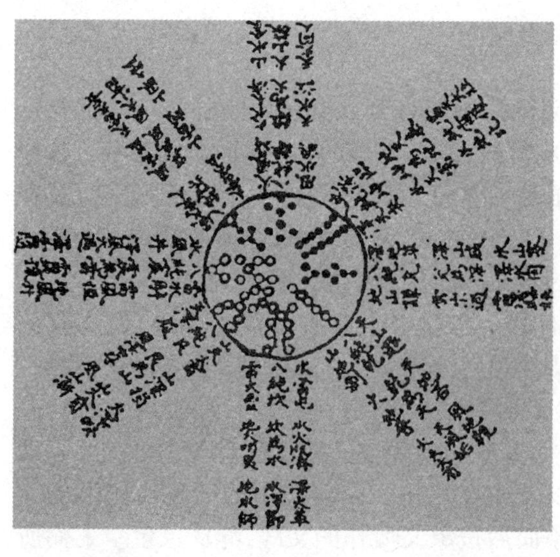

八卦变六十四卦图,出自宋·刘牧《易数钩隐图遗论九事》

情况，等等。就其只是标志事物的外在形式而不“著其精神”一点来说，多多少少和杭氏所谓的“形”有些类似，和上述象的本质、功能、变化、价值等，都相差甚远，不是同一事物，也不属于同一类。就《易》象来说，无论卦爻象或文辞象都不是作为空虚的载体而被动运行的符号，它是与数理、义易紧密结合，而主动变化的形象，是内容与形式的统一体。由此观之，来之德说：“象，镜也。有镜则万物毕照，若舍其镜，是无镜而索照矣”（《易经集注》原序）。这段话认为象是《易》反映万事万物情态的手段，强调它的巨大功能，这是正确的，所差的是，他把活生生的象，比作死板板的镜，则和符号论者犯了相似的错误。符号属于抽象思维，易象属于形象思维中的象数思维，根本不同。此问题，当另文论述。

第五：《系辞下》说：“《易》之为书也……其道也屡迁，变动不居，周流六虚，上下无常，刚柔相易，不可为典要，唯变所适。”这一段著名的论述，简明扼要，把周易的精髓说得明明白白。确实，周易的实质是讲阴阳变化的规律，那么，它本身的变化表现在哪里呢？一句话，《易》之变，根本上是象之变。无论筮草之十八变而成卦，本卦之变为之卦，六个爻之变，卦序之变，乃至互卦之变等等，根本上都是象变。卦爻辞之变，是伴随卦象爻象之变而变，卦爻之象不变，则文辞自然不变。同时文辞本身也多是象，文辞变，也是象变。明显的卦变，如《泰》之变《否》，《泰》为地上天下（内卦天，外卦地），象征地气上升，天气下降，阴升阳降，阴阳相交，呈现大通泰和的景象，故名曰《泰》，卦辞为“小往大来，吉亨”。小指阴气，大指阳气，阴气升而阳气降，简言之为“小往大来”。如此大好局势故曰吉而且亨，卦辞所表现的，全是卦象的内涵，如将《泰》卦之内外两小卦颠倒过来，造成天上地下之象，则成为《否》卦。《否》之卦辞为“否之匪人，不利君子上贞，大往小来。”意思是，泰不会永泰，泰极则否来，否为塞。否塞的局势，与泰通的局势相反，天气上升，地气下降，天地不交，万物不生，不利于人道，故曰“匪（非）人”。阳气上长，阴气下来，为大往小来，如此反常的局势，对君子坚持正直之道颇为不利。这段卦辞，如《泰》卦卦辞一样。都是对天地关系的卦象内蕴，联系人事，加以阐释。《泰》、《否》卦辞含义相反之变，正缘于两卦卦象颠倒之变，变生于象，而辞则明其变之含义。卦变如此，爻变自不例外。如《遁》卦初爻辞是：“遁尾历，勿用有攸往”（小人得势时君子应及时遁退，以避其锋，如若遁藏滞后，成为遁“尾”，则有危险。此时此际不可前进，以免受害），《遁》卦初爻变，则变为《同人》卦，初六爻辞为“同人于门，无咎”（能够走出私门，与公众求团结，则无咎害）。如此爻象变，则爻辞随而变，六十四卦三百八十四爻，莫不如斯。总之，周易的精髓在于阴阳交变，阴阳之变为象变的根基，而卦爻及文辞之变则缘于象变。所以，归根结底，周易四大内容的辞、变、象、占之变，也如辞一样，以象为本，辞可谓象辞，变亦可谓象变，变之所在，即象之所在。

占以象为本

最后，《易》之占，也植根于象。表面上《易》是占筮之书，而奇怪的是，在辞、变、象、占四大内容的排列中，占却屈居于末位。可见，在《系辞》的思想看来，在几个圣人之道中，占并不占主要地位，但另一方面，《系辞》对四道的排列，似乎也欠斟酌。论证说，其排列次序应该是“象、变、辞、占”，这样才能合理地表达出四道的轻重之序。

为什么说占也植根于象呢？这一点，剖析一下占筮的步骤与过程，就可以了然。简言之，占的过程包含四个步骤：起卦、观卦、算卦、占断。起卦就是以四九根蓍草，经过四营十八变而成卦，蓍草之数变及成卦，皆表现为象，观卦即“设卦观象”，“八卦以象告”（《系辞下》十二章）。观卦即观察玩味卦之象，体会其内涵，领悟其动静，算卦就是动用卦象爻象间阴阳相反相成的变化法则和其中蕴涵的以及显为爻辞的义理（哲理伦理等），进行演算。占断则是综合观与算的结果，依据义理提供的经验教训，结合占问者的情境，使用占辞，作出吉凶祸福的推断。起卦为偶然，观算为必然，占则归于概然。其间，起卦为以数象立卦象，观卦为观玩所立之卦象；算卦为动用象数（包括卦象的文辞）的法则进行分析，占断则为前三项综合的结果。说来说去，既然卦者象也，那么起卦、观卦、算卦、占断的过程，归根结底，实质上无妨说就是起象、观象、算象、占象的过程。因此，可以说占也植根于象，象外无占。

综上所述，可以明确地见到，“《易》者象也”一语，真正抓住了《易》的精髓。清人吴世尚在《庄子解》序中以感叹的语气说：“《易》之妙，妙在象。……《易》冒天下之道，羲皇之图尽之。古今至圣大贤，未有无得于《易》而能见道分明者也。”的确如此，《易》之妙就在于能以“分明”之象现出天下抽象之道，使人得以从“观感”体悟其中奥妙。故此，在周易的辞、变、象、占四个圣人之道中，象应占决定性的首位，是理所当然的。

《系辞》二章“圣人设卦观象而玩辞，动则观其变而玩其占”一节与《系辞》十章“易有圣人之道四焉：以言者尚其辞，以动者尚其变，以制器者尚其象，以卜筮者尚其占”一节，辞、变、象、占之所指，显然是同一对象。其中观象的象与尚象的象，也显然是同一序列的概念，就是说，都是上述作为周易灵魂与躯体之统一的象，都是冒天下之道的象，都是辞所生，变所出，占所由据的“大象”，而不是制器而尚之的具体的“小象”。因此，依据含义来说，“以制器者尚其象”一句的合理的说法，应该是“以观者尚其象。”这样，才能同“居则观其象，”紧密呼应，才能同尚辞、尚变、尚占，并列为四个圣人之道而无愧。

可是，虞翻、朱熹、来之德、陈布雷等许多易学家却未能对此提出疑问。广大的后学者也往往顺从《系辞》原文和名家注释，将错就错，囫囵吞之。真是一件令人遗憾的事。

《易》生于象

为了弄清“易者象也”和“以制器者尚其象”之间的矛盾关系，有必要进一步对《易》的生成略加探索。

关于这一点，《系辞》有两个说法。头一个是：“《易》有太极，是生两仪，两仪生四象，四象生八卦”（《系辞》二章）。第二个说法是，上文所引伏羲氏仰观俯察，画出阴阳八卦的一节（《系辞》二章）。前一个说可简称为太极说，后一个说法可简称为画卦说，现在先从前一个说法谈起。

太极说表明，《易》生于太极。何为太极，说法不一，一说为太乙（太一），亦即所谓宇宙的本体。太极含有正反两面，在运动中一分为二，出现阴阳，是谓两仪（— 袴）。阴阳交互迭变,再生出少阳(沬),太阴(雊)少阴(喷)太阳(豭),是之谓四象。阴阳继续交叠,遂生出八卦。

伏羲先天八卦图。只表示八卦的形成,是“太极”自身所含正反两面运动演变的结果,并未表示出自人为的创作。以今天的哲学语言来说,可以说阴阳(乃至六十四卦)的生成,是它的“基因”(太极)合理的逻辑演化的必然产物。也可以说,《系辞》作者是从逻辑演化的角度阐述了卦体(即易体)形成的基因、过程与结果。这是太极说的中心内容。

其次是画卦说。《系辞》(下二章)说得十分清楚,阴阳八卦是由包羲氏仰观俯察,模仿外界情景而画成的,亦即卦象是人为创作的外物的象征。以今天的语言来说,也无妨说,画卦说的主旨是表示,卦象是客观事物在作者头脑中生动反映的产物。

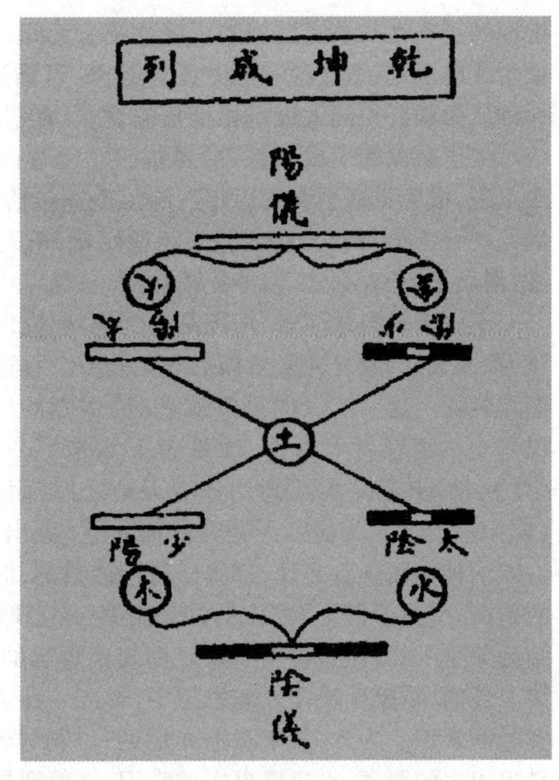

两仪生四象图,出自元·张理《易象图说内篇》

如果将上述两说加对比,我们会发现一些麻烦而有趣的问题。

(一)前者说卦象是自身演化成的;后者说它是圣人画成的。

(二)前者强调逻辑演化的必然性;后者强调模仿、反映的实然性。

(三)前者着重论理推演的过程;后者着重创作发展的历史。

(四)前者可引出唯心论。如:以太极为理念,以八卦生成为理念演变的结果,则导致客观唯心论。以太极为数,作数理论,则太极是一,一分为二成两仪,二分为四成四象,四分为八成八卦,云云,正是数理论者邵雍的学说,是唯心的。至于后者,无论怎样解释,也只能得出唯物的结论。

当然,从思维科学和哲理逻辑的角度来看,理念的演变也罢,邵雍的数理说也罢,作为一家之言,都有其积极意义。况且,作为理念或作为“一”的太极,也是源于宇宙在人脑中的反映和人对宇宙的思索,或者说,都是宇宙的“投影”,而非空中楼阁。说到底,并不是离开外界而自生的“思想实体”。

有趣的是,从上列对比中,我们不仅看清了两说的各自为政,同时也悟出了它们的协作有方。就是说,八卦的象(即易象)是宇宙缩影的构图,它的出生、成长和定型,一方面以现实的运动为基础,同时也要以思维的运动为凭借,二者缺一不可。所以在描述这一图象的生成过程时,就应双管齐下,即说明其思维运动的情况,也说其反映外物的情况,这样才可免于一偏。

因此,太极说和画卦说是从不同的方面对卦象的形成作了全面的阐述。其逻辑推理的正确性与事实发展的正确性统合无间，完全可以同时存在，并行不悖。作为易象生成的学说，太极说和画卦说合起来，可谓达到了逻辑与历史的统一。由此看来，那种认为画卦说同太极说相抵牾的观点（如《周易全解》）似有进一步推敲的必要。

关于易象的生成，《系辞》虽提出了上述两说，但前一说只出现一次，后一说则多次出现，成为贯通全文的思想。除了上述包括画卦的论述外，最显著的还有下面一段话："……天生神物，圣人则之；天地变化，圣人效之；天垂象，现吉凶，圣人象之；河出洛，洛出书，圣人则之。"（《系辞上》十一章）

不管天垂象作何解，河图洛书为何物，这段话的要点是说，外界有物，物有形态变化，圣人效之，象之，则之，而后立象画卦。在这里，仿物画象的思想表现得非常明显，毫无疑问。这一点，《周易集解纂疏》引虞注《易纬乾凿度》的解说，也可资参考。它说："……清轻者上为天，浊重者下为地。……乾坤相与并生。"又说："天地开辟，《乾》《坤》卦象立焉。"意为先有天地之形，而后生出《乾》、《坤》之象，把《乾》、《坤》（阴阳）之象，视为仿摩天地开辟而建立（画出）的图形。这一解说，和上引《系辞》圣人效法神物而画卦之说，都属于传说或猜测，但却是含有积极意义的传说或合乎情理的猜测。与《系辞下》所说的仰观俯察，取身取物的观点，基本精神是一致的，都可归结为象生于物，而非物生于象。用现代哲学的语言来说，则可谓物是第一性的，象是第二性的，物象反映在人的思想中，形成一种观念，画下来成为易象。象之源于物，是实际的常识。为此，从来源上亦足见"以制器者尚其象"之仿象制器的观点，既不合乎易象出生的原理，也违反事实的常识，是颠到是非的奇谈怪论。

但是，如前所述，《系辞》不但提出了这种奇谈怪论，而且以大量事例加以论证，这既与己身反复强调的"效之"、"象之"、"则之"和"仰观俯察"以立易象的观点，自语相违，又违反了史实与常识。具体地说，作为论证理由而举出的十三个"盖取"，没有一个能站住脚。"做结绳而为网罟，以佃以鱼，"是基于生产经验的发明，并非来自观察《离》卦形象而得来观点，这是人所共识的常识。但《系辞》却说这是"盖取诸（之于）《离》"，是从《离》卦得来的创见，这显然是荒唐的说法。

然而奇怪的是，如前所述，历代许多易学大家却只照原意加以疏解。如虞翻曰："《离》为目（《离》之象为目），《巽》为绳（《巽》之象为绳），目之重者唯罟（眼目重叠

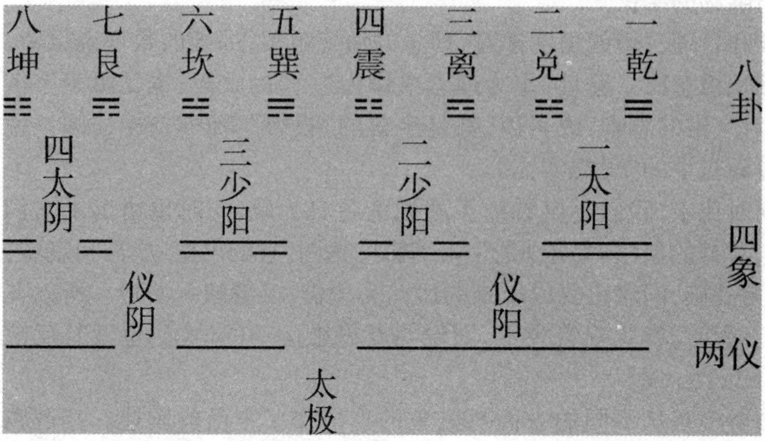

八坤 ☷ 七艮 ☶ 六坎 ☵ 五巽 ☴ 四震 ☳ 三离 ☲ 二兑 ☱ 一乾 ☰ 八卦

四太阴 ⚏ 三少阳 ⚎ 二少阴 ⚍ 一太阳 ⚌ 四象

阴仪 ⚋ 阳仪 ⚊ 两仪

太极

太极八卦演进过程和结构形式图

成网),故结绳为罟”(《周易集解纂疏》引汉易语)。把网罟的发明硬说成源于对《离》卦形象(包括其中的互体《巽》)的观察,用以解释《系辞》“盖取诸《离》”。虞氏的语意,比原文更加坚定。原文有盖字,表示大盖如此,有猜测的意思,语气还不十分肯定。虞氏注解之误,较原文更甚。朱熹说:“两目相承而物丽焉”,语意近似虞氏,但未及取象之事,意思含糊不清。

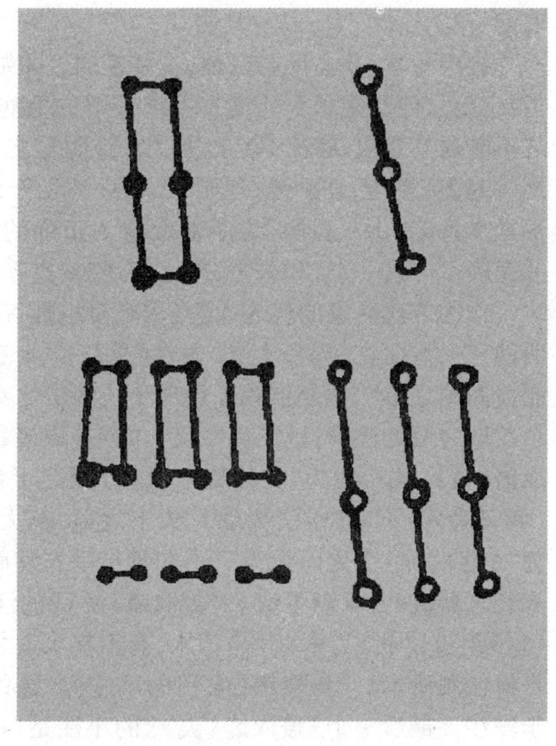

乾坤生六子图,出自宋·刘牧《易数钩隐图》

“十三盖取”之中,原文最荒唐而注解更荒唐的当推第五个。文曰:“黄帝、尧舜,垂衣裳而天下治,盖诸《乾》《坤》”。对此,古时有几种解释。《九家易》说:“黄帝以上,羽皮革木,以御寒暑。至于黄帝,始制衣裳,垂示天下。衣取象《乾》,居上覆物;裳取象《坤》,在下含物也”(《周易集解纂疏》引)。以《乾》上覆物,《坤》下含物之象,作为上衣下裳的创制所仿。郭雍说:“垂衣裳而天下治,无为而治也。无为而治无他焉,法《乾》、《坤》易简而已”(《家传易说》)。认为垂衣裳的无为而治,是效法《乾》、《坤》卦象的易简精神。孔颖达说:“以前衣皮,其制短小,今衣丝麻布帛,所作衣裳,其制长大,故云垂衣裳也。取诸《乾》《坤》者,衣裳辨贵贱,《乾》《坤》则上下殊体,故云取诸《乾》《坤》”(《周易正义》),等等。这些注解虽然在何谓垂衣裳而治和取诸《乾》《坤》之义上有些不同,但关于《乾》《坤》卦象为衣裳所本,则无异议。如此,原文注释都把《易》象的产生说成在戴羽披革的原始社会早期,把衣裳的发明说成取之于象,以与“制器者尚其象”的论点相适应,这实在是与社会、文化发展的历史背道而驰的奇谈怪论。除此之外,把集市的出现归功于《噬嗑》的启示(虞翻注:“《噬嗑》,食也,市井交易,饮食之道,故取诸此也)。把书契的创制归功于《夬》卦的启示(虞翻注:“书契所以断决万物,故取诸《夬》也”),等等,都是硬把器扯到象上,牵强附会,莫此为甚。

但是,如此不合理而浅近的问题,除汉人虞翻、《九家易》等轻义理的象数派易学家自然会肯定原文而后作象数衍说外,向来博学精思,以远见卓识著称的清人杭辛斋,竟而也对原文全面肯定,并依原义引申发挥。在《学易笔谈》第二集中,他专题谈了“制器尚象”。

其言曰:

“系传曰以制器尚其象。又虑后世之无所则也,特举作绳而为网罟以佃以鱼。盖取诸《离》之十三卦,以示其例。"

杭氏易学,兼义理与象数,主要是通过象数发挥义理,其见解多有精辟独到之外。但在这里,他却犯了个死读书不求甚解的毛病。虽然接下来他进一步说:"又虑后人之不能通其变也,特于《乾》《坤》二卦明示之,曰通其变传民不倦,神而化之传民宜之,《易》穷则变,变则通,通则久。……"云云,结合"十三盖取",对易理有所发挥,但那是在肯定"十三盖取"之制器取象为正确的前提下所作的衍申,对原文的"可疑",并无表示。这一点,和朱熹、来之德、陈梦雷等学者,有所不同。

作为宋代儒家的代表人物,朱熹对祖师爷《系辞》中的这段言论,态度似乎不十分明朗。一方面在《周易本义》中在《系辞》"十三盖取"之后注解说:"此第二章言圣人制器尚象之事",以制器尚象说明十三盖取之义,自然是与原文的观点一致。同时,每个盖取之后的注释,也不离原义。如"盖取诸《离》"的小注为"两目相承而丽焉","盖取诸《益》"的小注为"二体皆木(《益》卦之上风下雷,风有木象。雷有竹苇象),上入(巽又为入)下动(雷又为动),天下之益,莫大于此。"对"盖取诸《乾》《坤》",则只注为"《乾》《坤》变化而无为",不知是指垂衣裳而治讲的,还是指尚《乾》《坤》之象而制衣裳之器讲的,含糊不清。"盖取诸《涣》"的注解为,"木在水上也"。《涣》卦由《巽》《坎》组成,《巽》为木,《坎》为水,有木在水上之象。这又显然有把《涣》卦之象解释为舟楫创制所本。"盖取诸《豫》"的小注为"豫备之意"。只是重复原文的意思,注了等于没注。最后一个"盖取诸《夬》"的小注是"明夬之意"。与此类同,注而不释,含糊不清。但总结的注释却说得明白:"此第二章言圣人制器尚象之事。"对《系辞》的荒唐说法完全同意。这是一个方面。

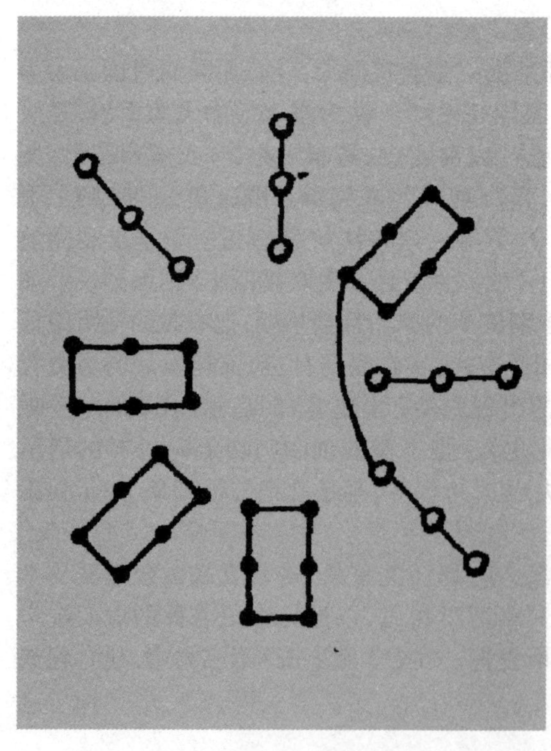

乾下交坤图,出自宋·刘牧《易数钩隐图》

但另一方面,朱熹对同一原文却表示出相反的说法。在《朱子语类》卷六十五中,他说:"十三盖取诸《离》者,言结而为罟有《离》之象,非观《离》而有此也"。"把盖取诸《离》"一语解为网象形似《离》象。如此,则结网是一回事,《离》象是一回事,二者之间何来制器尚象的关系?这种注释,完全脱离了原文。原文"以制器者尚其象"的本意是,需要制造器物的,重视其中的卦象。制器与尚象前后相继的两个动作,密不可分。怎么能解为结网有《离》象而不观《离》象?一方面肯定"十三盖取"为制器尚象之事;一方面又否定观象制器,自相乖违,令人捉摸不定,但如进一步看看朱熹对"易有圣人之首四焉"的注释,便可捉摸到个中的消息。他对那段话并未作具体解释,只作了评论。他说:"四者皆变化之道,神之所为者也。"以易道的"变化不测之妙"解释"尚辞、尚变、尚象、尚占"四者,完全是游离原文,文不切题。依据正统的学风,增字解经或减字解经都会伤害经义,是要不得的;而朱熹这种随意解经的办法更会歪曲经义,更要不得。总之,全面看来,朱熹对《系辞上》"君子居则其象"和"以器者尚其象"两象意义不谐的问题,对《系辞下》"仰观俯察"和"制器尚象"及"十三盖取"间的矛盾,乃至"制器尚象"和"十三盖取"同客观实际的乖违,似乎有些觉察。因为观象制器既违反事理,也和自己对《系辞上》第二章"设卦观象"的注释"象者物之似也"(《周易本义》)难以协调。也许为此,他只好采取云山雾罩的办法,以"变化之道,神之所为"来解释辞、变、象、占。这样或可使《易》象脱出制器之小道而隐现其神变之大道。倘若按原文忠实训解,则恐怕不得不将上述《系辞》的有关原文矛盾和不合理处,一一给予揭露,表示疑问,或加辨正。而这或许是理学家朱熹所要避免的窘境。人说宋人治学有疑古精神,但朱熹在这一问题上却未发挥此种精神。

是耶非耶　奇谈怪论

具体说,制器尚象以及十三盖取,合起来构成一个论题,后者为论据。依逻辑规则,如论题概念不实或含糊,或论据不实,不足,则整个论证无效。而制器尚象的论题既不实又含糊(尚象与观象及制器间,关系不明),"十三盖取"的论据又完全不实,且与上文"仰观俯察"矛盾,故而这一整个论证完全无效。限于时代,朱熹未必懂此逻辑法则,但作为思想家,他当然会推想到不忠于原文的训解与阐释会得到什么后果。故而只好脱离原文,任意发挥。试问:朱氏既已承认"十三盖取皆言制器尚象之事",为何又说"盖取诸《离》"之意为:"结绳而为罟,有《离》之意,非观《离》有此也"?也许不这样离文硬解,便不能解除原文的矛盾和不合理之处吧!

"盖取诸《离》"的文义十分清楚,"盖"是"大盖","诸"是"之于"的合词,是说"大概取之于《离》卦的形象"。试问:"取之于《离》"而"不见《离》"如何可能呢?或者是"非观《离》",或者是"取之于《离》",二者非必居其一。亦即:或者是原文错了,或者是朱熹的注释错了,非此即彼,二者不能同时并存。但千余年来《系辞》原文却与朱注同步并存,这也无妨说是易学史上的一件荒唐事。设若允许改正,把"盖取诸《离》"(其他十二个"盖取诸"仿此)改为"《离》盖取诸此",则可与《易》理、道理及实情完全符合,且可解除与仿物画象之说的矛盾,使前后文意谐和一致。由此,也足见虞翻和朱熹等的上述注释,并未能表达真正的《易》理。虞氏的注解是不计原文义理的是非,硬作象数的推论,朱氏的注释则是脱离原文句意,含糊其辞,甚至反其意作解,虽然不能因此而诮之为"小言",但难免随意解经之弊。

在《周易外传·系辞下》第九章中,王夫之曾对私意解《易》的学风作了批判。有人说:"易者,意也。圣人各以其意遇之也。"对此,王氏反驳道:"圣人有其意,则后之术数异端者,亦可有其意矣。私意行则小智登,小智登,则小言起。……"指出了"以意解《易》"的恶劣影响,倡导求实的学习态度,很有道理。学《易》者应以此种态度衡

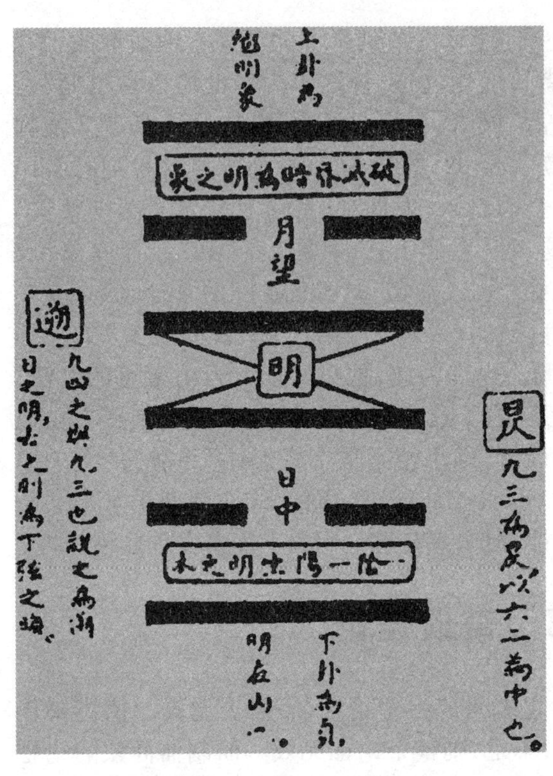

离继明图，出自宋·佚名《周易图》

量上述虞、朱等人不切实际的注释。

在这段注释问题上，朱传的负面影响也波及后代。例如来之德，在《易经集注·易经字义》中说：“（象）其在上古尚此以制器。”意为上古时代，“象”曾被仿而制器，肯定了《系辞》原文之意，而当注解以制器者尚其象时，则说：“制器者结绳网罟之类是也，尚象者网罟有《离》之象也。”其中“以”、“尚”字无解，制器与尚象何关，亦无解。是为制器而尚象仿象、还是由所制之器尚象思象？模棱两可。直到开始注释“十三盖取”时，才把话说明。对“盖取诸《离》”，他解曰：“离卦中爻为巽，绳之象也。网为佃，罟以渔。《离》为目，风罟之两目相承者似之。”（这类似虞解）“盖取诸《离》者，言绳为网罟，有《离》象，非覩《离》而始有此也。”（这类似朱注）显然，这是继承古说，归纳虞朱之意为己说，并未从原文中发现问题，也无创见。而尤其令人莫解的是，接下去他又说：“自此至结绳而治（指十三盖取），有取诸卦象者，有取诸卦义者。”意为有的制器取之于卦的形象（如网罟取之于《离》），有的取之于卦的意义（如书契取之于《夬》）。如此说来，某器取之于某卦的“取之于”，究竟为何意？按字词义训解，无论是取象也罢，或取义也罢，意思都应是从某卦中得到某种启示而后制造某种器物，而绝不会是制造了某种器物而后从某卦中得到某种启示。因为原文文意很清楚，“以制器者尚其象”是说，某器取诸某卦，而非某器形似某卦。“取之于”和“象似”焉能混为一谈！看起来，擅长深思精解的来之德受朱熹影响，一则自语相违，含糊不清；一则犯了脱文解经的弊病。

陈梦雷的《周易浅述》晓畅明白，时有精辟见解，但在这一问题上也是重蹈了前人昧于圣言，不求甚解，以致脱文意释的覆辙。他的“浅述”，可分为上下二层，上层说《离》有二义：曰象曰理。理谓丽也，禽兽鱼鳖丽乎网罟也。象谓虚中，网罟之目虚也，对《离》义的分析具体而清晰。是对的。下层说：“取之《离》者，言为网罟有《离》之象，非睹离乃有此也。”重复朱、来的办法，脱离原文的字义，以意解《易》，是不对的。同时，他也和虞、朱、来一样，对于原文进行推敲，未能明确指出原文的前后相违和于事不符的疑点。原文明明说制网罟“盖取诸《离》”，何以避此不解，而另以私意谓之“非睹离而有此”呢？如此造作，难免有为原文开脱文责之嫌。在这一问题上，当代一些易学家的态度却于上述一些古人有所不同，不是继承传统的旧说，照原文的样子将错就错，含糊注释或离文意释，为原文开脱，而是在译出原文之后，能够对其不实之弊予以指摘。如，有的说："……第二章主要论述包羲氏始作八卦，后世圣人观象制器物。"此均属《易传》作者猜测附会之辞，不完全符合历史实际。重点在于阐发"制器者尚其象"(《周易大传新注》)。有的说："案，罗网的制作，未必取法于《离》卦，但由于卦象与物象有相符之处，故《系辞传》作此猜测。以下明'盖取诸'十三卦的卦象，均仿此"(《周易译注》)。有的说："(在译解'盖取诸《离》'之后)以下说明卦与物的相关性，相当牵强附会"(《易经今译》)。还有的说："《易》之象来自于实际器物，不是实际器物仿《易》象而作"(《周易全解》)，等等。都对《系辞》原文做了批评。

但另一方面，其中有的态度并不坚决。如《周易译注》一边说"十三盖取"为"猜测"；一边又引用《周易正义》所说："'盖者疑之之辞也。'""盖圣人做事立器，自然符合于此之卦象也，非准拟此卦然后成之，故曰："盖取之诸《离》"。只释"盖"，不释"取诸"，又陷入旧注的窠臼，离开原文，为作者辩解，令人有模棱两可之感。《易经今译》的作法也有些类似。一方面批评原文相当牵强附会；一面又为之开脱说："这不是说由卦创造出物，而是说《易经》抽象的象征性，优先于具体的器物。"这同原文"制器尚象"和"盖取诸"的文义大相乖离。前言难搭后语，令人费解。在这一点上，《周易全解》的态度却是明朗而坚决的。不但据理驳斥了"以制器者尚其象"的不实，又进一步认为它可能是"后世窜入"的，不是《系辞》原文，从而连带地对《系辞下》第二章，从开始到"十三盖取"完了，表示"不可信据"，全面否定，不予解释。它认为《系辞上》"以制器者尚其象"这一句与《系辞下》的"作结绳以为网罟，以佃为渔，盖取诸《离》云云，疑出自一人之手，很可能是后世窜入的。"从而持有去伪存真，予以剔除的态度。

此外，佛家的《方山易》学在这个问题上反倒采取了坚决驳斥的态度。对《系辞》宣扬的"十三个"制器尚象事例，本光法师迎头批驳说：

"以上列举人们生产、生活、战争必用的工具器物，表达思想的语言文字，都归结到取法《易》的卦象，才能创制发明事物之象。此等皆有牵强之嫌，实不足取。"(《禅与易·周易禅观顿悟指要》)

的确如此，《系辞》制器尚象的"十三盖取"，实属牵强附会，实不足取。

对《系辞》这部分原文的注释，大约有以上这些类别。其中《周易全解》以明朗的态度定原文内容不切实际，是最正确的。但只根据内容的不切实际而对原文作为《系辞》一部分的真实性，简单地予以否定，却令人感到论据不足。其不实之弊，是缘于错记，错简，错字，窜入还是由于其他行文问题或思想内容问题，以致如此，恐怕还需深入考察、探索与研究，才有可能弄清真相，得出合理的结论。尤其重要的问题是，所谓"圣人之道"，也便是《易》之道，"圣人之道四"，也是《易》之道四，都是辞、变、象、占。来之德说得好："易之为道不过辞、变、象、占四者而已。"(《易经注解》)辞、变、象、占四者为周易的四大内容，并列言之，缺一不可。倘若认定"以制器者尚其象"一句为伪而除掉之，则辞、变、占顿成为无根之木，而陷于委顿，成为无源之水而趋于干枯。因为，如前文所述，《易》者象也，《易》生于象，《易》之精神与躯体皆是象，卦、爻、数、序无一非象，有象而后有辞，辞生于象。《易》之变亦即象变，卦变、爻变、序变，都是表现为象变，占亦如此，占始于数，成于卦，变于爻，定于断，处处离不开象。象是周易四大内容的根基,不可或缺。——当然,谈到"《易》之道四"时,象之外的辞、变、占也缺一不可。因此,设若断定"以制器者尚其象"一句为伪而去掉之,则其他三句也立即动摇,整个"圣人之道四"一大句,无以成立,便难以处理了。所以,断言其为"窜入"之后,必有以代之,而后始可考虑抽掉。但这是题外之话,留待将来再议。

此处要说的是,上举各种古今注释对《系辞》原文(从观象、尚象、仰观俯察到十三盖取)中尚象之"象"与观象之"象"应是同一序列,制器尚象以及"十三盖取"与"仰观俯察"以取象("易者象也,象也者像也")之间的矛盾等问题,都未触及。这不能不说是一个缺憾。当然,事隔二千余年,《系辞》的原始面目究竟如何,有无误记、错简或窜入,无从考定。但作为问题,先从原文内容的逻辑性(包括名实关系)上加以探讨,还是可能的,必要的。

合理调改

依据《系辞》上下全文的思想和基本概念,从理论的逻辑性来做考察时,如果对上述有关原文的文理脉络,试作如下调改,则可顺理成章,珠联璧合:"君子居则观其象而玩其辞,动则观其变而玩其占。"(《系辞上》二章)"《易》有圣人之道四焉:以言者尚其辞,以动者尚其变,以观者尚其象,以卜筮者尚其占。"(将"以制器者"改为"观",以与第二章之"观其象"相应《系辞上》十章)

"古者包羲氏之王天下也,仰则观象于天,俯则观法于地,观鸟兽之文与地之宜。近取诸身,远取诸物,于是始作八卦,以通神明之德,以类万物之情。作结绳而为罔罟,以佃以渔,《离》盖取诸此。"(以下"十三盖取"皆仿此拟改)

"是故易者像也,象也者像也"(《系辞下》二章)。译成今语,会显得更明白:

君子平居静处时,便观察周易的象,并捉摸它的文辞,有所行动时便观察周易的变化而捉摸它的占断。

周易具有四个圣人之道:需要议论时,重视它的文辞;需要行动时,重视它的变化;需要观察时,重视它的形象;需要卜筮时,重视它的占断。

古时包羲氏主治天下时,举首观察天间的各种形象,俯身观察大地的各种形态,观察鸟兽皮毛的文彩以及适应地性而生长的花草树木的各种情况;就近则汲取人身

《武王伐纣书》版画之周文王被囚羑里城图。传说周文王在此被囚时推演周易,司马迁说"文王拘而演《周易》"即指此事

的一些形状，远处则汲取各种器物的形态，于是绘制成八卦，用以表达大自然阴阳变化神奇明慧的特性，而将万物的情态归类象征。

（进而）包羲氏又发明了结绳作罔，打猎捕鱼。（罔目联结而使猎物附着），《离》卦大概是取象于此而画成的吧。

（以下“十三盖取”译文仿此，略。）

所以说，《易》就是“象”。“象”是什么？“象”就是近似事物的形象。

当然，经过上述这样的拟改和疏通，人们会十分清楚地看到，《系辞》的基本思想应该是观器（“形而下”的器）制象而非观象制器。这一点，其实《系辞》一开始已说得很明白，“天尊地卑，《乾》《坤》定矣。”《乾》《坤》二卦（二象）为“《易》之蕴”，是仿天地情况而画成的。后文又说“崇效天，卑法地”，把《易》象源于模仿外物的观点，表述得十分清楚。这一基本观点，为全文的主旨所在，贯通前后，并无改变。这样看来，制器尚象以及“十三盖取”的说法，和《系辞》的基本思想完全相悖。可以断言，它不是《系辞》内容的合理的组成部分。大体上《系辞》记录了孔子讲解周易的言论和思想，以他的智力和求实精神，绝不会讲出“制器尚象”和“十三盖取”之类既与自己基本观点矛盾，又与实际不符的荒唐言论。况且，孔子向来“慎于言”，虽身处春秋末季，较汉代距周初近得多，但对周易的作者是谁，他始终不肯说清。只说《易》之兴起，大约在“殷之末世，周之盛德。”可见，孔子发表言论，如何讲求分寸。由此观之，上述《系辞》中的不合理言论，断非来自孔子。至于好端端的一篇发掘与阐扬周易哲理的《系辞》，何以出现这样的奇谈怪论，以及何以两千年来对此尚未见全面彻底的揭露与分析探讨，却是一个难解的疑问，需要今后进一步研究解决。

第八篇　囫囵吞《易》

难解的"利见大人"

解《易》难，读《易》亦难。所谓解《易》，是说对《易》的内容（义理、象数）的动静两态有较为透彻的认识；而读《易》则是指首先把《易》的文字看明白。当然过不了读《易》的难关，也就不会突破解《易》的难关。

周易的经文，不是常规的语言，不是雅言、俗语或方言。它是一种含有神秘性的特殊语言，即所谓隐语、喻言、寓言，再加上卜筮用的特定术语，是混合而成的不受字句常规拘束的一种含有许多潜在语义的模糊语言。这种语言的天生的含糊性和歧义性，给读《易》解《易》带来了极大的、举步维艰的、甚至无法克服的困难。这也是三千年来众多易学家在大多数问题上争论不休而莫衷一是的重要原因。为此，长期研读周易的同道们都会有一种共感，即许多问题难以弄个水落石出，只好囫囵吞之。

下面仅就几个文字上的枝节难点，谈谈自己学《易》的感受。

在周易中，"利见大人"文句共出现七次。《乾》卦二次，《讼》卦一次，《蹇》卦二次，《萃》卦一次，《巽》卦一次。在六四卦的卦辞爻辞中虽用得那么频繁，但就文句的定型性及使用情况来看，它应该说是属于占筮的套语（虽然其级别次于吉、凶、悔、吝、无咎等），和"利涉大川"似乎属于同一档次。由于它便于表达所谓时来运转、贵人相助等意义，故而随着占卜象数的发展变迁，它并未被淘汰（例如悔、吝之类），而是一直生存下来。今天庙里的签语或坊间的卜辞中仍然时常可以见到它的踪影。在今天的占卜中，这个短句很容易懂，无非是宜于晋见有钱有势的人物之意，并没有什么歧义。但两千年前周易中的"利见大人"，就不这么简单地一目了然了。这里，让我们从词句两个方面对它试作探讨。

世界上的任何语言，凡是句子，除了借环境之助和习惯之力而造成的无主句、独词句之外，就大体来说，都要有主语和谓语。因为无主语则不知何者为句子的主体，无谓语则不知主体何所云，这是尽人皆知的常识。但另一方面，各种语言有各种语言的特性，中国的汉语在句子结构上相当松动和灵活，不像印欧语那样，句子关系相当严密。所以，比较起来，例如英语，省略主语的句子是非常稀少的。不少句子，如"哪里去？""回家"之类的对话，在汉语极普通，极自然；而在英语里，如果没有你（们）、我（们）这类主语，就不成话了。——即便二人对面不会误解也不成。

是谁"利见大人"

当我们读到周易中"利见大人"的句子时，自然要考虑一下它的主语是什么，亦即利见大人者是谁。在七次出现的“利见大人”句中，在主语问题上，《乾》卦的情况比较典型。下面，我们着重谈谈它的“利见大人”问题。

众所周知，《乾》卦是周易的第一卦，它以刚健之德，开宗明义。它取象于龙，以一条龙在六种时位（局势）中的处境与行为表述对象（三爻的情形特殊，详后），形成龙的潜（初爻）见（二爻）乾乾（三爻）跃（四爻）飞（五爻）亢（上爻）六种形态。在二爻与五爻的爻辞中出现了“利见大人”。

二爻：见龙在田，利见大人。

五爻：飞龙在天，利见大人。

见龙在田的意思是，一条龙出现在大地上。其中的见字，先秦时代有见现二义，在此读为现（现字的出现，在汉代以后），此点诸家认同，并无异议。但利见大人的主语，却说法不一，迄无共识。列举一下，有下列不同的说法。

（一）同后代相比，离周初较近的孔子在《文言》中解释说：

“龙，德而正中者也。庸言之信，庸行之谨，闲邪存其诚，善世而不伐，德博而化。《易》曰：见龙在田，利见大人，君德也。”

意思是，九二爻刚健又居于下卦的中间，与龙的中正之德性相仿佛。（在周易中，“中”虽不正亦正）。虽非君位（五爻为君位），却具有君主之广博而真善的德行，是赋有君德而不在其位的大人。显然，孔子认为“利见大人”的大人，就是指二爻而言。那么，是谁利于见到这位大人呢？孔子没有说明，但暗含之意是说，天下人民得见如此伟人是有利的。后代许多易家都遵循孔子这一学说。例如晋时王弼所说“（九二）德施周普，居中不偏，虽非君位，君之德也。利见大人，惟二五焉”（王注《周易》）。宋代程颐所说“（九二）出见于地上，其德已著，舜之田渔时也”。唐人孔颖达所说：“九二有人君之德，所以称大人”，朱熹所说：“（九二）盖亦在下之大人也”，等等，都是因袭孔说，并无新意。而究竟是谁利见九二这位大人呢？利见大人的主语是什么？几个大易学家，并未明确触及。但今人金景芳在《周易全解》中却发挥孔子的学说，进一步阐明了这一点。他说：“（九二）这位有大德的人既已出世，其思想必将泽及于天下，天下人都高兴见到它，故曰：利见大人。”但这个“天下人”的主语属于潜在语言，令人捉摸不定，需要猜测。

（二）《乾》卦九二九五都有大人，一个在下，一个在上，一个无位，一个在位。利

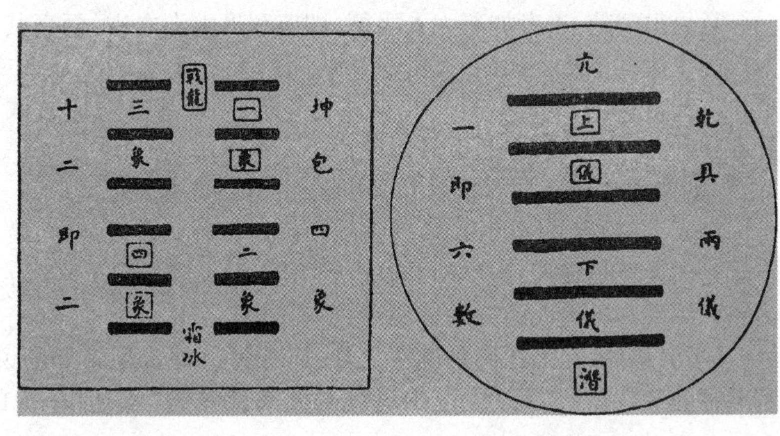

乾坤简易之图，出自宋·佚名《周易图》

见大人是说九二利见九五之大人，以九二爻为利见大人的主语。汉代的经师郑康成即持此说（见孙星衍《周易集解》）。清代易学家朱骏声在《六十四卦经解》中也说过："大人谓五，九二利见之"，汉代的向秀也曾解释说："圣人在位，谓之大人"，把九二之在野者排除于大人之外。即是说，九二利于见九五之大人。明代易学家来之德认为，二爻五爻都处于上下卦之中，于天地人三才而论，是在人位，都得称大人。他说："利见大人者，利见九五之君以行其道也。"（《易经集注》）把利见大人解释为：九二以龙德出现于大地，利于晋见九五在位的大人，以便借其权力施展自己的政治抱负。如此等等，都是把九二视为利见大人的主语。译成今天的口语便成为："九二爻（仿佛）一条龙出现在大地上，它利于会见（九五爻高位的）大人，（以施展抱负）。"

单从文法上讲，承前省略主语的解法较之第一种以推想的"天下人"为略掉的主语的解法，更合乎文理。但一些易家并不这么看。如清末易家丁寿昌在《读易会通》中就反驳说："案程传（指程颐《易传》）谓九二利见九五之大人。案《文言》以九二利见大人为为君德，无利见九五之义。"这仍是依据上述孔子易传的观点，并无新的见解，并未解决是谁利见大人的问题。丁寿昌继而又引苏蒿坪所说"易以阳为大，阴为小，二五以龙德居上下之中，故皆有大人之象"。这段引语只是解释谁是大人，也未触及谁利见大人。以此，我们可以说丁寿昌只对"利见大人"爻辞表明了一半看法，而却躲开了另一半。

（三）还有一种观点，把九二爻辞的两个见字都看成现字。如今人所著《周易译注》对乾卦九二爻辞是这样翻译的：

"九二，巨龙出现田间，利于出现大人。"

第一个见字读为现，意为出现，自古皆然，从无异议。第二个见字视为现字，于义是否合适，姑且不论。总之，即便如此处理，"利见大人"仍然是个缺少主体的谓语句，意义和结构均不完整。看了这句译文，人们不免要问：是什么地方利于出现大人？是世间？还是民众中？读来读去，总感到意思欠缺。

（四）此外，还有一种纯属占筮的观点，即把占得九二爻的占者，看作九二爻。来之德在《易经集注》中就作了这样的解释。他说：

"九二以阳刚中正之德，当出潜离隐之时而上应九五之君，故有此象，而其占则利见大人也。占者有是德，方应是占矣。"

意思很清楚：占者如有大人之德，即应利见大人之占，而亨其利。这样一来，利见大人的主语就不是上述第一种说法的所谓"天下人"，也不是第二种说法的九二爻这个大人的本身，更不是第三种所含糊意味着的"某某处"，而直截了当地就是指，谁问卦谁就利见大人。来之德更具体说：

"如仕进则利见君。如杂占，则即今占卜利见贵人之类。"

今天，一般市井间的占卜，其占辞中仍偶有利见大人字样，最多的是"利见贵人"。不管是大人还是贵人，当然都是以占者为主语，众所公认，并不存在歧见，和两千年来诸家对周易利见大人的分歧解说，迥乎不同。

（五）最后，在上述四种说法之外，还有另一种含糊其辞的说法。那就是清代皇家经师陈梦雷在《周易浅述》中对乾卦九二爻辞的"浅述"。他的说法相当有趣，他

乾坤之策图，出自元·张理《大易象数钩深图》

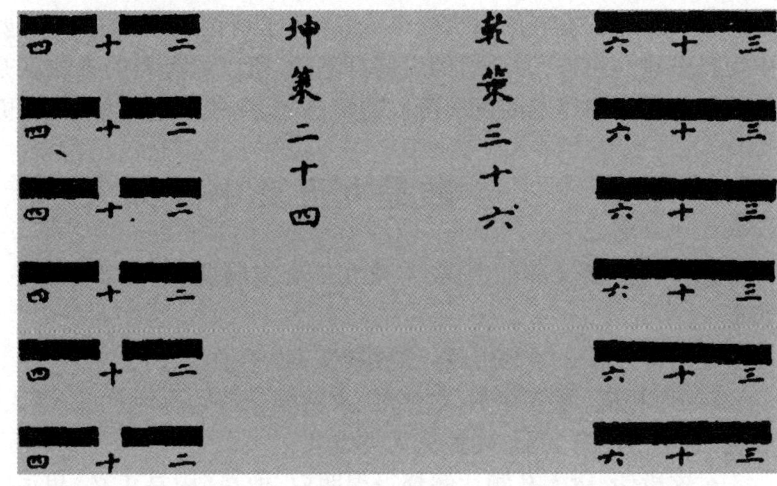

说：

“（九二爻）虽非君位，而在下卦之‘中’，有君之德，故有大人象。泽能及物，故有物所利见之象。”

这段话，是以“物”为利见大人的主语，实质上和上述第一种说法的“天下人”是一致的。物即是人们之意。接下去他又阐述说：

“占者得此，则利见此人。”

这是说，占者如占到《乾》卦九二爻，则占者就是利见大人的主语，而非以泛泛的物（天下人）为主语。换言之，亦即天下人中的任何人，占问时都可能成为利见大人的主体。下面，他又发挥此义说：

“若占者有见龙之德，则可以得君行道，利见九五之大人矣。”

说来说去，又跑了题，陷入了自违和两歧。前边才说完“物”或“物中之占者”利见九二之大人，又转过来说占者如有九二之德，则利见九五之大人。模棱两可，左右逢源，使读者捉摸不定，莫名其妙。

综上所述，可见“利见大人”云者，虽是小小问题，貌似简单，但这四个字的短句的内涵与结构，虽经过两千年的岁月，也尚未探讨清楚，达成共识。由此足见易经读解之难，真可谓难于上青天。

对这一个小小问题，经过深入的思考，本人对上述几种见解都感到不太满意。作为读易心得，本人提出另一种看法：既然《乾》卦所取的比喻形象是一条龙在不同的六种局势（时位）中所应有的态度和由低到高的发展过程，而不是六条龙的六种处境与态度，所以对六爻的爻辞必须有统一的解释，不能分割。原文的潜、现、乾、跃、飞、亢六个字，鲜明地表现出龙的发展过程的一贯性（三爻为人位，以君子代龙问题，当另文论述）。因此，不能由于二五两爻均有“利见大人”字样，就把它们看作同时存在的两个大人，这是和龙之发展形象相矛盾的。据此，本文认为九二爻辞的两个见，都应读现，是出现与表现之意。原文可译为今语如下：

“九二爻好比一条龙出现在田野上，它利于表现出大人的德行。”

这样，前后两句俱以九二爻为主语，不仅句子结构完整、自然，而且与爻义贴合。

因为，潜龙始现，发展的时机尚未成熟(孔子所谓“时会也”)，需要以大德在基层民众中为自己建立声誉，为今后的发展打基础，所以最有利的办法就是在社会上表现自己的德行。这在描述龙的发展阶段的情态上，比较上述几种说法，更为顺理成章。

谁是九五爻中的大人

关于《乾》卦爻辞的主语，不仅九二爻有问题，九五爻也有。从古迄今，同样是说法不一。

还是首先看孔子的传解。他在《文言》中说：

“同声相应，同气相术，水流湿，火就燥，云从龙，风从虎，圣人作而万物覩，本乎天者亲上，本乎地者亲下，则各从其类也。”

对这段话，唐人孔颖达解释得很明白，他在《周易正义》里说：

(九五曰)飞龙在天者，言天能广感众物，众物应之，所以利见大人。因大人与众物感应，故广陈众物相感，应以明圣人之作而万物瞻覩以结之也。……圣人作则飞龙在天也，万物覩则利见大人也。……则各从其类者，言天地之间，共相感应，各从其气类。”

大意是说，九五爻仿佛飞龙在天，其大德广感众人，众人则瞻仰其大人的圣容。这种景况，与红楼梦里所说“天上一轮才捧出，人间万姓仰头看”的境界颇相类似。按此见解，则《乾》卦九五爻辞可以译为：

“九五爻仿佛一条龙飞在天上，天下民众利于瞻仰这一大人的圣容。”继承上述前人的说法，今人金景芳乃以现代语言作了明确的解说和发挥：

“九五德高位亦高，刚健中正纯粹，已进入圣人的境界。圣人是君子大人中最高明最伟大的，他的修养、智慧、能力和地位，足以对任何困难都应付自如，犹如龙飞天上，圣洁高贵，腾越自由，以至于云雷风雨交集而下，天下感受其利。这样的大人是天下所利见的。”(《周易全解》)

在这里，九五爻利见大人的主语由“万物”、“众物”变成了“天下人”，字面不同，意思无别。

其实，这种解法一直在易学史上占主要地位。如汉代的虞翻说，“飞龙在天，天下之所利见也”，干宝说：“五在天位，故曰飞龙，此武王克纣正位之爻也，圣功既就，万物既覩，故曰利见大人矣。”(转引自孙星衍《周易集解》)王弼继而重复解说：“以至德而处圣位，万物之覩，不亦宜乎！”(同上)，等等。

但到了宋代，易家却起了纷争。程颐一反孔子的传解，认为九五之利见大人，意为九五利见在下之大人，即利见九二(二五相应)。但朱熹却反对这种说法。《读易会通》按语云：“案程传谓九五利见在下之大人，谓九二也。《本义》(朱熹著)不从，以为在上之大人，与注疏合。”所谓与注疏合，即朱熹的看法与传统的说法相同，仍是以天下人为主语，认为天下人瞻仰九五位之大人。

利见大人的主语确成问题，在历史上曾引起怀疑。据《朱子语类》记载，宋太祖赵匡胤就曾对《乾》卦九五爻之利见大人产生了疑问。他的疑问是，九五爻是君位，飞龙在天当然指天子，如利见大人是指天子而利于众人仰瞻，那么一般人占得此卦此爻，该如何解释？他对大臣王昭素提出了这个问题。王昭素临机应变，婉转地答说："若臣等占得此卦，陛上是飞龙，臣等是利见大人。"（见《朱子语类》）这个回答，使宋太祖龙心大悦。可是，这个回答虽很机灵，却是个生硬的诡辩。因为无论就周易的内容或筮法来说，把《乾》卦九五爻辞中的飞龙在天限定为皇帝的代名词和专利品，是没有道理的。试问，如果问卦者占得初爻"潜龙勿用"时，又该怎样解释龙与自己的关系呢？所以，实质上这个答语只不过是一个阿谀奉承的转换概念的诡辩而已。但它却得到了理学大师朱熹的赞扬，说："此说得最好。"理由是："易之用所以不穷也。"意思是说，王昭素的答语表现出周易的无穷的妙用，可以随机应变，变化无穷。这是依孔子所谓"不可为典要，唯变所适"的观点所作出的庸俗的解释，并不合乎周易"洁静精微"的性格。

但是，不管怎么说，由此也可见利见大人的主语问题，是个烦事，绝不像想象的那么简单。使用传统注释惯用的囫囵法或回避法，是无济于事的。

八面玲珑的观点

对这个问题，来之德的态度很奇怪，他采取了两面见光的综合法，企图无漏洞地予以解决。他在解释"九五爻"时一方面说，"五，天位，龙飞于天之象也，占法与九二同者，二五皆中位，特分上下耳。利见大人，如尧之见舜，高宗之见傅说是也。下如沛公之见张良，昭烈之见孔明，亦庶几近之。……九五刚健中正，以圣人之德，居天子之位，而下应九二，故其象占如此。"（《易经集注》）

这是说明九五之利见大人是利见九二，以上见下。如此则九五之利见大人是以九五为主语。但另一方面，他在解说孔子《文言》的九五爻时又变了说法。他说：

"惟圣人以圣人之德，居天子之位，则三才之主，万物之天地矣。是以，天下万民莫不瞻仰其德而快睹其光，……阳从其阳，故君子与君子同类而相亲；阴从其阴，故小人与小人同类而相亲，然则以九五之德位，岂不利见同类之大人，所以利见者以此。"

在这段释语中，来氏又反过来因袭孔子所谓"圣人作而万物睹"的观点，把九五的利见大人说成以下见上，形成自语相违。但跟着又依据《文言》"同类相亲"的观点，再反过来说九五也利见在下的同类大人。说来说去，等于说上下大人互相看（二、五相应）。如此左右逢源的结果，只得说，九五爻利见大人的主语既是九五爻自身，又是九二爻，同时也是天下人。这是"三面见光"的说法。

这种圆滑的解法，虽有悖文理，但传统上却颇受欢迎。宋代的程颐即是如此，明代的来之德不过袭用其说而已。程颐在解释九二爻时，一方面说："以圣人言之，舜之田渔时也。利见大德之君，以行其道。"同时又说："君亦利见大德之臣，以共成其功，天下利见大德之人，以被其泽。""利见大人"的主语忽而为九二，忽而为九五（君），忽而又为天下人。一句三变，令人难以捉摸。他在解释九五爻之"利见大人"时，也持这种两可态度。明代的来之德之后，清代的陈梦雷也承袭这种观点。他说："二与五皆刚健中正，而五居尊位，以圣人之德，居天子之位，故万人乐得而见之。……然使有德位者占此，则所利见者，九二在下之大人，如尧之得舜可也。"（《周易浅述》）三人的说法虽小有不同，而大体类似。其主语之解，皆飘忽不定。

除上述外，还有另种处理方式。如《周易译注》，把九五爻辞译为："巨龙高飞上天，利于出现大人。"读见为现。《周易大传新注》也如此，它在解释象辞"飞龙在天，大人造也"时说："孔颖达'造，为也。'见读现。……龙跃起而飞上了天，这一物象比喻乾阳已发展到了鼎盛时期。如就人事讲，这又反映了正是大德大才之人登上了高位的大有作为之时。"和《译注》的说法，内容相同，都把"利见大人"解作"利于出现大人。"这种解法，虽非传统的主要解法，但不失为另一种处理方式。只是这样一来，利见大人的主语到底是什么呢？应该怎样表述才好呢？恐怕只好以"此时""天下"之类为主语，比如译成"此时利于出现大人"或"此时，天下利于出现大人"，等等。但这种解法，却不免有把大人同九五爻分开之嫌，同一九五爻，仍不免变换主语。

经过反复思量，本文认为对九五的"利见大人，"也无妨以对九二的"利见大人"同样办法，加以诠释，译作：

"九五仿佛一条龙飞在天上，它利于表现出大人的德行。"

尧舜揖让图，出自《二十一史通俗演义》。来之德在解《易经》中的"利见大人"这一句时，曾以尧舜揖让的故事为例

但这样一来，"利见大人"的主语固然形式上可以统一，但总有削足适履之感，不大自然。也许，周易义理的渊奥非科学语言之可存储，必须依赖模糊语言为其神秘的外衣。在这方面孔子的体会很深，他说周易"其称名也小，其取类也大。其旨远，其辞文。其言曲而中，其事肆而隐。"（《系辞下》六章）若想达到这一高深地步，正常的表达方式是无济于事的。只有充分发挥古汉语的高度灵活性与多义性，才能成功。"利见大人"句也许正是这种灵活性与多义性的表现。

程颐于此，则走得更远。他感叹说："虽然，《易》之有卦，易之已形者也，卦之有爻，卦之已见者也。已形者可以言知，未形者不可以名求。则所谓《易》者，果何如哉？此学者之所当知也。"（《易序》）按此观点，也许"利见大人"句是《易》爻辞之"已形者"，其主语则是不可以名求的"未形者"。这样一来，对其主语的追求，便成为不谙易道的表现。

但话又说回来了，读书不得其解，不能谓读懂，终是憾事。怎么办好呢？恐怕也只好借助王弼的名言：

"言者所以明象，得象而忘言。象者所以存意，得意而忘象。……得意在忘象，得象在忘言。"（《明象》）

"得"之在心，"忘"之在外，——囫囵吞《易》者，此之谓也。

司马迁在《史记·司马相如传》里对周易的语言风格作了如下的评论，他说："《易》本隐之以显。"以今天的话来解释，意思是说周易根本上就是以模糊的隐语来显露自己的含义。司马迁说得很对，周易的语言风格就是如此。不仅个别爻辞、句式如此，全卦也是这种情况。《临》卦即其中较为显著的一卦。

由于卦辞爻辞本身具有深奥的道理和含糊的语言，故而自古以来易学界对它的解释，也便出现分歧，难以统一。这里，仅就下列一些说法，说说本人的意见。

（一）以孔传为基础的观点；

（二）今人高亨的观点；

（三）今人李镜池的观点；

（四）今人闻一多的观点。

下面，分头作简单的介绍、分析，然后申述一下本文的看法。

孔传及以孔传为本的观点

《临》卦䷒的卦辞是："临，元亨利贞，至于八月有凶。"

在彖辞中，孔子对《临》卦的卦名、卦体、卦德从整体上作了这样的解释：

"《临》，刚浸而长，说而顺，刚中而应。大亨以正，天之道也。"

意思是说，《临》是临监之意，它表示此时初二爻所代表的阳气日渐增长，有上逼四阴之势。而下体表现欣悦，上体表现顺从。欣悦表示阳气上进的心情，顺从表示阴气后退的态度，阳长阴消，并无乖违。同时，九二爻以阳刚之质居中不偏，能与上体居中的九五阴爻互相应合，阴阳合德，利于监临。这是一种大为亨通而利于守正的局面，是合乎大自然的运行规律的。

承袭孔子的彖辞，王弼注释说："阳转浸长，阴道日消，君子日长，小人日忧，大亨以正之义。"（《周易》王注）基本上未越出孔传之意，尚不及孔传详细。孔颖达的注解则是："以阳之浸长，其德壮大，可以监临于下，故曰《临》也。刚既浸长，说而且顺，又以刚居中，有应于外，大得亨通而利正也。故曰元亨利贞也。"（《周易正义》）大体上仍是依据彖辞而作的解说。程颐所谓"化育之功所以不息者，刚正和顺而已，以此临人临事临天下，莫不大亨而得正也。"（《易传》）还是孔子彖辞精神的延长。对孔子彖辞的精神体会得最好的，恐怕非来之德莫属。他说："浸者渐也，言自《复》一阳生至《临》，则阳之进也，不逼；顺，则阴之从也，不逆。刚中而应者，九二刚中应乎六五之柔中也。言虽刚浸长逼迫乎阴，然非倚刚之强暴而逼迫也。乃彼此和顺相应也。此言《临》有此善也。刚浸长而悦顺者，大亨也。刚中而应柔者，以正也。天之道者，天道之自然也。言天道阳长阴消，原是如此，大亨以正也。”（《易经集注》）这样，他依孔传作了深入一步的解说。

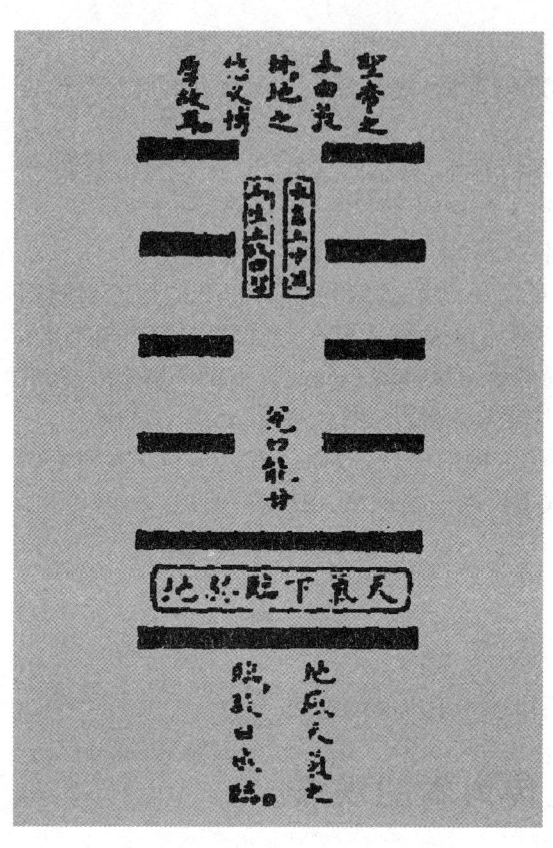

临象图，出自宋·佚名《周易图》

接下来，在象辞中孔子又针对卦象结构进一步阐释《临》卦的义理，说：

“泽上有地，《临》。君子以教思无穷，容保民无疆。”

意思是，《临》卦的结构是泽（兑）上有地（坤）。意味着“泽卑地高，高下相临”（孔星衍《周易集解》引荀爽曰），居上而监其下。君子从此卦的卦象中悟出，居上临下时，应效法此卦的精神，像地容泽、泽润地那样，相临相亲，教化民众，思念民众而无尽无休，如广大的《坤》地那样，保民容民，而永无止境。

对这段象辞，王弼认为，君子所以能从《临》卦卦象中悟出“教思无穷，容保民无疆”，是由于卦中表现出，“相临之道，莫名说（悦）顺也，不恃威制，得物之诚，故物无违也”（《周易》王注）。他着重从孔传中汲取的是，监临之道在于上下顺悦，而不在于强制与暴压。孔颖达讲解说：“泽上有地者，欲见地临于泽，在上临下之义。君子以教思无穷者，君子于此临卦之时，其下莫不喜悦和顺，在上但须教化思念无穷已也，欲使教恒不绝也。容保民无疆者，容谓容受也。保安其民，无有疆境，象地之阔远，故云无疆也。”（《周易正义》）朱熹解释说：“地临于泽，上临下也……教之无穷者《兑》（口）也，容之无疆者《坤》（地）也。”（《周易本义》）来之德的注释是：“教者，劳来匡直之谓也，思者，教之至诚恻怛，出于心思也。无穷者教之心思不至厌斁而穷尽也。容者，民皆在统驭中也。保者，民皆得其所也。无疆者，无疆域之限也。无穷，与《兑》泽同其渊深。无疆，与《坤》土同其博大。二者皆临民之事，故君子观临民之象以之。”（《周易集注》）陈梦雷的说明是：“不曰地下有泽，而曰泽上有地，主泽之二阳而言也。地临于泽，上临下也。……教思无穷，泽润地之象也。容保民无疆，地容泽之象也。不徒曰教，而曰教思，其意念如泽之深。不徒曰保，其度量如地之广。”（《周易浅述》）

好了，无须再引。历代易家之佼佼者，就是这样继承孔子易传的观点而加上自己的解说，虽然文辞不同，细微的差异也有，但基本上并未脱离孔传的窠臼。其要点有三：（一）临卦是表示阳长阴消的卦。（二）阳悦阴顺，阴阳合德，以进行监临。（三）上以德政临下，竭尽关怀教化之能事。

简言之，以孔传为依据，在传统易学中占主要地位的观点，就是《临》卦是关于政治统治的卦，而实行仁政是监临的中心思想。

另外，关于卦辞中的“至于八月有凶”，孔传认为其含义是“消不久也”，亦即此时此际《临》卦中二阳方进方兴，阴正方消方退；但物极必反，不久的将来，阳气必将消退，阴气必将长进。应该早为之备，以免受害。这是一种所谓警戒之辞。“八月”有好几种说法，主要的说法是，从相当于十一月一阳生的《复》卦算起，算到翌年六月二阴生的《遁》卦建未之月，共八个月。《临》卦是二阳生，《遁》卦是二阴生，由阳盛变为阴盛，阳消阴长，按周易阴阳消长的理论来说，当然有凶。为了保持中道以避凶，故而卦辞的作者提出“至于八月有凶”的警戒。后代多数易学家对孔传“消不久”的解说，均无异议，只是具体内容的说法，有所不同而已。

对于爻辞，孔子也是依据对卦辞解说的精神逐条加以讲评的，内容如下：

初九：“咸临贞吉。”对此爻，象传说：“咸临贞吉，志行正也。”

汉代易家虞翻解释爻辞说：“咸，感也，得正应四，故贞吉也。荀爽对象传解释说：阳始咸升，以刚临柔，得其正位而居是吉，故曰志行正。”（孙星衍《周易集解》）

意思是说，咸是感应之意，初九以刚居阳位，与上卦以柔处阴位的爻，俱履正位，互相感应。初爻如此，是志行正道。以此态度临物（人与事），自然正直而获吉。

九二爻：“感临，吉无不利。”

象传谓：感临吉，无不利，未顺命也。

荀爽注释说：“阳咸至二，当升居五，群阴相承，故无不利也”（同上）。程颐解释说：“九二与五感应以临下。盖以刚德之长，而又得中，至诚相感，非由顺上之命也，是以吉而无不利。”（《易传》）

大意可归结为，二五俱居中而上下感应，行中道以临物，不是奉命行事。

（关于“未顺命也”有几种不同的说法，此处从略。）

六三爻：“甘临，位不当也。既怀之，无咎。”

象传：“甘临，位不当也。既忧之，咎不长也。”

对此，王弼和程颐的注释合到一起便把文义表现得全面而清楚：

王说：“甘者，佞邪说媚，不正之名也。（六三）履非其位，居刚长之世，而以邪说临物，宜其无攸利也。若能尽忧其危，改修其道，刚不害正，故咎不长。”（同上）

程说：“三居下之上，临人者也。阴柔而说（悦）体，又处不中正，以甘说临人者也。在上而以甘说临下，失德之甚，无所利也。……邪说由己，能忧而改之。复何咎乎?!”（同上）

简言之，就是居上治下，不能靠花言巧语。若感内疚，则咎误不长。

六四：“至临，无咎。”

象传说：“至临无咎，位当也。”

虞翻说，“至，下也。”“至临”，意为六四得正位（柔居阴位）下至初位，与初九阴阳相应，而监临于下，当然没有差错。（同上）

六五：“知临，大君之宜，吉。”

象传说："大君之宜，行中之谓也。"

先秦时代，知与智通用。据朱熹《周易本义》解释，这是说，六五爻"以柔居中，下应九二，不自用而用人，乃知（智）之事，而大君之宜，吉之道也。"他和王弼、程颐的看法一样，都认为"选贤任能"是大君君临天下的聪明办法，即所谓执行中道的"知临"。这对于大君来说，是最适宜的治国之道。

上六："敦临，吉，无咎。"

象传说："敦临之吉，志在内也。"

荀爽认为"敦"是敦厚之意（同上）。朱熹解释说："居卦之上，处《临》之终，敦厚于《临》，吉而无咎之道也"（同上）。孔颖达疏通说："志在内者，虽在上卦之极，志意恒在于内之二阳。意在助贤，故得吉也。"（同上）

就是说，上六虽高高在上，但能与下边相应合，尊贤取善，这是一种敦厚的监临态度。所以吉而无咎。

总而言之，正如王夫之所说"临者，治也"（《周易外传》）。孔子为临卦作传时，就像上述这样，认为其意义在于指示临人治国者，要以扶阳抑阴、阴阳合德、守正祛邪、亲临敦厚、关怀教化的态度去施行亲民的仁政。这是孔子对《临》卦的解释，也是其后学者继承和发挥的基础。简言之，也无妨说这是传统的注解。

高氏的说法

在关于《临》卦的众多解释中，今人高亨的说法与众不同。他以文字的训诂和考证为依据，对《临》卦经文和孔传作了阐释。虽未离开孔子的思想范畴，但具有独特性，需要单独提出来加以探讨。

高说的内容，详见《周易杂论》中的《周易卦爻辞的哲学思想》一文。为便于探讨，兹将其简要内容摘录如下：

"卦爻辞里也反映了作者（指易经原作者）的简单的政治观点。《临》卦六爻爻辞是他的政治观点的集中表现：

《初九》：咸临，贞吉。

《九二》：咸临，吉，无不利。

《六三》：甘临，无攸利，既忧之，无咎。

《六四》：至临，无咎。

《六五》：知临，大君之宜，吉。

《上六》：敦临，吉，无咎。

"这六个临字当即《尚书·顾命》'临君周邦'的临。国君统治臣民称临。《六五》指出"知临"是'大君之宜'，当然是指政治，《象》传也认为这一卦是讲政治（原文从略）。因此，我说这一卦反映了作者的政治观点，不为无据。《初九》和《九二》的咸临是个问题。《象》传解释初九的咸临说："志行正也"，解释《九二》的咸临说："未顺命也"。可见两个咸临含义不同。根据《象》传，加以考察，笔者认为《初九》的咸当读为諴与和同义。諴临是以宽和的政策统治人民。这是对待志行正的人民的政策。作者对此是肯定的。……《九二》的咸……刑杀为咸,(也可能是威字之误)。咸临是以刑杀的手段统治人民。这是对待未顺命的人民的手段。作者对此也是肯定的。《六三》的甘临,笔者认为甘是严酷之意。忧即《诗经·长发》“敷政优优”的优,也是宽和之义。甘临是以严酷的手段统治人民。作者对此也是反对的。认为改为宽和才可“无咎”。由此可见,作者虽主张采用刑杀,而仍强调宽和。《六四》的至临是亲身管理政治。《六五》的知临是以明察处理政治。《上六》的敦临是以忠诚对待人民。作者对于至临、知临、敦临都是肯定的。总之,作者六临的政治思想是主张实行宽和的政策,也采用刑杀的手段,但反对严酷的统治,并要求统治者明察、忠诚,亲身管理政治。确已抓住重点,可惜语言过于简单,仅仅提出观点,并无理论。”

高氏对临卦爻辞的政治主张作了如此解释之后,又引用孔子“政宽则民慢,慢则纠之以猛;猛则民残,残则济之以宽;宽以济猛,猛以济宽,政是以和”(《左传·昭公十二年》)的观点指出,“諴临与咸临相结合,便是宽猛相济,恩威并用的统治方法。……这是古人自发地提出惠政与刑政达到矛盾统一的朴素的辩证的政治观点。”简言之,高氏完全是以孔子宽猛相济的统治方法的两手策略,对《临》卦的爻辞乃至全卦的主旨作了自己的诠释。

但是,这一诠解却含有一些值得推敲之处。

首先,孔子所倡导的恩威并用的统治方法,是以德政为主的。他所说的“为政以德,譬如北辰,居其所而众星共之”,以及“道之以政,齐之以刑,民免而无耻;道之以德,齐之以礼,有耻且格”(《论语·为政》)。这两段话,清楚地表明,在孔子的政治思想中,主体是德治、礼治,刑政只是迫不得已的手段。故此,孔子在阅读《临》卦时,从卦辞卦象上体会到两点:一是阳长阴顺,大亨以正,但阴不长消,必有反复;二是当此之际,当政者对人民应教之念之,无有穷尽,容之保之,无有止境。这两点恰恰符合孔子以德治礼治为主的仁政思想。接下来,孔子对《临》卦爻辞的逐一解释,也都是以阳长阴消,教民保民的仁政思想为基础而加以发挥。这里,孔子何以未涉及“齐之以刑”的治术,其原因应该说是在于,在阳浸长而阴顺从的局势下,孔子可能认为厚施德政,疏通民情,防止或缓解阳消阴长之反复,是值得强调与倡导的临民理论。依据这一分析,可以看出,孔子的统治理论,并不是恩威

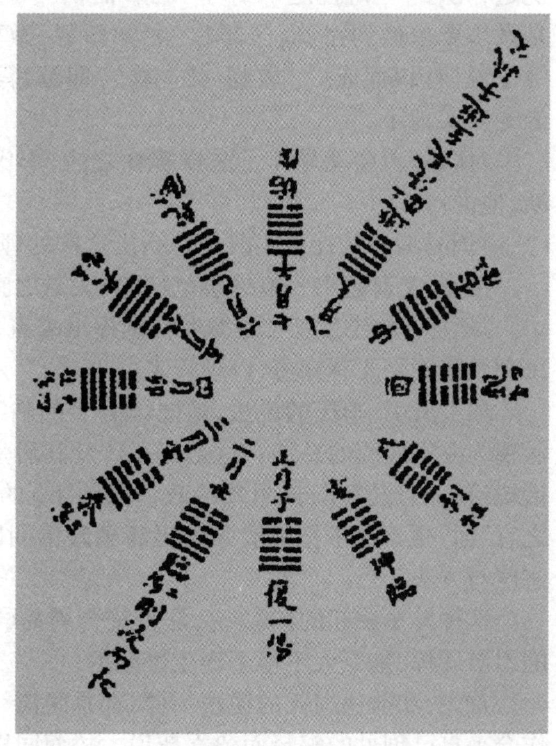
临八月有凶图,出自宋·朱震《汉上易传·卦图》

平行，而是以恩为主。同时，孔子在《临》卦的传解中，只强调恩治，并未讲恩威并用。

其次，高氏的说法是建立在文字训诂的基础上，是从爻辞的字辞诠解中导引出来的，它离开了《临》卦（实际是抛开了或避开了）卦辞的“八月有凶”，以及彖辞和象辞，单就爻辞的字义作出解释和推衍。可谓根据部分而论述整体，是见树木不见森林的论理方法。当然，解释古经时训诂之学是必要的，但离开经文主旨而迷于训诂，则难免坠入歧途。

李氏的说法

前述高亨之说，对阐释临卦大义，虽较之传统的传辞不无新意，但并无大差异。在众多易家诸说中，对《临》卦的诠释真正异军突起，另立别说的，乃是近人李镜池。李氏在《周易探源》中首先开宗明义，指出《临》卦的主旨：

“关于处事，可以《临》卦为例。‘临’是临事，即处理事情。”

然后逐爻解释说：

“初二两爻都说‘咸临’，‘咸’当有不同的意义：一个是皆、悉义（说文），‘咸临’是大家来做。‘众擎易举’，大家合力做，没有做不成的事。一个是‘诚’的假借，‘诚，和也’（说文），平心静气，不急不躁，自会把事办好。‘甘’意为美、乐，乐意去做，就能做得成功。但光乐意做还不够，还要细心做，不能粗心大意，所以说：‘既忧之，无咎。’‘既忧之’，等于‘临事而惧’。‘至临’，‘至’，极也，善也。‘至临’就是做事要求做到完善。‘知临’之知即智，做事要开动脑筋，找窍门，巧干。‘知临’等于说‘好谋而成。’‘敦临’之‘敦’，即淳，淳朴，忠厚，‘敦临’是说做事的态度要老老实实地干。”

对《临》卦各爻辞作了这样解释之后，李氏便对《临》卦的意义和价值，作出了判断，他说：

“周易编者从社会实践中总结出这样的理论，非常宝贵。”

接着，又对超出一般处事范畴的“大君之宜”爻辞，特别补充说：

“至于‘大君之宜’，是编者特别提出来有关政治的具体问题。意思是说，大君临民理政特别需要有知惠，以理智来办事。”

如上所引，李氏的说法，是把《临》卦的临字解作临事、对事、办事，把《临》卦的内涵视为办事经验的总结。这是与孔传及其后学众易说之解临为统治、解《临》卦为政治统治（而且是在阳长阴顺的政治局势下）的观点，迥乎不同的。虽然在解释“大君之宜”时，也不得不把一般办事提高到政治问题的高度，但实质仍是解作办事处事的态度与方法。

这种异军突起的《易》说，是否符合周易《临》卦的真义，或者是否为《临》卦意蕴的引申发挥，是令人不得不产生疑问的。

首先，和前述高氏的说法一样，都是脱离《临》卦的卦辞（全卦大义），单就爻辞来作合乎自己创见的解释而建立新说。故而同样也避开了“至于八月有凶”以及阳进阴退的卦义，仍难免断章取义、勉作创见之嫌。

其次，读了李氏解释《临》卦爻解的语言，不禁使人感到一种现代化群众化的办事作风。如“大家来做”“不急不躁”“乐意去做”“细心做”“做到完善”“开动脑筋，找窍门，巧干”“老老实实地干”，等等。从这里，很难嗅到三千年前古代哲人的语言气息和思想韵味。但出现这种情况并不奇怪，因为李氏在同一篇文章里批驳李景春的观点时，已经表述了自己研究易经的态度。他引用李景春的话，说：

“如李景春先生说：‘引申是对原来事物的引申，发挥是对原来事物的发挥。如果周易不含有哲学思想，那就不能从周易经文中引申发挥出哲学思想。’”

对此，李镜池坚决反驳说：

“这话是不合逻辑的，时代不同，作者异见，本来没有这种思想，到了另一个时代，就会有这种思想，作者可以根据他的思想来‘托古改制’，引申发挥。既然是‘托古’，则古所没有的，他可以说成有，既然是‘引申发挥’，则原来没有的思想，又何尝不可以‘引申发挥’呢？引申发挥的只能是引申发挥者的思想，不能说就是原来事物已经含有。”

看罢这一段话，我们就会对李镜池解释《临》卦时那种以今解古，任意发挥的作法充分理解，而解除了疑问。不过，我们还得认真说一句：李氏这种态度不是研究周易，从中钩玄索隐，而是利用周易，为“我”说话。这是一种牵强附会的主观主义方法，而不是实事求是的科学方法。因此，前述把《临》卦解作办事的学说，用李氏自己的话来说，那只不过是“引申发挥者的思想”而已，绝不是周易《临》卦的本义。

《临》具《乾》德之说

除了上述几个说法之外，关于《临》卦，还有另一种义理发微。那就是，把《临》卦视为《乾》卦的演变。这个观点来自汉代。汉代易家虞翻、郑康成对此都有阐释。

虞氏说：“阳息至二，与《遁》旁通（《临》之错卦为《遁》）。刚浸而长，《乾》来交《坤》，动则成《乾》，故元亨利贞。”

意思是说，《临》卦与《遁》卦阴阳相反，《遁》为二阴长起，《临》为二阳长起，恰好相背。二阳浸长，上交于《坤》（地），再一动，三爻之阴亦变为阳，三阳为天。天即是《乾》，《乾》之德为“元亨利贞”，故而《临》之德亦为“元亨利贞”。这种阐释，是把《临》卦的卦德说成“元、亨、利、贞”四德，和《乾》卦的四德一样，也就是说，《临》卦也赋有《乾》卦同样的“天德”。

郑康成对此说得更清楚，他说：“临，大也，阳气自此浸而长大。阳浸长矣，而有四德，齐功于《乾》，盛之极也。”他认为《临》卦具有与《乾》卦同等的功能。（孙星衍《周易集解》）

清代学者陈梦雷继承古说解释道：“……元亨利贞者《乾》道之变化，阳长之卦。独《临》与《乾》同者，易道贵中，二阳方主于中，《乾》之体用全备于此，故四德咸归之也。”（同上）

陈氏之说，并非新创。只是把上述虞郑之说，和孔子象传之说结合起来，加以阐述而已。他说明《临》卦之所以具有《乾》卦之四德，是由于二爻阳刚为一卦之主，具

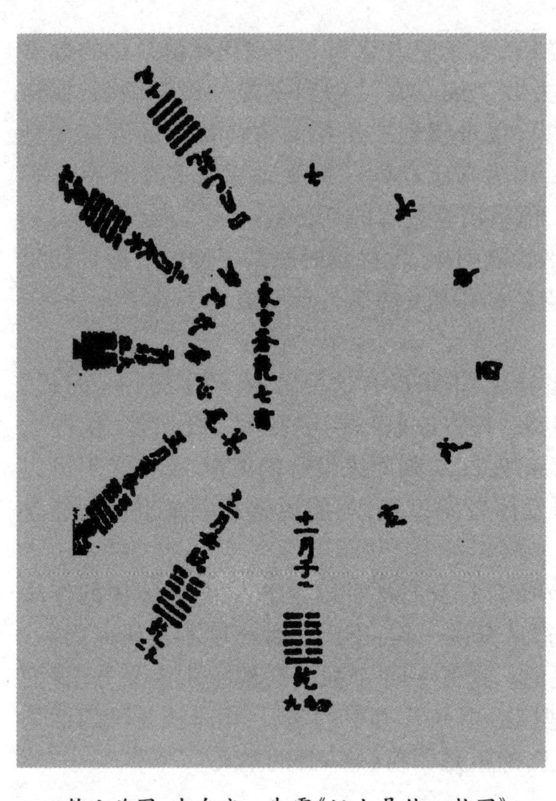

乾六爻图，出自宋·朱震《汉上易传·卦图》

有乾（阳）的本质和功能，亦即元亨利贞，四德齐备。这段话的内容，可以视为象传所说“刚中而应，大亨以正，天之道也”的延长。

再往下看，还有清末民初的易家杭辛斋对《临》卦德行的进一步发挥。杭氏认为，《临》卦不仅具有《乾》卦的体用，而且具备《乾》《坤》合体的德行。这较之上述说法，又更进一层。

他在《学易笔谈》中以感叹的口气说：“惟《泰》《否》之为《乾》《坤》，人易知之，若……《临》卦之为《乾》《坤》，人皆不省也。缘《临》有《坤》而无《乾》，内卦为《兑》，《兑》未可以当《乾》也。不知《临》之初二，皆曰咸临。六（当为四之误）曰至，四（当为五之误）曰大，皆指《乾》《坤》也。《乾》曰咸宁，《坤》曰咸亨……至哉《坤》元，见之《临》之六四。大哉《乾》元，见于《临》之六五。故《临》之一卦，乃天地合德，……实具《乾》《坤》之大用者也。”

杭氏以《临》为《乾》《坤》之合体。理由是，《临》之初二爻皆曰咸临，和彖辞之《乾》曰咸宁，《坤》曰咸亨，其“咸”相同，德行如一。《临》之四爻曰至临，五爻曰大君之宜，与《乾彖》之大哉《乾》元，《坤彖》之至哉《坤》元，性亦相类。据此推断，《临》卦乃具《乾》《坤》并合之体用。

杭氏此说，颇有独到之处。可惜所据理由，极不充足。第一，以《彖》辞为据，即以孔子之说为据，而非以《临》卦原文为据。换句话说，并非以第一手资料为依据，恐与探讨对象的本义有出入。第二是不从解释《临》卦爻辞本身出发来寻求爻辞的含义，而是以发掘《乾》《坤》两卦的彖辞来解释《临》卦的爻辞，其强加于人，断章取义之弊，异常明显。如从五爻的“大君之宜”中摘取一大字，不计至临为何意，而硬与《坤》元之‘至哉’相比符，牵强附会，实难令人首肯。因此，杭氏此说实质上并未给《临》卦体用的解释，增添光彩。

闻氏的说法

蔡尚思在《我与中国二十世纪思想文化界》所载《我与中国20世纪》中谈到易学问题。他认为，易学“似可概括为下列各派”：一、尊孔化、尊经化……二、迷信化……三、玄学化……四、烦琐考据化……五、现代科学化……六、革命化……七、辩证法化……八、百科全书化……

蔡氏的易学研究派别分类，是否合适，姑置不论。但他所举出的一些周易研究的偏向，却是不容否认的事实，“烦琐考据”即是其中之一。而咬文嚼字以期创新的训诂学派，更是“烦琐考据”当中的明显表现。前述高亨、李镜池的《临》卦学说，就有这种表现的迹象，虽然并不十分典型。

这一派中堪称典型的应推今人闻一多的《周易义证类纂》（《古典新义》之一，见《闻一多全集》卷二）。对《临》卦的一些训诂考证，可见一斑。

闻氏于此处未对《临》卦作全面探索。只是对其中的卦辞以及爻辞中的六三、六四、六五、上六，从文字上作了独具慧眼的训诂考证。

对临字的解释，闻氏一反旧说。他认为“临读为 瀶”而“ 瀶与霖同”，通过同音假借之途，把临字解作霖雨，从而把“三爻的甘临”解作“甘雨”，亦即历久不晴的淫雨。既然是连绵的阴雨，当然“无攸利”。但何以“既忧之无咎”呢？于理不通之处，又只好对“忧”字进行考证，认为“忧”读为“耰”，而“耰”义为锄。于是，“既忧之”即成为既已锄之在前，则虽有“甘雨”，亦不足为害，故断曰“无咎”。就这样，闻氏以霖解临，以耰解忧，以临、忧二字的训诂，对临卦三爻辞作了独特的解释。接着，依据这一见解进行推论和训诂，认为上六敦临之敦，案说文可训为怒，怒义近于暴，故“敦临”可训为暴霖，亦即暴雨。至于六四的哉“至临”、六五的“知临”，闻氏认为也如“敦临”。“至”是“鏊”“恎 ”的假借，是愤戾之意，近于怒义。由此可见至临、知临也者，统统是暴雨之义。另外，经考证，知临之知，亦可读为疾，疾临亦即疾雨，仍不离暴雨范围。这样，至、知、敦三个字，都经由同音假借的训诂之途，而为临字的霖义，作了推论的注脚。

对卦辞的“八月有凶”，高、李二位都不得不避而不谈。而在闻先生这里，恰好是承卦名为临（霖）之义，顺流而下，解作八月间大雨为害，故曰“有凶”。

总之，如上所述，闻氏的临卦新说，完全是建立在文字训诂上。主要是训临为霖，以此为出发点，通过同音假借的途径，推论式地解释四、五、六爻，或者说，把霖义加于四、五、六爻，从而建立了霖雨新说。

但是令人莫解的是，闻氏并未将新说贯彻到底。对卦辞的“元、亨、利、贞”以及初、二爻的咸临，则避而不谈，听任其新说半途而废。显然，如果临为霖，甘临为淫雨，至临、知临和敦临皆为暴雨，而且造成八月间大水泛滥，成为凶灾，何以卦辞开宗明义即说“元、亨、利、贞”？前后矛盾，实难自圆其说。所以，避而不谈自然是建立新说之初顺理成章的无可避免之计。实际上“《易》以道阴阳”，离开阴阳，《易》即无从谈起。闻氏也和高、李二位一样，舍《临》卦之阴阳问题而别立《临》卦新说，使人难免产生一种似乎“离《易》说《易》”的感受。

结　语

最后综合看来，上述关于《临》卦的几种学说，有个共同点，就是离开《彖》辞的主旨，离开卦象之义，单以字辞的解释为立论的基础，以致未能对《临》卦的全局作出令人信服的诠释。回头看看，仍不得不说，孔传的解说是结合象数讲义理，既不失《临》卦本义，又有所发挥、创建。也许比其他各说较为平允。但一卦一爻而生出如此繁多的解说，始终难以达成共识的现象，却为其他经典所无。读起来，有使人如入五里雾中。于是，难辩之处，也只好囫囵吞之而已。

解《易》难于上青天

宋儒朱熹说："《易》于六经，最为难读，穿冗太深，附会太巧，恐转失本指。故尝顷为之说，欲以简易通之。然所未通处极多，未有可下手处，只得阙其所不知"（《文集·答方宾王》）。周易最难读、不可解处应予存疑：这两点，朱熹是说对了。但以简易通之，以求其卜筮本旨，却是走错了路——辞象未能全面贯通，却伤害了周易的义理本旨。须知，周易象数文辞如此难解，欲从某一侧面简单疏通，实难做到。看一下朱熹的《周易本义》便会了解，仅就文辞来说，也是似通非通和未通之处，数不胜数。

与朱熹同一时代的儒家大师程颐与朱熹的观点不同。对难读的周易，不是以卜筮之旨简易贯通，而是从玩辞入手，以求其意。他认为，"（周易）吉凶消长之理，进退存亡之道，备于辞，推辞考卦，可以知变，象与占在其中矣。"主要意思是说，《易》理寓于辞，解辞为通《易》之门。所以他又强调说："得于辞，不达其意者有矣，未有不得于辞而能通其意者也。"（《易传·序》）他把读通文辞作为掌握周易义理内涵的前提，并针对周易隐晦难解的文辞作了较为浅显的传注，意欲借此为后学者启开读《易》的难关。

朱熹像。朱熹，字元晦，号晦庵，宋代著名思想家，他研究《周易》，认为《周易》最难懂，不可解处应予存疑。但他简易通之，以求其卜筮本旨，却伤害了《周易》的义理本旨

但是，事实上无论是朱氏的简易通之也罢，程氏的传辞通意也罢，都远未能破解《易》的难关，未能通过文辞象数取得六十四卦三百八十四爻内涵之"解"。可见读《易》之难真是难于上青天！千古以来，多数卦爻的文辞象义，都是歧说并存，难成共识。对于后学来说，往往莫衷一是，只好囫囵吞之，以待其自行消化。

下面谈几个例子，以见一斑。

《蒙》卦初六爻辞怎么讲

首先谈谈《蒙》卦的初六爻辞。爻辞为：

“初六：发蒙，利用刑人，用脱桎梏，以往吝。”

对这句爻辞的含义，孔子在《象》辞中解释说：“利用刑人，以正法也。”

原话是模糊语言，孔子的解释也是模糊语言。原话中有三个难点：一是何谓“刑人”；二是“用脱桎梏”与“刑人”之间是何关系；三是“以往吝”指何而言。同时，所谓“正法”是什么意思，也是个难点。

要想解开上述这些难点，首先必须确定“发蒙”的对象，否则难免陷入混乱。

发蒙是启蒙之意，这不难达成共识，但启蒙的对象是卦辞中的蒙童呢，还是所谓一般的蒙民？照理说，既然卦辞中已明确地提到“非我求童蒙，童蒙求我”，那么发蒙的对象应是童蒙，这似乎不成问题了。但实际并非如此。不少易家却认为发蒙的对象是蒙民，如干宝说：“此成王始觉周公至诚之象也。《坎》为法律……故利用刑人矣。”把发蒙的对象释为刑人的对象，显然不是指童蒙而言。金景芳亦持同一看法，他认为，“发蒙”之蒙，可以理解为社会下层群众。(《周易全解》)

虞翻说：“《坎》为法，初发之正，故正法也。”王弼说：“以正法制，故刑人也”(转引自《周易集解》)都把发蒙正法的对象，视为一般蒙民。这一点，说得最清楚的是程颐和来之德。程说：“初以阴暗居下，下民之蒙也。”(《易传》)来之德进一步说：“蒙在下民之蒙，非指童蒙也。”(《易经集注》)明确地把卦辞所说的“非我求童蒙，童蒙求我”的童蒙，排出于发蒙、刑人，正法的对象之外，这是一类观点。

另一类观点是贯彻《蒙》卦卦辞的思想，把初爻发蒙、刑人、用说桎梏以及以往吝等的对象，解作接受教育以启愚昧的蒙童，不解作经过刑罚、正法从而沐浴教化，得以启发昏昧的蒙民。陈梦雷即作此解。他说：“初六以阴居下，蒙之甚也。欲发其蒙，利用刑人，谓痛加惩责，使知敬学也。”(《周易浅述》)把发蒙、刑人的目的说成“使知敬学”，可见对象不是一般的蒙民，而是受教的蒙童。《周易·尚氏学》也持相同看法，认为刑人是“树之模型，使童蒙有所法式”，也是不把发蒙、刑人等的对象解为一般蒙民，而解作接受教化的蒙童。

对发蒙对象的理解不同，当然对爻辞下文“利用刑人”“用说桎梏”等的理解，也便不同。

在发蒙之际，以“刑人”为有利的“刑人”是什么意思呢？大约有四个说法：

第一个说法是，刑罚昏昧犯法的蒙民，犹如今日惩处“法盲”似的。上述虞翻、王弼、程颐、来之德等均持此说。

第二个说法是对不守学纪的蒙童实施责罚，以所谓“夏楚收威，朴作教刑”(朱骏声《六十四卦经解》)，使其向学。陈梦雷之外，孙振声也认为“刑是惩罚，有纠正的含义……教育开始，应当严厉，但不可过当……”

第三个说法是，刑人不是以刑罚罪，“刑”与“型”同，是模式、法式之意，亦即《诗经·大雅·思齐》篇所谓“刑于寡妻”之刑，《左襄十三年》所谓“一人刑善，数世赖之”

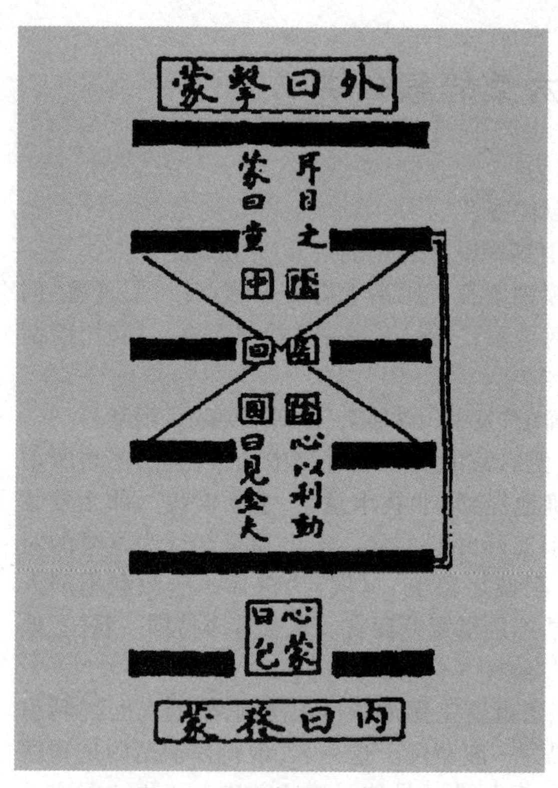

蒙养正图，出自宋·佚名《周易图》

之刑。以今日的话来说，正是负面的榜样之意。“刑人”的意思是，树立模型，使童蒙有所法式。

第四个说法是把“刑人”解作以法规约束蒙民，使其“有所戎惧”，然后引导他们接受教化。金景芳即如斯说。

“用说桎梏，以往吝”是什么意思呢？

一般认为，说为脱之借字，是“解”的意思。“桎梏”为刑具，“木在足曰桎，在手曰梏”（《集解》引郑康成）。“用”是关联词，相当于“以”。

对此句，王弼的解释是“以正法制，故刑人也。”但“刑人之道，道所恶也”，故而“刑说（脱）当也，以往吝，刑不可长。”译成今语就是，为了端正法纪，所以对蒙民实施刑惩，但刑罚的办法是大道所厌恶的，所以在蒙发之后应即解除刑罚，而不可长期用刑。他把“以往吝”解作：继续用刑下去，便会产生错误。亦即《尚书》所谓“刑期无刑”之意。

王安石的理解则与此相反。他认为：

“当蒙之初，不能正法以惩其小，而用脱桎梏，纵之以往，吝道也。”（转引自《周易折中》）

他这段话的大意是，当蒙民违法之初，倘不能端正法纪以惩处其小恶，而解除刑罚（刑具），如此放纵下去，是错误之道。

一个认为刑不可长，刑期无刑。

一个认为不可除刑，以免放纵。

朱熹的看法与王弼类似，但有不同。他认为“……当发其蒙，然发之之道，当痛惩而暂舍之，以观其后。若遂往而不舍，则致羞吝矣。”（《周易本义》）

他对爻辞的解释是，发蒙的办法，应当是痛加惩处后暂时解除刑罚，以观后效。倘不如此而一味惩罚下去，那将导致羞吝之误。

他给王弼“刑不可长”的道家思想，加上了一个“以观后效”的儒家策略。用以解释原文，也可自圆其说。

程颐的说法，与上述大有不同。他说：“治蒙之始，立其防限，明其罪罚，正其法也。使之由之，渐至于化。立法制刑，乃所以教也。盖后之论刑者，不复知教化在其中矣。”（《易传》）

程颐的理解与上述刑罚的观点完全不同。他认为“刑人”不是施刑罚于人，而是宣布法纪，明示法禁，使蒙民遵循正路，接受教化，以免违法而陷于“桎梏”。他强调法禁、教化，而不谈刑人、刑罚。这一观点与王弼、朱熹不同，而与王安石的观点则恰恰相反。王安石认为刑蒙有利，否则不利。程颐则认为先刑禁而后教化，是对爻义的最善理解。他把“用脱桎梏”解作“脱去昏蒙之梏”，以“桎梏”为比喻词意，即使蒙民明于法禁，以便脱掉昏蒙之桎梏，“桎梏谓拘束也”。意思犹如今天所说的脱掉法盲的缠绕。虽然清代易家丁寿昌在《读易会通》中对此加以否定，说“以桎梏为比喻似非”，但程传毕竟是别具一格，可备一说。

对此爻辞，陈梦雷的解说又另有新意。他一直认为此爻的内容是教育蒙童，而不是处罚蒙民。所以他一方面解释上句说，“利用刑人，谓痛加惩责，使知敬学也”，接着又解释下句说，“用脱桎梏，谓暂去拘束，以待自新”。到此为止，与朱说之“以观其效”有相似之意，但下文则表示与众不同的见解。他说：“桎梏用之未刑，刑时未有不脱桎梏者。若既刑又桎梏，往而不舍，拘束太苦，则失敷教在宽之义，必致羞吝矣。”（《周易浅述》）

陈氏之意是，发蒙时需要刑责，但不可过严，责罚之后，要暂去拘束，以待自新。这是一层意思。但又说“用刑”之时，即痛加惩责之时，必须脱去桎梏，不能既带刑具又加以惩罚，以免管制过苦，失去教化从宽之主旨。这是又一层意思。合起来看，陈氏的意思可能是，对蒙童之蒙行，要加惩责，但不宜过重，应适可而止，以待其悔过自新。这里，刑罚应脱去刑具的观点，是陈氏的“创见”。

在这一问题上，来之德的解说是这样的：“……发蒙之初，利用刑人以正其法，庶小惩而大诫，蒙斯可发矣，若舍其刑人，惟和悦以教之，蒙岂能发哉！吝之道也。”（《易经集注》）

这个观点，基本上来自王安石。但也略有差异。王说“纵之以往，则吝道也。”来说：“惟和悦以教之，蒙岂能发哉！”差异之处在于，一个是“纵之以往”，一个是“和悦以教之”，总的看来，分歧不大。

在这一问题上，分歧最大的是南怀瑾的解说。在《易经杂说》里，他是这样阐述的：

“利用刑人，是说用刑法不一定是一件好事，但是有利。因为人类中有些人不听好的教化，打他一顿就听了。用说桎梏，‘说’亦是《论语》‘不亦乐乎’一样悦的意思，人受了桎梏，还有什么快活？因为这是教化过来，就是很高兴的事……”

南先生把用说桎梏的说，解作悦，与传统的以及今天的一般学说，迥乎不同。当然，这也可讲得通，也是一说。

以上所举，是代表性的见解，另外恐怕还会有些不同的看法。但仅此也足见《易》蕴的深厚，即使一句简单的爻辞，也难求其的解，往往是“瞻之在前，忽焉在后”，只能观其琳琅满目，而心领神会。

《蒙》卦初六《象》辞的含义

回过头来，再看一下孔子的象辞。他说《蒙》卦初六爻辞之所谓“利用刑人”，是

"以正法也"之意。怎样从爻象上看出爻辞含有正法之义,孔子没讲。他的《彖》辞《象》辞,特别是《小象》辞,大半只讲结论而不讲理由。其理由只作为内部语言而蕴含在结论的外部语言的背后。因此,"正法"究竟指何而言,令人莫得确解而难免扑朔迷离。当然,在先秦时代,所谓正法,并没有"杀头"之意。所谓"人即正法"指人即处决,是唐宋以后逐渐形成的语义。但无论杀头与否,"正法"一词总是与法纪的执行有直接关系。或宣布纪律以整肃法禁,或按照法纪予以惩罚,怎么理解都可以讲得通。这便使本来古奥隐晦的经文,更加"云山雾罩",众说纷纭。在这方面,来之德独辟蹊径,颇有贡献。他认为"孔子没而《易》已亡。四圣之《易》为长夜者二千余年",原因是,"自王弼扫象以后,诸儒皆以象失其传,不言其象,止言其理,而《易》中取象之旨,遂尘埋于后世"(《易经集注》来序)。用他的观点来说,周易原来就是"即象言辞,"孔子作传,亦复如此。故而研究孔子的传辞时,必须结合卦象爻象,阐发其理。所谓"象数言于前,义理言于后"(同书序)。只有这样,才能了解孔子解《易》的真谛。来氏的易注,正是在这种思想指导下撰写的。

那么,为了深入探索《蒙》卦初六爻辞的真谛,这里应不吝笔墨,引录来氏的注释,看看他是怎么理解孔子的象辞的。他先说:"治《蒙》之初,故利用刑人以正其法。桎梏者,刑之具也。《坎》为桎梏,桎梏之象也。在足曰桎,在手曰梏,中爻《震》为足,外卦《艮》为手,用桎梏之象也。"这个意思,汉代的虞翻早已说过,不算新的体会。接着又说:"因《坎》有桎梏,故用刑之具即以桎梏言之,非必至于桎梏也,朴作教刑,不过夏楚而已。"这个看法也是古已有之,并非新创。接下去,他又解象说:"本卦《坎》错《离》,《艮》综《震》,有《噬嗑》用刑之象,故《丰》、《旅》、《贲》三卦有此象,皆言狱。"这段话从四面八方即象观察,确有独特体会。下面他又说:"说者脱也,用脱桎梏,即不用刑人也,变《兑》为毁折,脱之象也。往者,往发其蒙也。吝者利之反。变《兑》则和悦矣,和悦安能发蒙,故吝。"就这样,他即象阐义,解释初六,表达了类似王安石的观点。以继承孔子易学自居的来之德,他所作的这段即象阐义,是否与孔子作传时的思路一致,无法断定,但本文觉得来之德往下解释初爻的一段话,似乎和孔子的象辞有所接近。他说:

"初(指初爻)在下,近比(靠近)九二刚中之贤,故有启发其蒙之象。然发蒙之初,利用刑人以正其法,庶小惩而大诫,蒙斯可发矣。若舍脱其刑人,惟和悦以往教之,蒙岂能发哉!吝之道也。故其象占如此。"说到这里,按理说文意已毕。但他仍不放心,又叮嘱似的加了一句:"细玩小象自见"。

可见,他对小象是用心玩味而后阐发其义理的,与孔子的作法,似乎路数相同。所以,接下来对孔子"利用刑人以正法也"的象辞,便顺理成章地加以解释:"教之法不可不正,故用刑惩戒之,使其有严惮也。"(同上)

虽然,此种即象阐义之法,也许符合孔子的思路,但来氏所阐发的"正法"之义,是否与孔子一致,仍无从判断。何况,来氏的解说中还有闪烁不定之点:既说对蒙民要用刑正法以惩戒之,又说桎梏不一定是刑具,夏楚(打板子)之朴作教刑,也算桎梏,这又像是对受教育的蒙童所做的处罚,而非对蒙民用刑的正法。意思飘忽,令人捉摸不定。结果,我们也只能像对待其他易家的说法一样,东瞻西顾,心领神会。

本来周易内在的奥义就是多角多歧的，再加上解说者的理解条件不同，以致仁者见仁，智者见智，公说公的，婆说婆的，甚至反正都是理，令人无所适从。但大《易》原来就是个神秘的"天书"，后学者又何必苦求其一致的面目，奚如囫囵吞枣，神领神会，反而更妙！还是程颐说得好："已形已见者可以言知，未形未见者不可以名求。则所谓易者，果何如哉！"

这段话可以说是表现出程颐沉沦《易》海多年之后突然闪现的大彻大悟。然则，《蒙》卦初六爻辞的真义果何如哉？

第九篇　大《易》是否不言有无

孔子的有无

张载在《正蒙·大易篇》里劈头便断言:"大《易》不言有无,言有无,诸子之陋也。"在《易说·系辞上》中,他又进一步阐述说:"大《易》不言有无,言有无,诸子之陋也。人虽信此说,然不能知以何为有,以何谓之无。如人之言曰自然,而鲜有识自然之为体。"理由是,以他的气一元论和气之聚散论的观点来看,"气聚则离明得施而有形,气不聚则离明不得施而无形,方(其)聚也,安得不谓之有?方其散也,安得遽谓之无?故圣人仰观俯察,但云知幽明之故不云'知有无之故。'

以上,是张载对大《易》不言有无这一命题的论证。所谓大《易》,当然是指易经本身及孔子对其阐释而言。就论证自身的逻辑来说,张载的这一论证是有毛病的,毛病之一在于偷换概念,以'幽明之故'代替'有无之故'。孔子在系辞中所说的"幽明","幽"是指暗中存在的不可见的无形境界,"明"是指明显可见的有形境界。这两个概念是与人们感知相联系的认识世界的概念,它们和表示宇宙形成及万物存在的本质的"有无"一对概念,是根本不同的。"幽"未必无,有未必"明",这是显而易见的道理。

这一问题,此处姑置不论。单就大《易》是否不言有无及其相关问题,略抒己见。

张载熟通六经,尤精于周易。他说大《易》不言有无,当是深思熟虑的结论。但如果就此问题进一步深入探索和思考,便会发现,事情并非如此简单,这里面大有文章。

就常识来说,众所周知,老子讲求有无,以无为本,从而建立了以道为宇宙本体的哲学。他的著名的命题有:"无名天地之始,有名万物之母"(《道德经》首章)。"天下万物生于有,有生于无"(《道德经》四十章)。他认为天地始于无,成于有,有是从无中生出来的。与老子的观点相反,孔子在谈到天地万物之生成时,却只讲有而不讲无。语及人际关系时,也是如此。故而魏代玄学家裴徽曾对王弼说过:"夫无者,诚万物之所资也。然圣人(指孔子)莫肯致言,而老子申之无已……"点明了孔、老在有无问题上的对立。虽然王弼不以为然,而申辩说:"圣人体无,无又不可以训,故不说也。老氏是有者也,故恒言所不足。"(《三国志》锺会传注)但硬说孔子以无为本,只是由于无字无法解释,故而不说;老子是主张有的,故常说无以补有之不足,这毕竟是混淆概念的诡辩,不足为凭。老子体无,孔子重有,这是二人思想体系的性质所决定的,毫无疑问。

老子不言周易,他对周易之是否言有无的看法,不见经传,无从知晓,只好付之空白。与此不同,孔子大谈周易,为之作传,做到了以《易》解《易》,进而以孔解《易》。所以,周易(包括孔传)之"有无"问题,则有迹可寻。

在探索《易大传》的“有无”思想之前，应该追本溯源，先看看代表孔子思想的论语当中“有无”思想的表现。遍观论语二十卷，涉及有与无之处，多达一百二十几点，但除了生活范畴不计之外，也只限于政治范畴与伦理范畴。如有道、无道、有德、无德，等等，超过政治、伦理范畴的有与无，一个也没有。换言之，高达宇宙范畴的有与无，如老子所讲的关乎宇宙本体的有与无，并不存在。可见王弼所谓“圣人体无”之说，无非是“以老解孔”的一种强辩而已。

但是，这只是就表达孔子仁学中心的论语而言，并不表现孔子的全部思想。如果将视线扩展到“与天地准”的周易大传，那么，自然会从孔子的学《易》心得与解《易》成果中发现有无问题的更高的涉及天人之道的新迹象。

无和無有何区别

在探讨本题时，首先碰到一个引人入胜的问题，那就是无字的形体。在《易》、《书》、《诗》、《礼》、《乐》、《春秋》六经中，除周易（包括易传）外，其他五经之无字，皆写为無字。唯有周易，无论经传都将無写作无。这是什么道理呢？对此，杭辛斋有一解释。他说：

“《说文》天屈西北为无，言‘无’即天字屈其西北之一笔也。”这是按字形来源的训解。但这一训解和周易有什么关系呢？就此，他继续解说：

“西北为《乾》卦方位。《乾》为天，《乾》圜往而《坤》方来，往屈来信（伸），故曰屈。天屈西北，即《乾》居西北。……斯时也，静极而动未生，阴极而阳未形，孕育万有而未见其朕。欲以一字尽其状而赅其义，故特以一无字概之。”

这是用后天八卦图中的《乾》卦的方位来解释无字形成于《乾》天的运行状态。大意是：《乾》天为万物资始，运行至西北时，正处于阴终阳始的中间，说阴非阴，说阳非阳，无形无声，无嗅无味，故而以无字表示之。杭氏继续说：

“此无字与有無之無，训诂虽同，而意义殊别。有無之無，与有相对，而无则無对，超乎有無之上。盖有無相对，则一阴一阳，已成两仪。而无则立乎两仪之前，为群动之根，开万有之宗，非后天之《乾》卦，不足以当之。”

（以上引文均见《学易笔谈》二集卷二《释无》）

杭氏的上述说法，如把无字作为表示宇宙本体的概念，结合八卦方位来看，当然不为无理，但周易中的无字，都仅只作为否定词来用，并未达到宇宙观的高度。经文中卦名有《天雷无妄》，爻辞有“无妄之灾”，“无妄之药”、“无祇悔”等。占词有“无咎”、“无悔”、“无攸利”、“无不利”、“无咎”、“无誉”等。其所有无字，都止于否定作用，并无所谓“天屈西北”那样的哲学意义。孔子的传文大体上亦复如此。如《系辞》中的“神无方而易无体”“无有远近幽深”“贵而无位，高而无民”“乾坤毁，则无以见易”“无有师保，如临父母”，等等，都只是对有的否定而已，可以直译为今语而无须诠释。换言之，如果我们把上述经文和传文中的无字，一律换成無字，在内容的表达上可以说完全无碍。只有系辞中的“《易》，无思也，无为也，寂然不动，感而遂通天下之故，非天下之至神，其孰能与于此！”把易经视为处于动静有无之间的“至神”，此处的无,不是表示一般的否定,倘换成無字,则丧失其奥义而索然乏味矣。但这只是个别的例子,不能借以代替一般。一般的无字,只表示语言上的否定,别无奥义。

那么,既然如此,《易》作者和传文作者始终以无代無,又是为了什么呢?是否受了道家思想影响?看来也不是。因为《道德经》五千言以無为本,却无一处将無字写成无字(据《四部备要》影印本)。这是否出于偶然?也恐不是。因为满怀忧患与极尽"精微"的《易》作者不会盲目地随意用字,素以慎言辨辞为能的《易》传作者孔子,更不会不动脑筋地随声附和。看来,此中必另有缘故。此处姑置不论,留待大方家点破个中奥秘。

返回本题,且说"大《易》不言有无"。在这个命题中,言字是个关键。如果认为言字只是"说"的意思,则此命题可以成立。但如果言字之义不仅是"说",还具有"表现""探讨""涉及"等含义,则此命题还可推敲。笔者以为,如从周易之整体精义思考,则应说大《易》不明言有无,而并未放过有无。因为,如漏掉有无,则"有"无其侣,亦难成立。而"有",正是《易》之哲学基石,无"有",《易》及《易》传何得问世?何能存在?所谓伏羲画八卦、文王演八卦和缀卦辞、周公缀爻辞,及至孔子(及其他人)为之作传,等等,实际上都是"有"的表现,说是"从无到有",当然无可非议。就事实来说,是这样,进一步就周易内容来说,亦在此彀中。

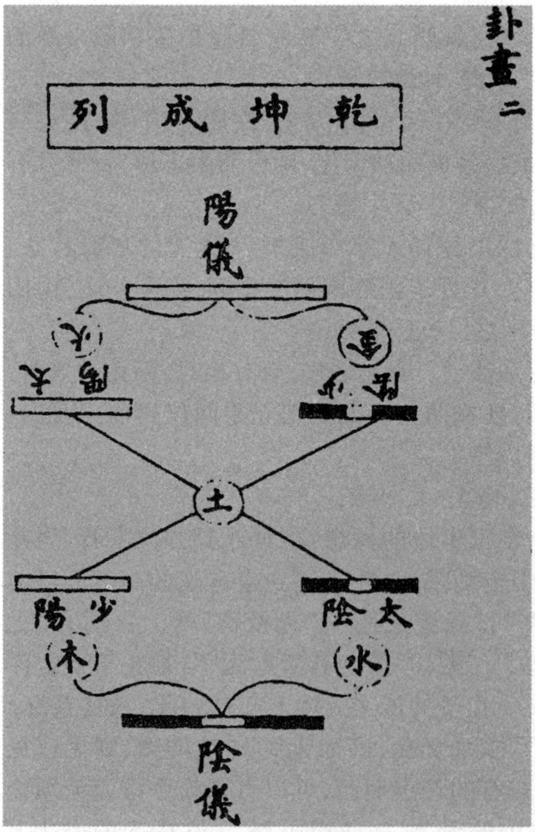

上举例句:"易,无思也,无为也,寂然不动,感而遂通天下之故。非天下之至神,其孰能与于此。"这是孔子对周易的精妙性质及其神妙作用的判断与赞颂。虽是短短的两句话,却透露出周易最深的本质,——它作为反映宇宙本体的存在,外表是无声无息,静默不动,似乎既无所思,又无所为,但静寂并不是死寂,无思无为并不是不能思不能为,而是处于阴阳之间、动静之间,含机待发。一旦阴阳交感,则胎力迸发,以其智理,通达天下之万事万物。周易这种无思无为的"无",并非兔角龟毛式的"不存在",而是内在机能之尚未发作的无,所以不能把无思无为,改写为無思無为。在这句话里,无思无为是"无",感而遂通天下之故是"有"。这虽是孤例,但确在证明大易不是不言有无,而是也言有无,只是言的性质与表达方式,有异于老子和常态罢了。

乾坤成列图,出自元·张理《易象图说内篇》。张理认为,"易本无卦,止有乾坤"

《易》有太极是什么

至于作为宇宙范畴或社会范畴，与“无”相对的“有”，则周易言之甚明。——虽然，全文并无“有无”相对而论的词句。这一点，与《论语》迥乎不同。在《论语》中尽管没有涉及“天道”的有无之论，但仅次于天道的政治范畴“有道”“无道”，则多达十二对之多。还有伦理范畴的“有耻”“无耻”“有德”“无德”等，有无并论，彰明较著。而对有无的态度，当然以崇有为其特征。故而晋代裴顾写作《崇有论》以驳斥王弼等的体无之论，借以发扬孔圣的名教而攘退老子的虚无观，是合乎逻辑的行为。在易传中，孔子多说有，而极少说无，尤其是不并论有无，不明论有无。

孔子赞《易》之以有立说，有下面两段话可资证明。一是“易有太极，是生两仪，两仪生四象，四象生八卦。”（《系辞上》十一章）二是“有天地，然后有万物；有万物，然后有男女；有男女，然后有夫妇；有夫妇，然后有父子，有父子，然后有君臣，有君臣，然后有上下，有上下，然后礼义有所错。”（《序卦》）

头一句是对《易》象核心的八卦出生及其过程的叙述。同时，孔子认为“《易》与天地准。”（《系辞上》四章），故而也是对天地万物的根源及其生长过程的叙述。从根本性质来看，这是关于宇宙本体的论断，亦即古人所谓关于天道的论断。

后一句是关于万物产生的根源以及政治社会结构形成的论断，亦即古人所谓关于人事的论断。

这两个肯定命题的共同特点是有字当头，是孔传以有立说的最鲜明的标志。

现在我们先分析第一大句。

这句话里有两个值得注意之点。一点是有字；一点是“是”字。此处的有，不是表示所有格的有，意思不是说《易》具有太极，而是说，*《易》象的产生过程是，（先）有个太极，然后如何如何。有字表示存在之意。接下来的是字，并不是表示肯定的判断词，而是个指示代词，相当于此字，也就是它字。大意是：有那么个太极，它生出两仪，两仪生出四象，四象生出八卦。这样诠释和翻译，才合乎原意，顺理成章。但主要问题不在这里，主要问题（也是难题）在于，何谓太极？太极的背后（之前）是什么？它来自何处？关于这个老大难的问题，自古迄今，易学界并无共识。

伏羲仰观俯察，近取诸身，远取诸物，始作八卦。这一传说，自远古即有之。但画卦作卦的具体过程和始末情况，却无文献可征。所以，《易》有太极而生两仪、四象、八卦云云，恐是孔子潜心学《易》而发现的奥秘。学《易》者可从中发现八卦是由阴阳两爻组成，而纯阳之《乾》卦与纯阴之《坤》卦正居八卦之首，如此必然推想《乾》《坤》阴阳的来源。周易本身于此并无说明。于是为解决这一悬空的难题，孔子也许是依据对八卦图象的观察与思索，便以其富于哲理思维的头脑设想在天地阴阳未判之前，有个宇宙最深的本体存在，从而生出阴阳八卦，无以名之，遂名之曰太极。从字面上讲，

---

* 《周易大传新注》（438 页）认为，“易，为变易，非《易》书之易，此句是说，宇宙的变化是从太极开始的。”这是脱离上下文的解释。系辞于此讲八卦的产生，当然直接是指《易经》，但《易经》同时反映天道，所以间接也是讲宇宙万物的生成。

太亦作大，义同大而更甚于大。按说文段注，“凡言大而以为形容未尽，则曰太。”一切至高无上，至大无外，至尊无上者，皆可以太名之。如道教所尊之太上老君，即上至极点的真神。极有穷尽之意，俗所谓顶点者，也和太一样，表示无以复加。这样，太字和极字合到一起，字面意思就是至尊无上。孔子用它来表示和形容在天地未判之前，阴阳未分之先，存在一个浑沦无端的宇宙本体，无以名之，只好以世界顶端之意，名之曰太极。这种煞费苦心的命名，颇似老子的做法。老子发现“有物混成，先天地生，可以为天下母”，但难以名之，乃曰：“吾不知其名，字之曰道，强为之名曰大。”（《道德经》廿五章）虽然思想体系的性质不同，但仅就上述情况来看，孔老二子对宇宙本体之探索、描摹和命名，其苦心经营之情状，不是十分仿佛么？

汉魏易学家注解周易，对太极有不同的说法。马融说，“太极，北辰也。”虞翻说，“太极，太一也。”郑康成说：“极中之道，醇和未分之气也。”韩康伯说：“夫有必始于无，故太极生两仪也。太极者，无称之称，不可得而名，取其有之所极，况（形容）之太极者也。”如此等等。另外，汉代以前，太极与太一并称，这源于《礼记》礼运篇。其言曰：“夫礼，必本于太一，分而为天地，转而为阴阳，变而为四时。”这段话，未必出自孔子之笔，却符合孔子的思想。看来，这里所谓阴阳天地之前的太一，其地位恰好相当于易传所谓“太极”。或许孔子研《易》时，将《礼》之太一加以改造，创出太极之名，也未可知。总之，太极这一概念对表示宇宙本体来说，其哲理意味似乎优于太一。

但是太极的文字意义虽是至高无上，至大无外，而哲理意义却不能到此罢休。把握了太极之后，人们必然要问，太极是从何而来。孔颖达解释说：“太极谓天地未分之前，元气混而为一。”（《周易正义》）《周易乾凿度》说：“易始于太极，太极分而为二，故生天地。”郑康成注曰：“轻清者上为天，浊重者下为地。”《庄子・天下篇》说：“建之以常无有，主之以太一。”等等，都只涉及太极的“去脉”，而未涉及它的“来龙”。宋儒说：“太极者理而已矣。”但理自何来，也说不清。依照韩康伯的注解说的，既然太极为有之极点，而有必始于无，则太极之前必为无，太极自无而来，应无疑问。故此，宋儒周敦颐由此得到启发，而在太极的背后树立了无极，建立了自无极而太极的学说。但无极绝非宇宙之巅，其背后又是什么，如此推衍下去，势必跌入“无限大”的循环逻辑的空间，最后只能获得概念游戏的疲劳，泛泛空言，并无实义。在这里，语言逻辑完全无谓；或者以太极为最后真理而陷入宇宙有限论的言诠，或者以太极为阶段的开始而坠入宇宙无限的空间，总而言之，要在这里寻求最终答案，实属枉费心机。倒不如按《列子》的办法，暂以“终则有始，始则有终”的“原始反终”（《系辞上》四章）之说，解答了事。这样看来，来之德所谓“太极者，至极之理也，”杭辛斋所谓“太极者至极而无对之谓，”等等，实在是枉费口舌，说了等于没说。

可是，话又说回来了。既然孔子断定“易有太极”，太极为有，那么韩康伯所说的“夫有必始于无”，乃至周子循此而以无极接太极之前，不论其是儒是道，从逻辑上来看，倒是合乎道理的。太极也罢，什么也罢，总有个开始，开始之前当然是无，开始之后才成为有，这是无可辩驳的真理。所以周子从有极想到老子思想的无极，自是理所当然。王夫之也说：“……易有太极，无极而太极。”（《周易外传》）

但是，杭辛斋对此极表异议。在《学易笔谈》中他反复对无极之说，进行驳斥。他的主要理由是，“极者，至极而无对之称。……极既无对，极而益之曰太，则更无可以并之而尚之者矣。是以太极者，立乎天地之先，超乎阴阳之上，非言辞拟议所可形容。盖状之言则有声，有声非太极也，拟之以形则有象，有象亦非太极也。诗曰：上天之载，无声无臭，庶或似之。然无字为有字之对，有对亦非太极也。孔子于无可形容拟议之中，而形容拟议之太极，可谓圣人造化之笔，更无他词足以附益而增损之矣。然而有太极之名，似亦非太极之真谛，乃无碍其为太极者，则以太极二字均无物质无精神可言，更无其他之词义，足以相并相对，可以谓之名，亦可谓之非名，此圣笔之神化，所以不可思议也。”(《易楔》卷一)

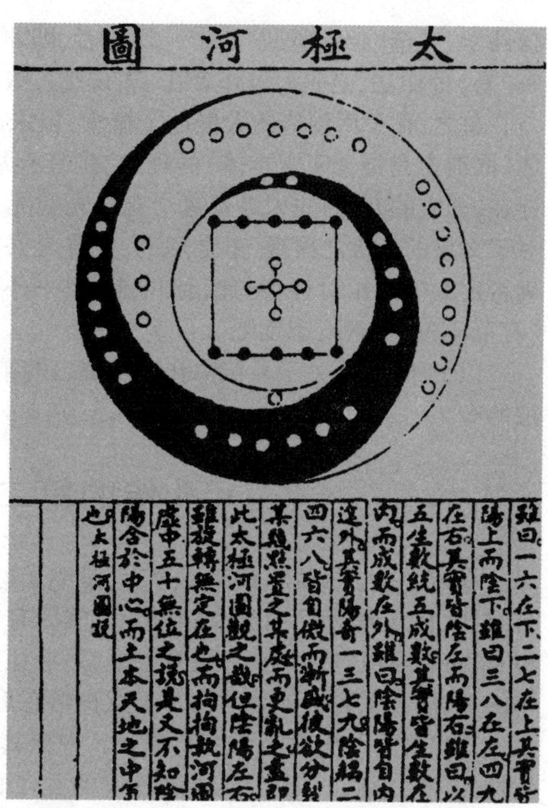

太极河图，明代来知德所绘，是将太极图与河图融为一体的杰作

这段话赞颂和解释太极，颇有神秘的宗教说教的色彩。第一，他说太极为无上无对，即是说无物在它之前，也无物与之相对。这是不合乎实际，也不合乎概念的运动法则。事实上事物无限大，任何事物亦无尽头，正如宇宙无边无际一样。恰似列子所说，“终继之以始，始继之以终。”也如周易之《既济》卦又接《未济》卦一样，此物之始，即为它物之终，始与终为一体之两面，绝不可能脱节。太极既号称天地之始，则其前边必为某物之终，孔子所说的“原始反终”，就含有这个意义。所以太极尽管在文字上有无上之意，而在物质和精神运动的长河中，却只是空想的存在。同时，无对之说，也不合理。世间万物万事，包括精神现象在内，全是对立的统一，绝对的单一是不存在的，没有矛盾，则何由得动，何得生两仪？如果说无极“不可”与“太极”为对，那么“非太极”与“太极”为对，是否可以？所以无对之说，只是空想的强调，不能落实。

第二，杭氏形容太极云者，无声无臭，无形无状，既非精神，也非物质，可谓之名，亦可谓之非名。这和道家所说的“有物混成，先天地生”“道可道，非常道”“道常无名”等等的道的概念，十分相近。杭氏曾说：“老子曰：有物无形，先天地生，即谓太极也。”他干脆断言：“使老子得见孔子易有太极一语，必舍其名（指道而言——笔者）而从之。”可见在他心目中，孔子的“太极”也就是老子的“道”。这是混淆儒道两家思想体系的一偏之见。儒家尊有，道家体无，儒家重阳刚，道家重阴柔，儒家讲有为，道家讲无为，等等，其差异非常明显，其对立的基本概念岂容混淆！

第三，杭氏认为太极超出物心之上，可谓之名，亦可谓之非名。这种说法，无疑来自佛学。《金刚经》所谓“所言一切法者，即非一切法，是故名一切法”，这种扫除名障解《易》的作法，绝非太极作者孔子的思想，殊不可取。

总之，孔子所创造的太极这个概念，虽未超出物心的界限，但作为描摹大《易》本体（同时也是描摹宇宙本体）的理念，是具有挈领哲学体系的价值。孔子肯定了它的存在，即它的有，而并未涉及这个有之先的无。依据“有无相生”的辩证关系来看，相对于太极的无极之出现，是合理的，也许是必不可免的。但另一方面，孔子也没有明确否定太极之相对性，对此，他可能是“书不尽言，言不尽意”，像对鬼神一样，抱着“存而不论”的两可态度吧。

以上所述，是关于易传中孔子所提出的第一个有——有太极。这个有，是关于天道的有。

孔传的第二个“有”

易传中孔子所提出的第二个有，是继天道之后关于人道的有。即：“有天地，然后有万物；有万物，然后有男女；有男女，然后有夫妇，有夫妇，然后有父子；有父子，然后有君臣；有君臣，然后有上下；有上下，然后礼义有所错。”（《序卦》）从天地开始，一连串的有，展开了人类社会结构乃至意识形态形成的图式。虽然是简单的推论，但大体上表现出逻辑与历史的合理的统一。如把其中的有字都换成无字，也会形成一个必然性的条件论式。但处于春秋时代的孔子的文风与处于战国时代诸子（如《韩非子》）的文风不同，他不运用那种反复强调的论式。

这个关于人道的有，源于天道的有，亦即“有天地”之有，源于“有太极”之有。如试在第一个有前补上第一个有，以表明这个有的来源，形成“有太极，然后有天地；有天地，然有万物，然后有男女…”，这样的推论也是完全合理的，合乎孔子的思想。因为在孔子思想中太极生两仪，正是指天地而言。故此，可以说，前个有表天道，后个有表人道，人源于天（大自然），以人道继天道，合乎宇宙与人类的运动规律，这也是在《易》学的基点与尊有的观点上鲜明地表现出孔子天人合一的思想。

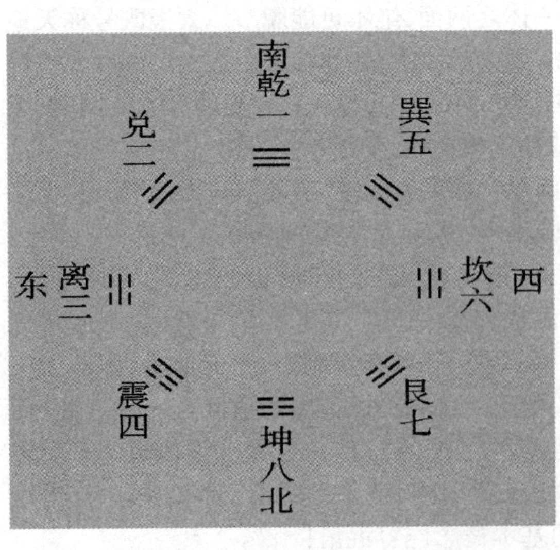

先天八卦图

综上所述，可以得出这样的结论：孔子的《易》传，不是笼统地“不言有无”，而是以“入世”为起点，以有立教，多言有而罕言无，但对无并未否定，只抱着存而不论的态度，付之于言外之意，也许是留给后学者自行摸索吧。

但是，周易之有无问题，到此并未画上句号。除了经传的文辞以外，周易的象在表意上还起着特殊重要的作用。孔子所谓：“书不尽言，言不尽意……圣人立象以尽意，设卦以尽情伪。”对《易》象在达意上对语言的不足所起的补充作用，作了恰当的说明。下面试从《易》象方面对有无问题，作一探索。

众所周知，《易》的基础是八卦，八卦是由“一”“袴”二爻的排列组合所构成的《乾》、《兑》、《离》、《震》、《巽》、《坎》、《艮》、《坤》八个形象，成为《易》的原始形态。不论阴阳八卦之象的来源如何，总是先有象而后有卦辞、爻辞乃至传文。所以，以王弼为首的扫象谈《易》的义理派，难免在许多问题上陷于空谈，不能完全发掘出《易》的深赜奥义。

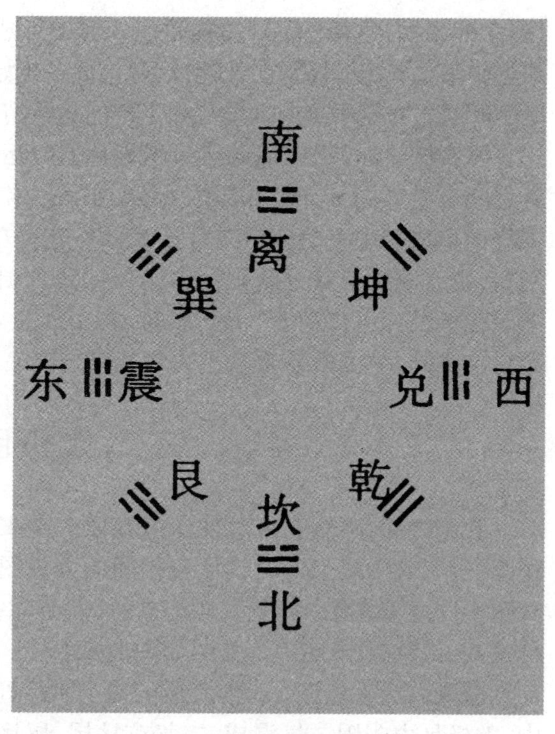

后天八卦图

八卦生来有象，但是否自来有图，则无从考察。不仅所谓伏羲画卦时未曾留下图表，后经推演，缀以卦辞爻辞，流行世间，再由孔子等加以翼赞，将其哲学化，传诸后辈，又衍为象数，义理等派别，经两汉、魏晋、隋唐到北宋末季之前，也无所谓八卦图流传下来。八卦图是宋代理学开山祖之一的周易象数学家邵雍首先公之于世的。其图主要有先天八卦图与后天八卦图两种。邵氏认为先天图为伏羲八卦，后天图为文王八卦。

先天八卦系本《说卦传》第三章，原文为“天地定位，山泽通气，雷风相薄，水火不相射，八卦相错。”《乾》天在上，《坤》地在下，《艮》山与《兑》泽互相通气，《震》雷与《巽》风相互搏击，《坎》水与《离》火不相厌弃，如此形成八卦阴阳互相反对（错）的局面。

这段话绘成图象，恰恰是上列先天八卦图模样，一点也不错。由于它所表现的是天上地下日东月西这样的宇宙本体，故而名之曰先天八卦图。孔子在《系辞》伊始便说：“天尊地卑（天上地下），乾坤定矣。卑高以陈，贵贱位矣。动（《兑》为泽）静（《艮》为山）有常，刚柔断（分）矣。在天成象，在地成形，刚柔相摩（交感），八卦相荡（互相推动），鼓之以雷霆，润之以风雨（《震》雷与《巽》风相冲击）日月（《坎》月《离》日）运行，一寒一暑。”这些话与先天八卦图的影像有几分相似，或者当时有这个图，孔子从中得到启示而发出这样的论述，这种可能性也是存在的。

所谓后天八卦，其所本者，是《说卦传》第五章。原文为“帝（万物生机的主宰）出乎《震》（居东方，时为春），齐（整齐生长）乎《巽》（居东南，时为春夏之交），相见乎《离》（居南方，时为夏，万物明盛显现），致役乎（委托养育万物），《坤》（居西南，时为夏秋之交），说言（喜悦收成）乎《兑》（居西方，时为秋），战（阴阳搏斗）乎《乾》（居西北，时为秋冬之交），劳（疲劳而归息）乎《坎》（居北方，时为冬），成言（万物成终而复始）乎《艮》

(居东北,时为冬春之际)”。这是以八卦的形成描述春夏秋冬四季呈现出的生、长、收、藏等阴阳之气流行循环的情况,恰好构成一幅始而复终,终而复始的圆图。它所表现的是阴阳二气交变所造成的季节和生产的运行情状,故而名之曰后天八卦图。

先天图表达八卦对待,后天图表达八卦运行,一现宇宙本体,一现人间致用,但两者之间有个共同点,即:四周为八卦,中央为空白。看见此图,人们不免要问:由八卦围绕而造成的中央的空白是什么东西?它是单纯的空白,无所谓的空白呢,还有另有所指,别有洞天?是否就是生出两仪四象八卦的所谓太极,或太极之所居?对此,孔子未曾谈及。也许由于“书不尽言,言不尽意”,只好本着“立象以尽意”的精神,让图像自己来暗示,由学易者自己去领悟吧。

太极图

孔子之后,当然有人对此作过探索。南宋易学者蔡季通受朱熹委托,于蜀中搜得秘图三帧,其中之一即后代流传民间的太极图。图为先天八卦图,但与既有的先天八卦图不同之处在于,中央不再是空白,而是添上了一黑一白两鱼交尾状态的东西,流行民间,俗称“阴阳鱼”。其图如图所示。

图既名为太极图,显然太极云者,即指图中央的阴阳鱼而言。在作图者的思想中,太极是由阴阳二气混成,二气首接尾,尾接首,拥抱交接,犹如一体,循环无端。而且白鱼中有一小黑点,黑鱼中有一小白点,表示阳中含阴,阴中含阳,实为一而二,二而一,既对立又统一的存在。它就是所谓“易有太极,是生两仪,两仪生四象,四象生八卦”的太极。作图者无疑是抱着这种认识,发明此图的。此图来由,不得而知,看样子大约来自道家。有人推测,老子出函谷关西去流沙,其所创秘籍有可能散播于蜀陕一带。蔡季通获此图于蜀,也许是老子的遗物。从图中的太极模样来考量,此传说似亦未为无因。《老子》二十五章曰:“有物混成,先天地生,寂兮寥兮,独立不改,周行而不殆,可以为天下母。吾不知其名,字之曰道。”这个“周行而不殆”的“先天地而生”的“混成”之物,其面貌与生出两仪(天地、《乾》、《坤》)万物的太极,确是十分相似。道家人物从周易中获得灵感绘制此图,并非不可能之事。

太极图

《老子》首章曰:“无,名天地之

始。有,名万物之母。……此两者同出而异名,同谓之玄,玄之义玄,众妙之门。”此段话中的无和有,比照太极图,可以解为,无为阴而有为阳,无为黑鱼,阳为白鱼,两者同处于玄中,玄即太极。这样解释,如以道家思想来看待周易,也未尝不能成立。另外《庄子·齐物论》提出了“道枢”的概念,其言曰:“彼是真得其偶,谓之道枢。枢始得其环中,以应无穷。”彼与是不同而对立,又是很好的一对伴侣,叫做“道枢”。而道枢(道之枢纽)得到“环中”,则法力无边。什么叫环中呢?郭沫若解为“得到了循环的中心”。《庄子》郭象注说,“夫是非反复,相寻无穷,故谓之环,环中,空矣。今以是非为环而得其中,无是无非也。”以今天的话来讲,道枢之环中,就是对立面统一的中心,对立面相反相成,互为其根,其中有个无形的往反的桥梁,此即谓之环中。以庄子的这一思想来看太极图,则其中央的圆心可比作道枢,道枢之环中则为阴阳之对立统一,互相矛盾,又互相渗透,法力无边,为天地万物之始祖 。这个道枢及其环中,其面貌和作用不是和太极图中的太极及其包含的阴阳鱼颇为相似么?

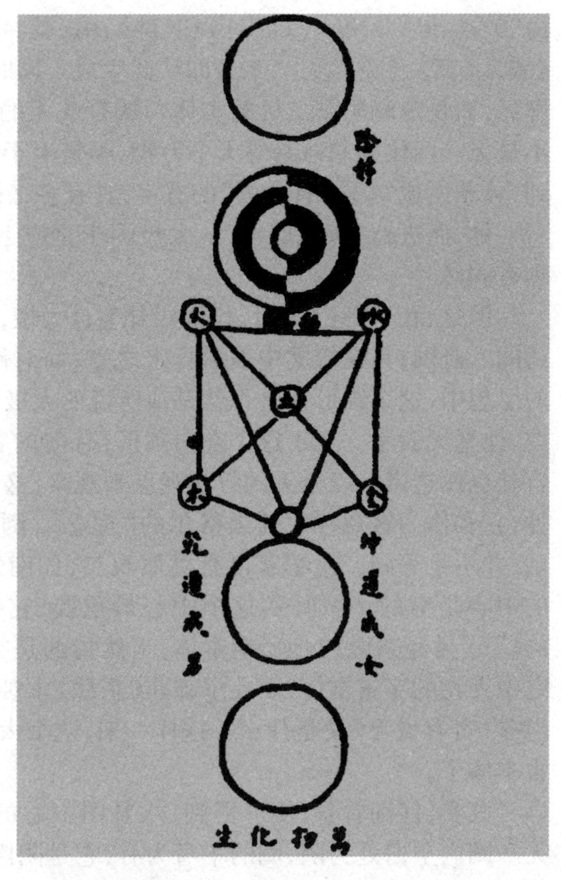

太极图,出自宋·朱震《汉上易传·卦图》,体现了太极生化万物的观点

从上述这些蛛丝马迹来看,周易的太极图可能来自道家人物学《易》的体会,这种传统说法,并非无稽之谈。然则,太极图中央由阴阳鱼构成的圆形物,究竟是什么呢?日本学者中野美代子认为,它是“把雌雄两性关闭在一个圆形体的宇宙卵。”(岩波新书《中国的妖怪》,第 47 页)当然这是从宇宙发展史的角度,以现代科学的目光对太极图像的含义所作的观察,对回答周易中的太极为何物,是否就是太极图中央包含阴阳鱼的圆形物一点,不能起到直接说明的作用,但确有深入的参考价值。不管来自儒家也罢,道家也罢,太极图的出现是有其必然的客观依据,那就是《说卦传》所描述的八卦图。无论先天后天,都是八卦环绕四周而中央为空白的圆形。这个空白的圆形,其中无物,里面究竟藏着什么,不免成为研究者追索的对象。当然有的会照原样认为是“无”,但有的却不肯就此论太极图的价值如何,姑置不论,它的出现,至少对探索周易太极的实质,提供了启示。就是说,它告诉人们“易有太极”的有是对的,它是存在的,它存在于八卦图的中央,中央的空白的圆形,就是太极之所在。它好比数学上的“0”,

由“0”生出- -和—，即《乾》和《坤》，由《乾》《坤》为父母，再生出《震》、《坎》、《艮》、《巽》、《离》、《兑》六子，八卦即从此生成。同时，它进一步表示，太极本身不是空白的虚无，而是蕴涵阴阳二气的实体。从有或无的角度，就整体来说它肯定太极是有，而不是无。两仪四象八卦等天下万物，不是生于无，而是生于有。由此也使人可以领会到，孔子所说“《易》有太极”的有字，具有多么微妙的意义。

休，而进行“探囊取物”。太极图于是应运而生。不论是耶非耶，自是事有必至，理有固然。

但是，孔子赞《易》时，只说八卦生自太极，未说太极的内容如何。对《说卦》所描述的八卦图，只在行文中表示肯定之意，而对图中央的圆形空白，却未赞一辞。在他的思想中，这个圆形物是否就是他所说的太极，或者这太极本身是否就是个虚无的空白，他毫无表示。至于这个空白圆形，有何内容，起何作用，来自何处，他更是在话里言外也没透露。以今天的哲学观点来观察，这个生出天地万物的始祖，并不具有人格性，它和作为客观存在的黑格尔的“理念”，倒有些相近之处。但这也仅仅是相近而已，并不是等同。易学家也有类似观点，如南怀瑾就说过：“这个图（指十二辟卦图）的中心是空的……其实这个中心最重要，它代表了太极，亦即是本体，是空中无物的。”（《易经杂说》）他所谓本体，当然指的是宇宙本体。这样说来，既然“太极”是个空中无物的宇宙本体，而孔子却在《系辞》中独创地提出它来谈论，说“易有太极”，这岂非“言有说无”又是什么？这样一来，这个太极倒有点像佛家所说“真空妙有”的宇宙本体了。

其实，仔细看看，便可悟到，八卦图中心的圆形物，其本身的空圈并不是绝对的无。圈内空白处为阴，圈的本身为有，它是阴阳、有无的统一体。形之于画为阴阳鱼，形之于文为阴阳或有（阳）无（阴）。所差的只是形与未形而已。这样，既然太极是有无的统一体，那么说有太极，实质上可视为言有说无，也未尝不可。在哲学史上视太极为无的观点，早就有过。《周易正义》引何氏曰：“上篇（指易经上篇）明‘无’，故曰《易》有太极，太极即‘无’也。”可见，太极问题和无有问题的关系，早已成为人们注意的标的，只是尚未展开论述而已。

综前所述，关于“大易不言有无”的问题，可以得出如下结论：作为宇宙观，大易不“言”有无而“现”有无，也可以说，它明言有而暗现无。如果说，《易》以道阴阳，一阴一阳之谓道，而有为阳、阴为无，则有无相生而不能相无；言有的背后必有存无的阴影。太极是孔子首创的概念，围绕它的有无问题，看来还得用他的观点来解决。他认为“书不尽言，言不尽意”，怎么办？只好“立象以尽意。”也许在他看来，八卦图及其中央的虚无的“0”象，就是把言有之后的未尽之意加以默现的最好形象吧。为此，本文仅以下面两句话作结语。大易是：“立言以尽有，立象以存无。”

附注

《社会科学战线》1995年第三期载有《关于空间维数的几点思考》一文，其中有言曰：“太极图的中心不是纯粹的‘无’，它是相当于物理学所谓‘零维空间’，它是真实的，因为正是它，可以正确地反映物质无限可分性。”

这段现代物理学对太极图空白中心的解释，对认识“大《易》是否言有无”问题，具有直接的意义，谨录以为进一步探讨的参考。

第十篇 象乎 辞乎

在古代经书中，尚书比较难读，其难处难在文字古奥，不易理解。但只要过了文字关，内容便晓畅明白。对比之下，诸经中周易最不易解。自孔子以来，两千余年言《易》者不下数千余家，而经文训解，众说绘纭，学术上莫衷一是，初学者难以入门。

周易难读的原因有二：一是文辞多隐语、比喻，含义模糊。又富于占筮语言，句式不整。如以常规的语言习惯读之，则会如堕五里雾中，彷徨莫解。二是不仅文字关难过，更令人伤脑筋的是除咀嚼文辞之外，还必须思索象数，玩象观数，配合文辞，从中体会其深理奥义。不彻底了解象数，即无法吃透文辞。这一问题，看似简单，实很复杂。由于对此认识不同，易学史上遂造成分歧的宗派，延续至今，尚无趋于一统的趋势。

汉《易》与宋《易》

对此，杭辛斋先生曾有一段评语，他说：“自来言《易》者，不出乎汉宋二派，各有专长，亦皆有所蔽。汉学重名物、重训诂，一字一义，辨析异同，不惮参伍改订，以求其本之所自，意之所当……严正精确，良足为说经之模范。然其蔽在墨守故训，取糟粕而遗其精华……隘陋之诮，云胡可免。宋学正心诚意，重知行之合一，严理欲之大防……所谓和顺于道德，而理于义，穷理尽性以至于命者，亦未始非羲经形而上学之极功。但承王弼扫象之遗风，只就经传之原文，以已意为揣测。其不可通者，不惮变更句读，移易经文，断言为错简脱误，此则非汉学家所敢出也。”（《学易笔谈·汉宋学派异同》）

汉学重训诂，宋学重义理，学术史上早有定论。但就《易》学来说，上面这段评语，并未击中要害。简言之，汉易的主要特点在于以卜筮为主的象数探索，宋易的主要特点则在于以阐发易蕴的为目的的义理发挥。汉易之弊主要在于形式化而坠入迷信。宋易之弊主要在于脱离形式而纵谈哲理，往往流于空虚。学派的发展如此，学《易》读《易》的道路亦复如是。——既玩象数，又玩文辞，使两者融合，从中体会周易的本义与真髓，这才是学《易》研《易》的最佳方法。

孔子的体会

在易学史上，学《易》而收获最大的，首先应该说是孔子。在《系辞上》中他曾这样谈到自己的学习体会：

“书不尽言，言不尽意。……圣人立象以尽意，设卦以尽情伪，系辞焉以尽其言，

变而通之以尽利,鼓之舞之以尽神。”(十二章)

这段话的大意是,文字无法完全表达语言,语言又无法完全表达思想。为了克服这种缺欠,圣人便制作图像借以完全表达思想,设置卦形借以表达善恶真伪,附缀文辞借以完全表达语言;又使卦与爻极尽变化而互相融通,完全发挥其有利作用以鼓舞人们,并能充分发挥其神妙莫测的作用。简言之,孔子的体会是,周易通过象数与文辞的结合与互助,充分表达人间的善恶真伪及其变化,从而起到鼓舞人们的有利作用。

孔子对周易的功能作了这样极高的评价,是否确当,这里姑置不论。值得我们注意的是,这段话为后学者提出了一个学《易》的正确途径,即:从象、数、文辞的结合中学《易》,而不可偏废。汉易之烦琐牵强而推演象数,是对孔学的一个反动,而自王弼扫除象数,以老解易以来,直到程颐为首,以发挥儒理为主的宋学,又是从另一极端对孔学的一个反动。

象辞之辩

作为例子,象数派的问题与一般学《易》读《易》,关系不大,这里略而不谈。仅就义理派的宋代《易》学大师程颐的治《易》方法,略抒己见。

在《周易程氏传》序言中,程颐首先说:“前儒失意以传言,后学诵言而忘味,自秦而下,盖无传矣。”对不重义理的象数派及其他《易》注,作了否定。然后说:“予生千载之后,悼斯文之烟晦,将俾后人沿流而求源,此传所以作也。”表明了自己阐发周易本义以引导后学的写作目的。接着又说:“君子居则观其象而玩其辞,动则观其变而玩其占。得于辞,不达其意者有矣,未有不得于辞而能通其意者也……予所传者辞也,有辞以得其意,则在乎人焉。”说明了所写《易》传的主要目的和内容。

这段序言中有两点值得注意:第一是程颐对象与辞的看法。所谓“观象玩辞”,这是继承孔子的说法。但实际上程颐是以辞为重点。第二是清楚说明注《易》的目的在于阐发义理,所传的在于文辞。简言之,就是解释文辞,阐发义理。至于如何观象玩辞,则只字未提。

千余年来,学《易》者的主要教材(或标准教材)是程颐的《易传》。为此,千余年来读《易》人大都以解辞为主,甚至单从解释文辞中学习《易》理,如此说,未必过分。

但是,如前所述,若想学通周易,必须玩象玩辞,双管齐下。单传其辞而欲使人通其意,必将与《易》意游离,难得真髓。

这一问题,说来不难明晓,做来却十分艰难。直到明代,来之德先生潜影深山,苦心钻研周易二十九年之久,方才了然醒悟。在《易经集注》序言中他断言:

“自王弼扫象以后,注《易》诸儒皆以象失其传,不言其象,止言其理。而《易》中之取象旨,遂尘埋于后世。本朝纂修易经性理大全,虽会诸儒众注成书,然不过以理言之而已,均不知其象。不知文王序卦,不知孔子杂卦,不知后儒卦变之非。于此四者既不知,则《易》不得其门而入。不得其门而入,则其注疏之所言者,乃门外之粗浅,非门内之奥妙。是自孔子没而《易》已亡,至今日矣。四圣之《易》如长夜者,二千余

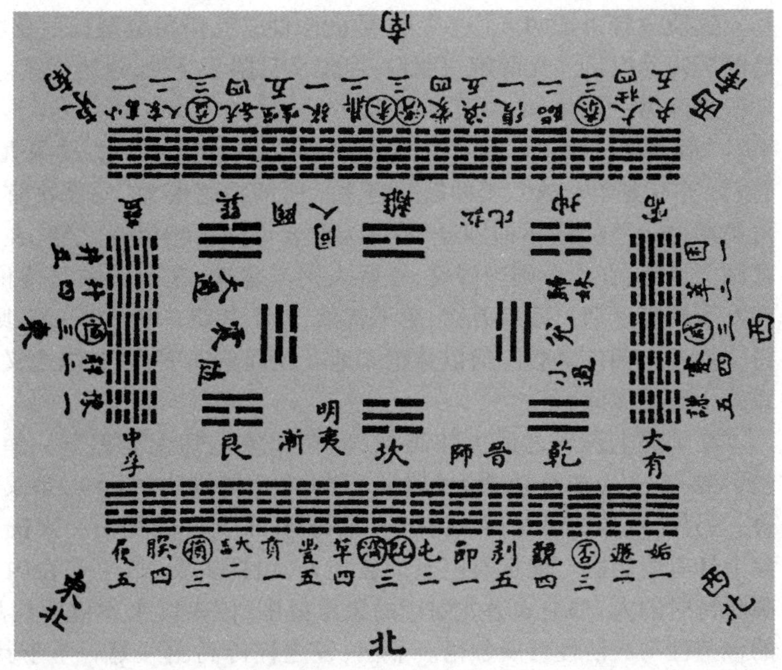

六十四卦致用之图,出自元·张理《易象图说内篇》

年,不其可长叹也哉。夫《易》者象也,象也者像也,此孔子之言也。……《易》与诸经不同者,全在于此。"

在如此强调断言易象重要性之后,又陈述其理由说:

"有象,则大、小、远、近、精、粗,千蹊之理,咸寓乎其中,方可弥纶天地。无象,则所言者止一理而已。何以弥纶!故象犹镜也,有镜则万物毕照,若舍其镜,是无镜而索照矣。"

如此,以比喻方式阐述《易》象重要性的理由之后,他得出了一个坚定的结论:

"不知其象,《易》不注可也!"

这个排他性的结论,虽未指名道姓,但其矛头直指宋《易》尤其是程颐《易传》,则是不言而喻的。但从学《易》的门径来说,过分强调玩象而轻视解辞,也未始不是一偏。

观象玩辞

本文不拟对《易》学学派之争,进行评论。只是想从学派的治学方法中吸取一些前车之鉴,以为学《易》解《易》探索一条合理的有效途径。基于这一目的,在作了上述开宗明义之后,再举出若干例证,以说明问题。

例一 《乾》卦初九:"潜龙勿用。"

程传为:

"下爻为初。九,阳数之盛,故以名阳爻。理无形也,故假象以显义。《乾》以龙为象。龙之为物,灵变不测,故以象《乾》道变化,阳气消息,圣人进退。初九在一卦之下,为始物之端,阳气方萌,圣人侧微,若龙之潜隐,未可自用,当晦养以俟时。"

这段注释讲了四点：一、“九”数的阳性；二、借象显理；三、龙性象乾道；四、圣人潜隐时当晦养以待。文辞解得明白，但象义只限于圣人，过于泥凿。

来注为：

“潜，藏也，象初。龙阳物，变化莫测，亦犹乾道变化，故象九。且此爻变《巽》错《震》，亦有龙象。故六爻即以龙言之。所谓拟诸形象，象其物宜者此也。勿用者，未可施用也……《易》不似别经，不可为典要。如占得潜龙之象，在天子则当传位，在公卿则当退休，在士子则当静修，在贤人则当隐逸，在商贾则当待价，在战阵则当左次，在女子则当愆期。万事万物，莫不皆然，若不知象，一爻止一事，则三百八十四爻止作得三百八十四件事矣。何以弥纶天地。此训象训字，训错综之义，圈外方是正意。三百八十四爻做此。”

在训辞上程来之说大体类似，但在训象上却大有差异。差异在于，来说讲“变《巽》错《震》”（初爻动则为《巽》，《巽》之反卦则为《震》），是汉易之遗绪 。程传不讲。另外，程传把潜龙只训为圣人，不脱孔子文言的窠臼。来氏虽以绍孔自居，在训象上却有所超脱。他把君臣上下各类人，包括少女、战争等在内，凡是时机不利应当晦隐待时的人，都纳入潜龙勿用的象意范围，使人读来不仅明白辞义，尤能对《易》象的包蕴性与灵活性有所领悟。显然，较之程传高出一筹。至于其采取汉易之错变说而有牵强附会之嫌，则应当说是过分“着象”之弊。

例二 《乾》卦九三“君子终日乾乾，夕惕若，厉，无咎。”

这一爻，爻象爻辞本身意义明晰，不难训解。但就全卦来看，却出现一个爻象不统一的难题。本来乾卦以龙取象，应是如孔子所谓“时乘六龙”，六爻皆以龙为象才是。但偏偏三爻却直接取象于人，以君子代龙。这是什么道理？

这一点，程传未加解释，仍只按文辞，发挥其理学大义。来氏则谓：

“以六画卦言之，三于三才为人道，以乾德而居人道，君子之象也。故三不言龙。”

来氏此说，是袭用晋人干宝的观点。干宝说：“爻以气表，繇以龙兴，嫌其不关人事，故著君子焉。”（《周易集解纂疏》《乾》三爻注引）

这种解释初看似乎有理，但放眼全卦就不能自圆其说。因为，同是就六画卦而言，四爻也属于人位，爻辞却返回来又取象于龙说：“或跃在渊，无咎。”这不是自相扞格吗?！故此，来说难以成立。

对此，王弼早有解答，他的答辞是：“余爻皆说龙，至于九三，独以君子为目，何也？夫《易》者，象也，象所生，生于义也，有斯义，然后明之以其物。……统而举之，《乾》体皆龙，别而叙之，各随其义。”（《周易》王注）

王说的根据是象由义生，象随义变。但何以余爻取象于龙合于斯义，独三爻之义不能以龙为象？他却略而不谈。直到清代陈梦雷的《周易浅述》问世，才把这一疑问解开。陈说：“六爻取象三才，则三为人位，故不取象于龙，而称君子。”说到此处，其训解仍不出干氏来氏之说。但他接下去又说：

“处危地而以学问自修，君子之事，非可言龙也。”

后面这句话，颇有道理，说到了是处。显然，既然义为君子修身之理，所谓终日“乾乾夕惕若厉无咎”云云，其主语如龙，即成怪话，令人难以理解。为此，《乾》三爻以君子设象代替龙象，既合乎龙德一贯之义，又使取象贴切原意，其缀辞之高明，实令人钦佩。

设想一下，便会晓悟，正如“君子乾乾”不能改为“龙乾乾”一样，“见龙在田”也不能易为“见君子在田”。“或跃在渊”也只能指龙，而不能指君子。“飞龙在天”，绝不能易为“飞君子在天”。同样，“亢龙”也不可写成“亢君子”。可见原文主词的安排（包括省略），确实枉费心机，十分精当；另一方面，三爻虽以君子为主词，但这是具有龙德的君子，实质上仍是一条龙所处六个时位当中的一位，换言之，亦即一条龙活动所经过的潜 、见、乾乾、跃、飞、亢六个阶段之一。

如上所述，来氏玩象解义的办法对学《易》释《易》大有帮助。但其中所用汉《易》的变卦错卦之法，却是有时通有时不通的人为解法。在《乾》卦初爻，以变《巽》错《震》来释潜龙（《说卦》以龙象震）虽嫌繁琐，还说得通，但对二爻，却行不通。如说二爻变《离》错《坎》，则《坎》象水（《说卦》）而水与田难成一体，与见龙在田之义，无法沟通。也许有鉴于此，来氏只好用暗示的句法，把田字释为“地之有水者也”，以使水与田结合，暗地贯通变卦错卦之法。大约来氏也感到贯通为难，故而在九二爻注中未敢明面提出变错。九五爻上九爻注中亦复如此。即此亦足见，玩象解易也要避免历史教训，不可过分。

例三　乾卦九四爻“或跃在渊，无咎。”

对此爻辞，程传说：

“渊，龙之所安也。或，疑辞，谓非必也。跃不跃，惟及时以就安耳。”

大意为：龙或跃入渊（龙宅）中以安身，或不跃入，端在把握时机。此注与孔子《文言》之意略有出入。《文言》注说“上下无常”，意为或者上跃，或者在渊，即或跃或伏，随时而定。显然，《文言》之注，优于程传。实际上此句经文甚易解，只不过其文法异常，带有隐语兼卜语性质，令人易生误解而已。一般经书，不宜增字解释，但读《易》时则必反其道而行之，倘不增字，则处处遇阻，无法疏通。最明显的是许多句子缺少关联词，读时必得加上，才能懂得文意。如“厉，无咎”一句，是省了转折连词“虽”字。加上虽字，成为“虽厉 ，无咎。”文意便豁然开朗。九四爻辞亦复如是，增补或字，成为“或跃或在渊”，意思便完全清楚，孔子注此爻时，虽未明说

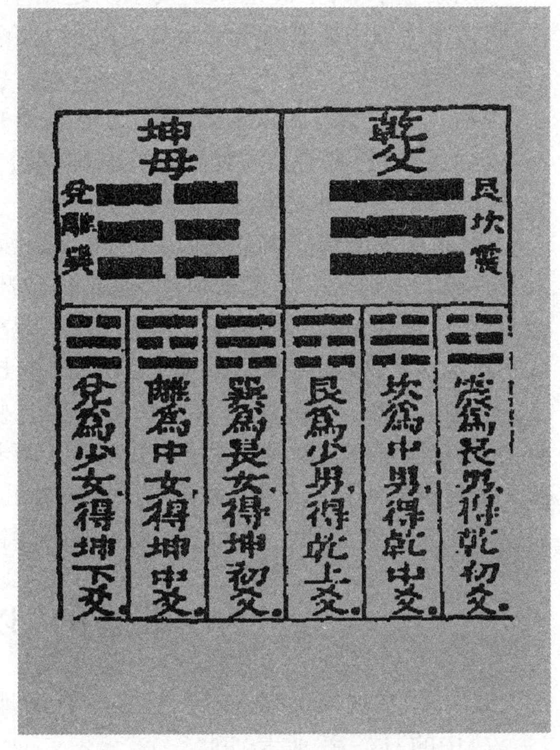

文王八卦次序图，出自宋·朱熹《周易本义》

如此，而说“上下无常”，但其内心语言显然就是如此。历代不少易学家袭用孔子的解释，似乎已不成问题。但以私淑孔学自居的来之德，对此却作出了另一种注释。其言曰：

“或者，欲进未定之辞，非犹豫狐疑也。或跃在渊者，欲跃犹在渊也。”

或字不表示狐疑，这是对的。它是所谓选择性连词，用以表示可进可退，跃处随时，审时度势，以定行止之意。这一点来氏的话是正确的。但往下用“欲跃犹在渊也”来解释“或跃在渊”，就脱离文辞而游于意解，与孔子所讲的“上下无常”，意思不同。但另一方面，来氏往下所作的分析，却有可取之处。他继续说：“九为阳，阳动故言跃；四为阴，阴虚故象渊。……九四以阳居阴，阳则志于进，阴则不果于进。居上之下（指上卦之下），当改革之际，欲进未定之时也。故有或跃在渊之象。”（《集经集注》）

此注从爻象上对九四作出分析和阐释，较之单从字面注解爻辞，要深刻得多，有助于充分理解经文的奥义。如拿来配合《文言》的解释，便可对此爻的意义和作用产生充分全面的认识。

由此例也可看出学《易》解《易》之难，不仅观象难，玩辞亦难。程、来二大家于此也不免有闪失，足见古人之皓首穷经，可谓良有以也。

例四 《坤》卦初爻“履霜坚水至。”

此爻辞象意明显，一望即晓。其防微杜渐之戒义，自古诸家说法，大体一致，但深度却有所不同。程传谓：

“阴始生于下，至微也。圣人于阴之始生，以其将长，则为之戒。阴之始疑而为霜，履霜则当知阴渐盛而至坚水矣。犹小人始虽甚微，不可使长，长则至于盛也。”

来传谓：

“霜，一阴之象；水，六阴之象。方履霜而知坚水至者，见占者防微杜渐图之不可不早也。《易》为君子谋，《乾》言勿用，即《复》卦闭关之义，欲君子之难进也。《坤》言坚水，即《姤》卦女壮之戒，防小人之易长也。”

程、来两家的释辞大意类似。不同点是：第一，程对阴象活动的分析，只言其始，未及其成。来则从一阴言及六阴，使霜长致冰之象与全卦阴象结合，给人以贴切之感。当然，这不是来氏的创见。孙星衍《周易集解》引褚氏的话，早就说过，“履霜者从初六至六三；坚水者从六四至上六”，以全卦的阴气发展解释初爻，颇有见地。第二，程传止于就一爻释义，来传则联系《乾》、《复》、《坤》、《姤》四卦，阐释周易爱君子、防小人、扶阳抑阴之微意（《乾》初爻嘱君子晦养待时，《复》象有安静养阳之义。《坤》初爻戒君子防阴长，《姤》卦辞诫君子防阴壮）。如此融会贯通来讲，会使人进一步领会《坤》初的精神实质。即此一例也可看出，离象解辞是讲不透也学不好周易的。

难解的“以”字

读周易，在观象玩辞上难点很多。有的地方，许多名家都说不准或说不清。如《大象》中的“以”字，便是如此。

古人解经，只是解意，并不像现代这样，逐字译解。故而有些词语，尤其是虚字，多半一疏而过，并无实解。对《大象》的注释，大多如此。这里仅引程、来注释，略及其他。

《乾》象：天行健，君子以自强不息。

程传："乾道覆育之象至大，非圣人莫能体，欲人皆可取法也，故取其行健而已，至健固足以见天道也，君子以自强不息，法天行之健也。"

此注对以字未直接作解。仅指出"取法"之意，似与以字相关。末句"以自强不息法天之行健"，表明以字为"用"之意。从文法上分析，应理解为：君子用自强不息来效法天行之健，大意虽然不差，但原文并无效法字样，且以自强不息为以字的介词宾语，后无谓语，语意不足。所以如此，端在注者对此处的以字究竟当什么讲，有何含意，并未说清。

再看来传：

"天行者，天之运行，健者，运而不息也。……以者用也。有所因而用之之辞，即'箕子以之'之以也，体《易》而用之，乃孔子示万世学者用《易》之方也。"

此注较程注细致，对原文逐字作了解释，把以字的语法意义及其作用，总结为"有所因而用之"，即"体易而用之"。以今语来说，就是孔子学易有所体会而用此体会之意，此解十分精当，恰合原意，较程传为优。显然，孔子作象辞时，顺当时行文习惯，在以字前后作了省略。如果试作补充，则可说成"天行健 ，君子（体之）以自强不息。"如此，则全易六十四个大象辞，全可疏通无碍。倘如程注直用以字后边的话作宾语，则不少地方难以说通。但在这一点上，来氏的解说也出现前后矛盾之处。如对《坤》卦象辞的解释，他说：

"厚德载物者，以深厚之德容载庶物也。"

这样一来，又陷入将之以字视为普通介词，将"厚德"视为其宾语的浅见。以字如

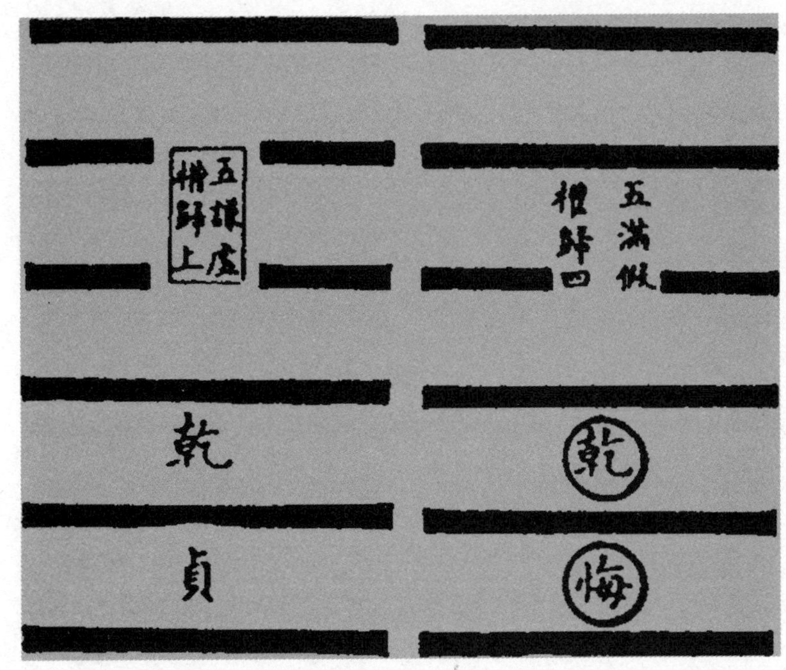

大小畜吉凶图，出自宋·佚名《周易图》

此和后续成分直接构成介宾结构，那么，它与前文“地势坤”又是什么关系呢？又有什么联系呢？在语法意义上势必前后脱节。所以这句话如能解作“地势坤。君子（法之，而以之）厚（其）德（而）载（其）物”，则来氏的以字解“有所因而用之”，可前后一致而免于自相矛盾。

单将以字释为用，视为普通介词，而将其后文视为宾语的观点，在大部分象辞中是说不通的。如《屯》卦象辞：“云雷，屯，君子以经纶。”意思是君子体之，用以经纶之意，经纶是全句谓语，而不是以字的宾语。《需》卦象辞“云上于天，需，君子以饮食宴乐。”意思是君子体之，而用以饮食宴乐。饮食宴乐是全句谓语，不是以的宾语。全句之意不是君子以饮食进行宴乐，而是君子实践卦义，进行饮食与宴乐。《小畜》的象辞表现得更明显。所谓“风行天上，《小畜》，君子以懿文德”。懿是动词，美化之意，全句大意是君子观风行天上卦象，体会其含义，用以美化文德。亦即君子依此卦意义的体会来美化文章、才艺与道德。六十四个象辞全部可作此解，并无例外的以字。

需要补充说明的是，六十四上大象辞当中，有十一个不以君子为主词，而分别以先王（七）、后（二）、上（一）、大人（一）为主词。如《比》卦象辞为：“地上有水，先王以建万国、亲诸侯。”对此象辞，程、来二氏（还有其他易家）俱把先王视为主词，都解作先王观《比》之象，建万国，亲诸侯。亦即先王观《比》之象，有所体会，而用以封建万国，亲近诸侯。字面上当然是这个意思，但实质上对《比》卦象有所体会的仍是君子，亦即撰象辞的君子，也就是孔子。是孔子观其象而有此体会，有此体会而后写成象辞，这是不言而喻的。这一点《易》注家当然知道，只是未具体讲清而已。

以上所述，只是一些简单的道理和无系统的例证，并非全面论述学《易》释《易》的方法与门径，更不是对易学大师的名著妄加訾议，不过凭借一些注例，谈谈学《易》解《易》过程中的一些困难而已。

第十一篇 《易》苑漫步

入门未必易，升堂至今难，
若问升堂后，入室难又难。

日本老同学的孙女山口芳子，专攻汉学，尤喜周易。趁访华之机，来笔者“三易书屋”，漫谈《易》道。自晨抵晚，兴犹未尽。乃于晚餐小酌后，漫步庭宛，在月光朦胧中，继续畅谈。偶有心得，则相视大笑，乐在其中矣。爰志其大要，以为雪泥鸿爪之念影云尔……

难过的文辞关

芳子：说来说去，话又说回来了，还是从头说起吧！学什么都应该从易到难，循序渐进，学周易似乎也不例外。初学时，除了记一记阴阳八卦、六十四卦的结构之外，第一步应该从哪里入手呢？程颐先生讲文辞是要点，也是近处，“善学者求言必自近，”学周易应从文辞入手。看来，似乎这是学《易》先易后难的第一步，一般也都是这样做的。但笔者学《易》好几年，感受却是另个样子。笔者感到学文辞虽是第一步，是近处，但并不容易，甚至比象、占更难。所以我学《易》的实感之一是，不是“先易后难”，而是“难之又难”。先生以为如何？

笔者：你的实感有道理，听起来倒有些过来人的味道。程先生的《易传》，主旨在传辞。他认为在辞中理象占融会变通，“无所不备”，善学者从文辞入手是一条近路，亦即通晓文辞即可达到通晓全局。他是强调辞的重要性和学辞为学《易》的捷径，并不是说学《辞》是由易到难的第一步。可以说，解辞不是学《易》之易，而是学《易》之难。最简明的例子，六十四卦的卦名多为一个字，最多两个字，总共只有八十个字。看似简单易解，其实很难讲明白。你信不信？如果你真明白了这八十个字，你就明白了全部周易的大意。这样说，绝不算过分，过来人是心里清楚的。再举一个例子，把学辞看作学《易》近路的程夫子怎么样？他研究周易半辈子，有些文辞却搞不通，有的则解的并不恰当。如《坤》卦辞：“元亨利牝马之贞。”他的断句是“元，亨，利，牝马之贞。”为的是和《乾》卦辞“元、亨、利、贞”的四德保持一致，这显然是牵强的。其他学者，如于宝、虞翻、孔颖达、俞琰、金景芳等均断为“元，亨，利牝马之贞”，文从字顺，表意恰当，均较程传为优。这一点，来之德讲得很明白，很对。他说：“与《乾》卦元，亨，利，贞同，但《坤》则贞利牝马耳。程子泥于四德，所以将利字作句。”对程传作了批评。由这一例证可见，通晓《易》辞是如何之难。

芳子：确实是这样。许多文辞是比喻、双关、隐语之类，而且语法上残缺不全，又

周文王像，图出自明·天然撰《历代古人像赞》。相传周文王创作了《易经》

没有句读，所以不少爻辞含义隐晦，可作多种解释，难以判断哪个是正解，是表达本义的。只好并存，不了了之。这个拦路虎一开始就出现在我的面前。六十四卦之首的《乾》卦卦辞"元亨利贞"，怎么断句？春秋时代以来大多断为并列的"四德"，即乾天的四种德性。但也有的易学者断为两句。如来之德说："……文王言筮得此卦者，大亨而宜于正固。"又驳斥他人说："此文王占卜所系之辞，不可即指为四德。"朱熹也说过这四字的意思是"言其占当得大通，而必利在正固。"都把元亨利贞解释为两句，而且朱、来二氏都认为这四字不是表示《乾》的四德，而是作为占辞，"大亨"表示吉卦，利贞表示占者应持守正态度。这两种分歧的意见，哪个正确，初学文辞的人，实在无从分辨。学六十四卦文辞，头一卦就碰到这么难的东西，委实让人头痛。先生，你看这个学习难关，怎么才能闯过去？

笔者：这真是个难关。不能凭力气硬闯，只能耐着性子慢慢地"磨"，磨来磨去，才会有朝一日，豁然贯通，回头看看，已经过了关。只能如此。回头想想，周易文辞的特点，可说在于它的模糊性。想要把它完全弄清，如同数学公式那样，恐怕永远也不可能。不要说我们一般人，就是朱熹那样大学者也搞不明白，还出了错解。例如"元亨利贞"的"元"应是"始"的意思，朱氏却把它解作"大"。许多名家都认为是讲错了，这已成定论。所以，周易的文辞难讲并不奇怪。

你举的《乾》卦卦辞，还不能说是学解周易文辞碰到的第一个难题。第一个难题乃是周易的名称。"周"字好讲，《易》是周代作成的，所以叫周易。也有人说，所谓"易道周普，无所不备"，周是普遍的意思。《易》的道理可以普遍应用于人间天上，故名周易。比较起来，多数学者赞同第一个说法，我也如此。但《易》字的讲解就不这么简单了。它的含义，我在《易名辨》时举出了"变、简、不、交、日、月、蜥蜴、目彩"等七个说法，但还不足。其中说《易纬·〈乾〉〈坤〉凿度》认为易字是日与月的合字，表示阴阳推移。这种说法不对。易字是由"日"与"勿"二字合成，勿不是"月"，应是"夕"，日与夕交替，以示时间的轮流，这才是易字的本义。这七个学说还不够，另外还有个说法，说易字的本诂是占卜，古书上的"易之"，有时是"占一占"的意思。著名的《周易尚氏学》就是这么说的。除此之外，宋代哲人明道先生还有个关于易字的界定。他说："盖上天之载，无声无臭，其体则谓之易。"朱熹在

《近思录》里阐述说:“体是体质之体,犹言骨子也。易者阴阳错综,交换代易之谓。……天之载……虽是无声无臭,其阖辟变化之体,则谓之易。”这是从哲学的角度对易名作此解释。本质上仍是在上述变易说的圈子里打转转,并不是独具一格的创新。这样总计起来,便有十种说法。至于哪个说法算是正解。审察起来,非常繁难。

芳子:那么,在先生看来,哪个说法比较合适?

笔者:各有各的根据和道理。依我看来,还是变易说比较好,因为它符合周易的本性,能把其他八种说法的基本精神穿连起来。总而言之,由此足见读《易》解辞之难。学《易》也许不得不从解辞入手,但绝非由近及远、由易到难。

芳子:很多文辞,尤其是爻辞,不是越读越易解,而是越读越繁难。真令人头痛!先生,您看这个难关怎样才能过去?

难解是周易的本性

笔者:这个难关确实不容易过。但你要知道,难解是周易此经的本性所决定的。表面看来,周易是预占吉凶的卦书,骨子里却是讲义理讲修养的书,和前代的龟卜、后代的占课之类的肤浅的数术,根本不同。它的躯体与灵魂统一地蕴涵在《易》象中。从往古的所谓伏羲画卦,或进一步演卦,直到周初文王缀辞为止,在漫长的时代中,《易》也许是有象而无文。就是说,只有以阴阳八卦为基础而展开的六十四卦的卦象体系,没有卦辞爻辞。至于夏有《连山》,殷有《归藏》,虽和周易有很大区别,但一定也是先有象而后有文。就周易来说,文王是先读《易》象,领悟其中深藏的道理,而后缀以文辞,加以表达的。所谓“辞自象出”,就是这种情形。辞,不过是表达象意的手段或工具,和其他经书,如《诗》《书》《礼》《春秋》之类纯以文字为思想感情载体的,迥乎不同。附着象体的文辞,本身并没有独立自足的性能。打个粗陋的比喻,《易》辞有些像文物的说明书,离开其附着的文物就不知所云,毫无意义和价值。更何况所缀的是隐譬语,离开母体就像零七八碎的谜语一样,更不知所云了。

芳子:是的。《易》体就是象体,象意晦而且奥,难以体会。文王以他圣明的智慧,钩玄索隐,表之于文辞。虽然文王深解《易》象的内涵及其演化,但他没有使用浅显明白的语言,所以后人读了,理解不了……

笔者:文王缀辞时使用难懂的语言,也许有他的苦衷或深意。但即使他使用当时的通俗白话,恐怕也难以明确地表达《易》象的奥义,也就是作《易》者的创作意图和《易》象客观意义融合为一体所形成的奥义。所以伊川先生把他的《易传》交给人看的时候,曾经说过“只说得七分,后人更须自体究”这样的话。对此,江永先生解释说:“此程子不足之意。然义理无穷,非可以言尽。”的确如此。义理非可言尽。因为,从根本上说,这牵扯到语言文字自身功能的局限性问题。

象的优缺点

芳子:我想起来了,孔子在《系辞》里说过,"书不尽言,言不尽意",是不是指的这一点?

笔者:大体上是这样。孔子以其高超的思维能力,看透文字不能完全表达思想。同时他从周易发现,只有象能够完全表现思想,他所说的"立象以尽意,设卦以尽情伪",就是指此而言。意思是,周易的内在思想和思想的虚虚实实的变化,只有凭借卦象和爻象才能完全表达出来,而语言则不能完全表意,文字更差,连语言也不能完全表达。那么,给周易缀上文辞又有什么好处呢?孔子认为,"系辞焉以尽其言,"加上文辞,是力求尽量表述解释周易的语言。换句话说,孔子的想法是,以象为主,加上语言文字的解释,以期尽量完美地表达周易的内在思想。

《易》象的表意功能

芳子:请您谈谈象在表达思想上的优缺点。

笔者:《易》的象,基本上是由阴(袴)阳(—)两个形象组成的,《易》体原是(袴)(—)两象组成的形象网络。象的优越性很多,主要有四个:象征性、广阔性、多样性和双重性。宇宙人间的万事万物,包括物质与精神,无所不包。《乾》、《兑》、《离》、《震》、《巽》、《坎》、《艮》、《坤》八个卦象,象征天地水火风雷山泽构成的大自然。《咸》卦象征男女之爱,《谦》卦象征谦虚之德,《同人》卦象征团结之利,《师》卦象征战争之道,《困》卦象征处困之道,等等。孔子赞叹说:"《易》之道,广大悉备,有天道焉,有地道焉,有人道焉。"道出了《易》象内涵与外延的广阔性。其次,《易》象适于表现千变万化、五花八门的事物的多样性。象的取义是多样的、灵活的,仅据《说卦传》的记载,八卦的每个形象,都代表一二十种东西。如《乾》卦在代表天、君、父、马外,还代

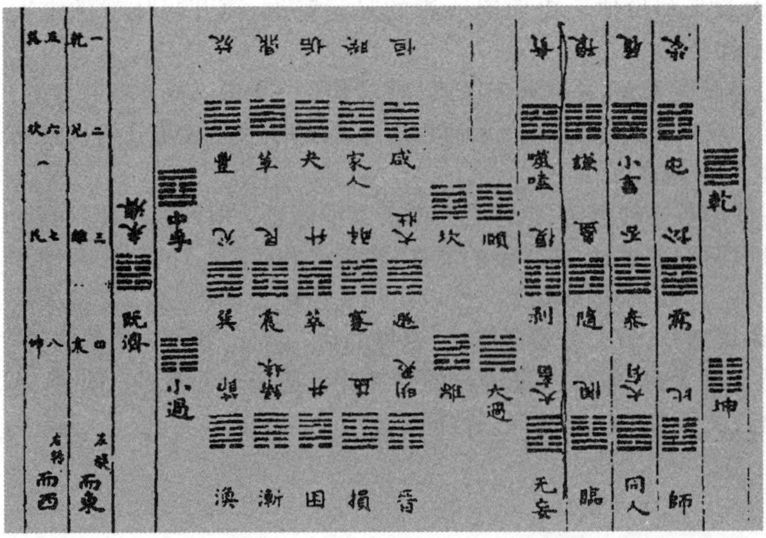

三十六卦变六十四卦图,出自宋·王湜《易学》

表 金、玉、冰等其他七种东西。《坎》卦以象水为首，共代表二十种东西，等等，多种多样，取象繁杂。而且取象还有灵活性，并不固定。依据情况，《乾》也可以象征龙，《坎》也可象征云，等等，后代的所谓《梅花易数》所以能把八卦的取象数目较《说卦传》增加了几倍，就是因为《易》的取象有很大的灵活性。另外，象还有虚实之分，《井》卦是水在上木在下，从木造井中打出水来。《需》卦是水在上天在下，象征水（云）在天上，尚未成雨，需要等待。《鼎》卦是火在上木在下，焚木成火，用以炊食，等等，都是模仿实际的物象。至于《山天大畜》卦，山在上而天在下，山中藏天，象征宝藏丰富。《泰》卦是地在天上，表示地气下降，天气上升，二气融通之类，与实际不符，是为虚象。如此等等，灵活多样，一时之间，说也说不完。这种灵活多样性，大大增加了《易》象的表意性能。至于双重性，是说《易》象是由具体性和抽象性相结合而成。易象是形象，严格地说，是画成的，不是写成的。它既能表示抽象思想，又能描摹具体事物，包括具体的感受，都可以暗示。从思维的角度看，它不是表现抽象思想的单纯的逻辑思维，当然也不是表现生活形象的形象思维，它是一种图像，透过图像及其数的运动进行思维，表示意念、思想和感受。笔者无以名之，暂且呼之为图像思维或象数思维。这种思维所构成的图像，具有逻辑思维与形象思维相统一的优越性，也就是抽象性与具体性相统一的优越性。最简单的例子是阴（袴）和阳（—）两个图像。有人说“袴”像女阴，“—”像男根，也有人说“—”是一根竹棍的（卜筮用的）图像，“袴”是两棍竹棍的图像，“—”像天的单纯，“袴”像地的多样，等等，这是象的具体性。“—”象天性的“健”，“袴”像地性的“顺”，这是象的抽象性。《艮》卦犨的形象像山，所以《艮》卦叫做艮为山，这是他的具体性。而山的性质是停止不动，所以《艮》卦的本性是“止”，这是它的抽象性。山之象加止之性，合而为《艮》卦，鲜明地表现出具体与抽象的统一。这样，止而不动的抽象思想来自岿然不动的山象，便给人以似乎可感的魅力。同时正是因为象具有广阔性、多样性并且具有抽象性与具体性融于一体的优越性，所以它也具有想象性，也就是能给人以驰骋想象的广阔天地。简单的例子，如《乾》《坤》二卦的初爻。《乾》[illegible]初爻是纯阳阳始生于之象。始生是萌芽状态，虽生意勃勃，但力量柔弱，柔弱的嫩苗，最要紧的是静养，吸收外部营养，安心地等待时机成熟，再破土而出。若不自量力，盲目行动，必受挫折。当初文王观看这个爻象，发挥想象，便写下了“潜龙勿用”（龙是阳物，所以借以譬喻）四个字，作为表达《乾》卦初爻象意的爻辞。《坤》卦姤也是这样，通体是阴，初爻是阴气的始生，生则不已，阴气必从小到大，从弱到强。不达满阴绝不会停止而转化。文王看到初阴（袴）之象，便想象到全卦六阴（满阴）的趋势与后果，所以用“履霜，坚冰至”来比喻初阴必然向满阴发展的趋势，借以告诫世人，慎始知终，以趋吉避凶。这是《易》的图像的含义给玩象缀辞者提供出来的驰骋想象、尽情猜想的谜团。所以周易中充满了一题多解，难以为典要。例如《需》卦的图像鸬是水在天上，水如何上天？细想便会领悟，含水的云在天上尚未成雨，岂不是水在天上？为什么水在天上而不下雨？古人想象，这是阴阳二气尚未融合的缘故。联想人事，恰似施展抱负的客观时机尚未成熟。怎么办？不可急躁盲动，应该耐心等待。等待的过程中要养精蓄锐，涵养精神，保养身体，以便时机到来（比如天上的乌云阴阳谐调，水落成雨），有所作为。依据这种水在天上的图像，文王发挥想象,便冠以需字,作为卦名。需有等待与需要二义,依据卦象,文王有所体会,说:"云上于天,需。君子以饮食宴乐。"以饮食宴乐等待出世的时机,一这个象意的表达,不可拘泥。所谓饮食宴乐,不一定是吃喝玩乐,只要是耐心养生,静待时机,便都包括在内。先秦时代垂钓于东海的姜尚,甚至为人奴而谋生的五羖大夫,其耐心谋生、静待时机的情况,都属于"云上于天"而"需"的范畴之内。再如,《蒙》卦的图像䷃是山上水下,山中有水。文王首先给它加上个亨字,以表达他时此象意的体会与猜想。水在山中是尚未出山的山泉,正以涓涓始流的弱小姿态冲开山石的阻拦,流向山下的远方。虽然弱小,却有强劲的生命力,是新生事物,前途远大。文王的亨字,就是表达这种象意。还可以不厌其烦,再举个倒子。周易第三卦是《屯》卦,卦象䷂是水下有雷。周易卦序是从《乾》《坤》二卦开始的(不是单从《乾》卦开始,后详),《乾》《坤》(阴阳)相交而开天辟地,宇宙诞生。可以想象,宇宙初生时的情况当是激雨暴雷,洪水滔滔。所以周易以水加雷的图像表示这种原始状态。那么,在原始时代为了生存发展,人类首先应该做什么来克服困难呢？文王乃依据这种象意,在卦辞中提出了"利建侯"的口号。如果从字面讲,应是"利于树立君王"。但从象意看来,意思绝不是这么单纯。《易》象允许人们发挥合理的自由的想象或猜想,以充分开展与表达它的内蕴。应该说,"利建侯"的意思不仅是树立首领以领导活动,凡是建立组织、法规和秩序,以利于共同行动、战胜困难的思想,都符合《水雷屯》卦的象义。《易》象允许观者想象、联想、猜想,参之悟之。这是《易》象本质的性格。

由此联想到所谓"互体"之说的正误问题。你知道,互体是把六画卦分为上下两个三画卦之外,又把二、三、四画和三、四、五各算作一卦,使一个六画大卦成为四个三画小卦。但不少易学家反对互体之说,认为这种分法不是周易的本义。是否如此,我们暂且不去管它,反正二个三画卦所组成六画卦,就图像本身的结构来说,当然含有分成四个三画卦的可能性与现实性。互体不是外加的而是卦象内在的体制。以古人的话来说,可谓"此亦《易》之一义"。换句话说,《易》象本身的象征性、广阔性、多样性、抽象性与具体的统一性等,允许观者在象界的范围内,发挥想象、联想、引申、乃至猜想。总而言之,可以说 ,这是作为逻辑思维与图像思维相结合优越性。

除此之外,《易》象还有一个其他图像或文字所没有的优越处,就是它的演变性,所谓"易以道阴阳",阴阳二象的组织和变动,构成了《易》象的各种形态,蕴涵或表露出《易》的千变万化、丰富多彩的情态和义理。它不像其他图像(如《河图》、《洛书》)那样,保持固定的静态,它是灵活的、流动的、由阴阳两爻相反相成、交替流变而形成的。《系辞》所谓"周流六虚,变动不居,上下无常,刚柔相易,不可为典要",就是指这一点说的。另外,《易》象的演变性还突出地表现在卦序和卦间的关系上。六十四卦从《乾》《坤》二象开始,止于《既济》《未济》。全经以不终(未济)告终。其卦象成双成对,各种各样的变化,形成了表达天人之道的有机的系列。同时,卦象与卦象的互相渗透和互相会通,如《乾》自《坤》来和《坤》自《乾》来,以及表示一年中季节推移的十二消息卦象的演变,等等,都是《易》象所特有的阴阳演变性。其他任何领域的图象,无论古今中外,都没有这样辩证式地展开的演变性能与结构。《易》象的性能,内容很多。今天谈的,是它的概况。不足之处,以后在其他文章里再进一步补充。

芳子：这样看来，是否可以说，《易》的全部奥义是深藏在象中，并由象的运动而表示出来。语言文辞只是由圣明的头脑参悟后加以表达的工具。所以不懂象便不懂《易》。王弼扫象论《易》的做法有很大的偏颇。是不是这样的？

笔者：是的，可以这么说。正如孔子所说，书（文字）不尽言（语言），言不尽意（思想），语言、包括记录语言的文字，具有局限性，不能完全表达作《易》的思想。只有《象》才具有这样功能。不过，象也有缺点，就是它的内涵过于含蓄多变，以致表意模糊。所以还要配上文辞，千方百计，委曲婉转地力求把作者的思想表达出来。这才便于世人阅读、领会或运用，才能达到义理教化的目的。

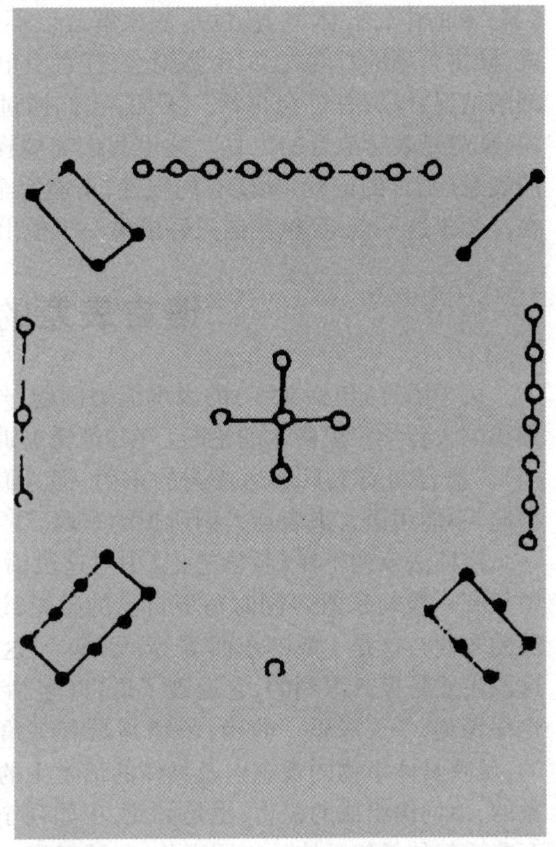

河图，出自宋代朱元昇《三易备遗》。河图洛书是关于中国古代文明的著名传说。六七千年前，龙马跃出黄河，身负河图；神龟浮出洛水，背呈洛书。伏羲根据河图洛书绘制了八卦

至于王弼，这个天才的哲人不幸早逝，令人惋惜。他也看到"象者，出意者也……意以象尽"，这是正确的；但另一方面又说："象者所以存意，得意而忘象……犹筌者所以在鱼，得鱼而忘筌……"这显然是用庄子的道家思想来解释《易》象，不仅比喻不恰当，观点也是错误的。在易学发展史上他反对汉易象数派的形式主义，是对的，但扫象解《易》的做法，却未免偏激。你想想看，抛开《易》象而谈《易》理，怎么能够真正全面领会《易》中的奥义？其实，王弼注《易》，也如他人一样，不可能离开卦象光啃文辞。因为离开《易》象，文辞即不知所云。举个例子，《乾》卦第二爻是"见龙在田。出潜离隐，故曰见龙。处于地上，故曰在田，利见大人"。王弼讲："德施周普，居中不偏，虽非君位，君之德也。"一卦六爻，按三分法，自下而上，初、二爻为地，三、四爻为人，五、六爻为天，六个爻象表示天地人三个层次。初二爻为地，初为地下，二为地上，龙（比喻《乾》天）在初爻如潜隐于地下，龙至二爻，便似出潜离隐而升到地上，田就是地，见（现）龙在田，就是潜龙现于地表的意思。所谓"居中不偏"，是说按照易例（易的原则），爻有所谓"位"，最好的位是初爻与三爻之中的二爻和四爻与五爻之中的五位，这叫做"中"。"中"是卦爻象里最优越的自然地位，不偏不倚，不缺不过，孔子说"二多誉""五多功"，指出了爻象"中"位的得天独厚之处。王弼的注释，就是依据对爻象的这种分析，而后讲解了文辞的义理。和一般

《易》家的作法大体类似，也是依象解辞。不过它不像象数派那样玩弄《易》象的形式，硬讲繁琐的卦变之类，牵强附会，任意引申而已。这个问题的轮廓大体是这样，详细的情况，以后有机会再谈。下面，我们回过头再来思索一下文辞的问题。刚才你说，文辞是表达象意的工具。这里我们需要探索一下这个工具的效能。孔子认为它的表意（语言的记载）功能有局限性，不能完全表达《易》的涵义。但没有说出理由何在。关于这一点，我想我们只好借鉴一下他山之石。

语言表意的局限性

关于语言（包括文字）的表现能力问题，外国哲学史上不乏论述。最著名的当首推德国大哲学家黑格尔的论断。在《逻辑史讲演录》里他曾说：

“语言实质上只表达普遍的东西，但人们所想的却是特殊的东西，个别的东西。因此，不能用语言来表达人们所想的东西。”

辩证法家列宁在《哲学笔记》中对这段话很欣赏。他加上批注说：“注意，在语言中只有一般的东西。”同时写下自己的感想，说：’这是谁？是我。一切人都是我。感性的东西？这是一般的东西等等，等等。‘这个’？不论什么都是‘这个’”。黑格尔这段论述是极其深刻的，它道破了语言（包括文字）在表意上的局限性。列宁的体会也很深刻，令人深思。的确，事物是具有多角多层多面的规定性的，是具体的、可感的，反映具体事物的观念以及具体的活生生的思想，也是如此，但词语却是单层的、抽象的，由词语组成的语言，也是如此，正如列宁指出的，“这”是个近指辞，可用来指示五花八门的任何具体的不同事物，包括思想。其单一性与抽象性，和事物本身的多重性、具体性，相距甚远。比如在日常生活中，我们对一朵花，一只蝴蝶的美丽姿态，或者一种厌恶的，乃至留恋的情感，都难以用语言表达。“可意会而不可言传”的事物、心情或境界，在生活中比比皆是。原因主要在于黑格尔所指出的，事物的具体性与语言的抽象性之间存在着矛盾。这就是孔子所说的“书不尽言，言不尽意”的根本原因。《易》作者的解决办法是“立象以尽意”，借助于可感可变，含有抽象思想的具体的“象”，来表达自己的意思。是创造了一个极其良好的表现手段。

但另一方面，《易》象在表意上又有很大的模糊性，一般人根本看不明白。所以不能不借助语言，和衷共济，以求比较完美地表达深奥的意义。缀辞的文王，似乎也感到语言本身的抽象性一般性的局限，所以缀辞时好象也尽量利用隐语、比喻、寓言、故事、诗歌之类的艺术描绘手法，通过形象语言，以期“状难言之情”，启发读者，把图像思维与逻辑思维结合，从而使周易的义理深入人心，达到洁、静、精、微的教化目的。这样，象与辞扬长避短，互补共济，把周易内涵的天地人三道，从深层中一步一步具体地表现出来。适应这种艰难繁杂的情况，我们后代学《易》的人，也只有遵照孔子的学习经验，“居则观其象而玩其辞”，在钻研《易》象中学习、咀嚼《易》辞，一点一滴，克服困难，开拓前进。这样，久而久之就能真正迈入周易的大门，继而不断努力钻研，才能有希望升堂入室。这里不存在什么由近及远、由易到难的捷径。

芳子：您的教诲，使我心悦诚服，我过去受程颐的影响，以为过文字关是个捷径，对“观象玩辞”的重要性认识不深，甚至以为明白文辞便可以明白周易。今天看来，这不仅不是由近及远、由易到难的捷径，而且，从根本上说来，倒是一条偏斜而迂回的道路。这样看来，以坚强的毅力，不懈的努力，观象玩辞，自始至终，不断战胜困难，稳步前进，才可说是学易的正确态度。

百忙之中，耽误了先生的宝贵时间，衷心感谢！

笔者：你学《易》难，我学《易》也不易。让我们共同在艰难的征途上，奋勇前进！

时当戊寅年初夏，傍晚时分，芳子陪伴笔者，在武汉东湖之滨信步而行。晚霞淡淡，暖风习习，绿波浩渺，幽静宜人。笔者不禁诗兴发作，遂口占一绝。诗曰：

绿波荡漾自悠然，长岸浓荫漫无边；
不仅苏堤明月好，东湖景色亦婵娟。

正当笔者为东湖美景所陶醉之际，芳子突然又把思想转向周易。

她问道：“先生，有个问题时常萦绕在我的心里。我们日本人住在狭小的海岛上，自古以来，每天望着青天碧水，过着简单的生活，心情淡泊，胸怀并不宽阔。于是，在我们的传统思想中，似乎形成了一种以单纯为美的风尚。所以男女之间的所谓‘纯情’，乃至由纯情而导致的‘心中’（共同殉情），默默中很受到大众的赞扬。长话短说，在您看来，世界上有没有‘纯粹’的东西？以周易的观点来看，这个问题应该怎样回答？”

世上没有“纯粹”的事物

笔者：好哇！你学《易》理，能够联系实际生活，是一大进步。至于所谓纯粹也罢、单纯也罢，或者纯洁也罢，据周易来看，世界上根本没有“纯”的事物。纯，只是不切实际的愿望或理想。无论是物质世界，或是精神世界，都没有完全纯粹的东西，没有以纯粹之体独立自足的东西。你所说的男女间的爱情也不例外……

芳子：是么？真是这样么？我可不这么想。我觉得，难道殉情不正是由纯粹的爱情引起的么?!

笔者：问题的中心恰恰就在这里。正如周易里的阴阳互为其根，互依互交互变的规律一样，爱与恨是对立统一、相反相成的关系。有阴才有阳，无阳即无阴。单纯的阴不存在，单纯的阳也无法存在。你知道，太极图里的阴阳鱼头尾相交，并且阴鱼中含一白点，是阴中有阳；阳鱼中含一黑点，是阳中有阴。阴阳互依互含而存在，运动，交流，变化。清代《易》学大师李光地说《易》有交易、变易二义。“交易者阴中有阳，阳中有阴，互藏其宅者也。变易者，阴极而阳，阳极而阴，互为其根也。”他讲出了阴阳关系的主要内容。阴阳之道是宇宙的根本大法，任何事物都囊括在其内，爱情当然也逃不脱。没有恨，哪里来的爱？男女的殉情么，那是互相他杀的自杀。男女双方的爱，恶性发作，而互将对方推入死亡的惨境，把所爱的人，包括所爱的自己置之死地而后快，倘不是出自最大的憎恨，怎肯如此狠心？蒲洁先生的女儿被恋人所迫，丧失了年青的生命，是爱的结果，还是恨的结果？或者是由爱转恨的结果？再不，就是爱之纯、爱之切、爱之极，物极必反，爱中所伏的恨爆发出来，就造成了杀人遂心的可怕悲剧。拿周易来说，《乾》阳《坤》阴是对立面统一的典范。《乾》阳可代表光明，代表白昼，《坤》阴可代表黑暗，代表夜间。可是因为彼此的关系是互倚互含互转互化，所以《乾》阳之光明虽好，但走到极点，即转为《坤》阴的黑暗，白昼到头，就变为黑夜。因此，周易依据这一《乾》阳《坤》阴对立面互相转化的宇宙规律，对《乾》卦九五爻缀以"亢龙有悔"的爻辞。九五爻在《乾》卦六爻之中处于中而且正的最佳地位，再往上去，到上九，便达到满盈的过亢状态，由《乾》阳而转为《坤》阴。这一点，在季节演变的过程中，表现得最明显。依周易的十二消息卦来看，《乾》卦相当于四月，阳气最旺，长到顶点，进入五月夏至时，阳气旺极而消，成为一阴初生的《姤》卦。继而，六月二阴生成《遁》卦，七月三阴生成《否》卦，八月四阴生，成《观》卦，九月五阴生，成《剥》卦，十月六爻全阴成《坤》卦。如此阳消阴息，到这时阴气呈满盈状态。满则必变，进入十一月则一阳复生于下，成为《复》卦。阳息为二，是为十二月《临》卦；阳息为三，成《泰》卦，是为正月。继而阳息到四，成二月《大壮》卦。阳息到五，成为三月《夬》卦，阳息到六，长到最高峰，又复返为《乾》卦相当于四月。如此阴阳互为消息，交流循环，就表现出季节的推移周流。其中特别使人感兴趣的是，夏至是一年中阳气最旺的盛夏之始，而同时阴气却已悄然而生于底层，表现为五阳一阴的《姤》卦。同样道理，十月《坤》卦，全体都是阴气。十一月时，进入数九，一年中最冷的节气，冬至开始降临，而同时阳气却从底层悄然复兴，成为《复》卦。从这里，可以清楚而具体地看到阴阳互相包容、互为消息的形象。宋代学者朱熹说的好，他说："譬如阴阳，阴中有阳，阳中有阴，阳极生阴，阴极又生阳，所以变化无穷。"这是他在《近思录》里谈自己对张载哲学的感想时说的话，把个中的道理说的明明白白。

由此看来，爱之极（恐失掉对方）而转为恨（杀掉对方，以期永远独占）是势所必至，理所当然。这种"心中"的殉情行为，正是爱的过头而转化为恨的恶性发作。由此，我们应该看到，正因为爱中有恨，恨中有爱，爱恨互为其根，在一定条件下（过亢是

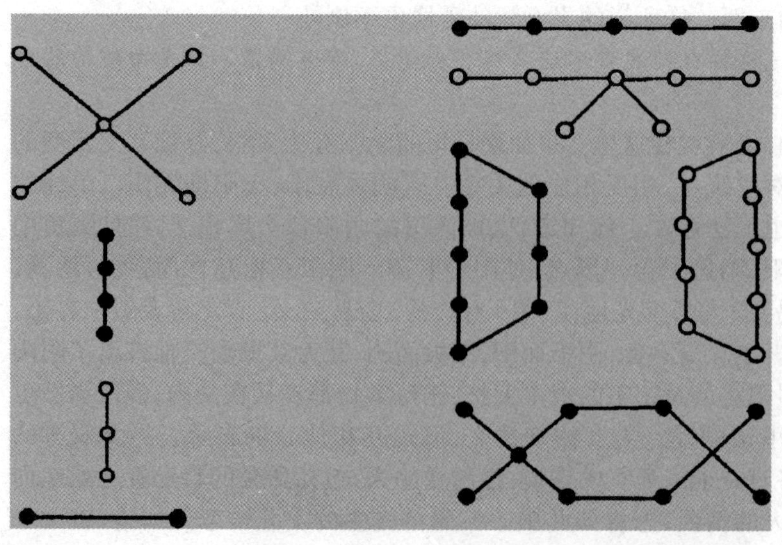

阳中阴图（左）与阴中阳图（右），出自宋·刘牧《易数钩隐图》

条件之一)会互相转化,所以恋爱上也要戒盈戒满。

存在和无的统一

这一点,儒道两家在两千年前都有深刻的认识。

老子在《道德经》里说:“天下皆知美之为美,斯恶已。皆知善之为善,斯不善已。”又说:“福兮祸之所倚,祸兮福之所伏。”

他说的很对,世上没有离开恶而独立自足的纯粹美,也没有离开不善而独立自足的纯粹的善。福为祸所倚,祸中藏有福。没有纯粹的祸,也没有纯粹的福。

孔子在《系辞》中谈周易的体会时说:

“危者安其位者也,亡者保其存者也,乱者有其治者也。是故,君子安而不忘危,存者不忘亡,治而不忘乱,是以身安而国家可保也。”在《文言》中他又说:“亢之为言也,知进而不知退,知存而不知亡,知得而不知丧,……知进退存亡而不失其正者,其唯圣人乎?”

孔子以周易阴阳相反相成、互相转化的观点来认识安危、存亡、进退、得失,而不是片面地认为安就是纯粹的安,存就是纯粹的存,进就是纯粹的进,得就是纯粹的得,这是他学习周易辩证法两点论而得到的重要收获。

我们今天也无妨效法老子和孔子,这样说:

“爱兮恨之所倚,恨兮爱之所伏。”

“亢之为言也,知爱而不知恨,知纯而不知杂。知爱恨纯杂而不失其正者,其唯深于易道者乎!”

拉拉杂杂讲了这么多,怎么样?你认为是不是合乎道理?

芳子:大体上我是听懂了,但还多少有些疑问。关于阴阳、爱恨这类概念间的关系和演变,我同意先生的论述。可是,有的事物却不好理解。比如“—”这个东西,就数字来说,它是个壹,就奇偶来说,它是个奇,就阴阳来说,它表示阳。可我依据先生所讲的《易》理来分析,总是想不明白:在它单独存在的时候,它似乎就是个纯粹的“壹”、纯粹的“奇”或纯粹的阳。怎么也看不出它含有别的什么,看不出含有与它统一的对立面。

笔者:哲学是思维的学问,学周易要靠深思。孔子认为“学而不思则罔”,“罔”就是糊里糊涂。程颐的经验是“学原于思”。朱熹引申说:“思所以发其聪明。”你的感受表明,你对“—”这个形象思索的不够深入,你再仔细全面想想,“—”这个形象,拿数字来讲,是个单纯的“壹”吗?

芳子:除了“壹”,还能有别的什么呢?

笔者:哈、哈。你再仔细端详端详,不要只看到“—”是个单纯的横杆,还要进一步注意,横杆两边有两个端,一杆有两端,这不是“—”中之二么?一中有二,便不是纯一。对不对?

芳子:(大笑)真的,是这么回事,真有意思!我明白了,“—”,含有两端,作奇来看,便是含有偶,是奇中有偶。不是纯粹的奇。作为阳的形象来看,—阳的“—”含有两头，两是偶，是阴，藏在一阳的体内。阳体藏阴便不是纯粹的阳，不是独立自足的单纯的阳了。进一步说，阴的形象“⚋”，也是同样的道理。它是由两个“—”所组成的，“—”是阳，所以说阴中有阳。单纯的独立自中的阴也不存在。

笔者：好极了！举一隅而以三隅反——你的悟性很不错嘛！这样思之悟之，学《易》就可打破难关，升堂入室。

芳子：不敢当，先生过奖了。现在离天黑还有一会儿。趁热打铁，您能不能进一步讲述一下关于世上没有纯粹事物的道理？

笔者：其实，这个基本道理古人早已发现了，并不是什么新鲜事儿。我们不过是应用这个道理来观察、分析某些具体现象而已。

在这方面，探索最深，思维最精，概括得最妙的是德国古典哲学的最高大师黑格尔。他曾在《逻辑学》里说：

“在天地间没有任何东西不在自身中包含存在和非存在。”

“存在和无的统一……”

这些高度概括的命题告诉我们一个真理：世界上任何事物自身都含有两个对立的方面，没有完全纯粹的事物。他又举例说，“据说黑暗就是没有光明，但在纯粹的光明中就像在纯粹的黑暗中一样，看不清什么东西。”仔细玩味一下，这个例子说得真是深刻极了，非常恰当。的确，正如没有黑暗的光明和没有光明的黑暗都不存在一样，没有恨的爱和没有爱的恨也都不存在。在认识到“存在和无的统一”的大前提下，就可顺利地认识到阴与阳的统一，乃至爱与恨的统一。

芳子：道理是这样的，世上不存在绝对的纯粹。但您刚才引述的名言是欧洲哲学家说的。我很想进一步了解，周易对这个问题的具体看法是怎样的。

所谓纯阳者，即非纯阳，是名纯阳

笔者：周易的经文没有具体谈到这一问题。但象里却蕴涵着这方面的丰富思想。举个简单的例子，《乾》卦的卦象是六个阳爻……

芳子：人们常说那是纯阳之体，有阳无阴。这么说，对不对呢？

笔者：可以仿金刚经的口吻，回答你的问题。所谓纯阳者，即非纯阳，是名纯阳。纯阳是《乾》体的特性，是它的一个方面，它还有另一个方面，就是阳体内含的非阳性。从数的角度看，“初、三、五”三个爻是奇数，奇属阳，“二、四、上”三个爻是偶数，偶属阴。《乾》体由六个阳爻组成，作为表象是清一色的阳，而这清一色的阳象内部，却这样地蕴涵着偶数的阴。这一点也不奇怪，其实由六个阳爻组成的《乾》卦的纯阳之体，全面看来，已是阴性而不是阳性。——因为由数理来论，六爻的“六”就是偶数，就是属阴的嘛！

芳子：先生的分析真好，可谓曲尽阴阳之妙，使人有恍然大悟之感。

笔者：既然这样，我给你一个作业：你试试，用这样观点、方法，对《乾》卦再作进一步的分析，好么？

芳子：好难的作业……我试试看，错了请您即时纠正。您刚才说过，“—”是一，但它同时含有两端,“两”是阴。《乾》体六个阳爻都各有两端,加起来总共有十二个两端,十二这个数字仍是阴性。所以,从这个角度来论,《乾》卦的纯阳之体,也可以说是纯阴之体。是不是?先生。

笔者:分析得好,正是这样。《乾》卦可以说即是纯阳之体,也是纯阴之体,是纯阳与纯阴的统一。借用王夫之的话来说,这可以说是“纯有杂,而杂不失其纯”,“杂统于纯,而纯非专一也”。

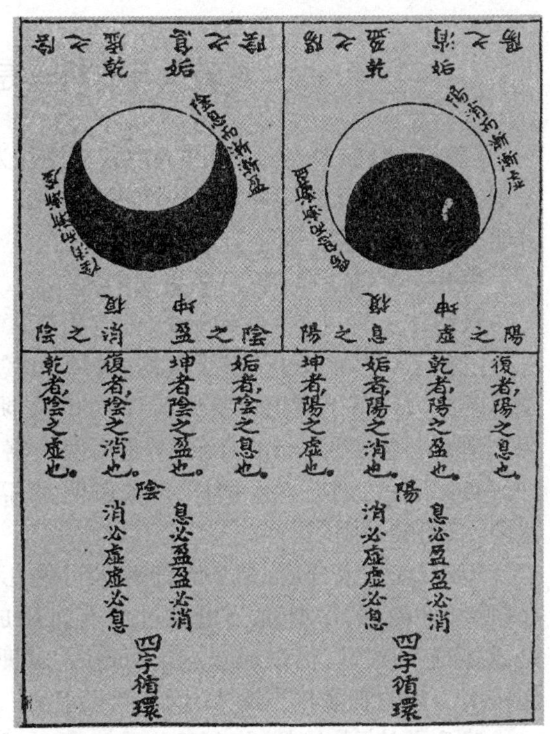

阳直图、阴直图,出自明·来知德《易经来注图解》

芳子:进一步看,每个阳爻“—”,有两头有中间,两头是阴性,中间是阳性,是阳在阴中。但合而为“三”,三又成为阳性,这样,阴中之阳,复返而为阳。可是这一段阴阳之变到这时还没有完结,如果每个阳爻都是三,六个阳爻便成为“十八”。而“十八”这个数却是属阴的,于是,《乾》卦总体又是呈阴性了。不过,这个十八来自三乘六,三是根本,所以《乾》卦的根本气性仍是阳性,如此阳阳阴阴,变化多端。真是妙不可言!

笔者:年轻人头脑灵敏,从这段分析来看,你的进步很快。你再想想,还有什么可以补充的没有?

芳子:一时间还想不清楚……

笔者:还有“位”的问题需要探讨。依照《易》例,就是周易的原则,一卦的初、三、五爻之位属于阳位,二、四、上之位属于阴位。王弼说初、上无位,可备一说,先不去管它。《乾》卦从爻象说都是阳性,而从位数来说,则是奇偶各半也就是说阴阳各半,仍然不算是纯阳。可是话又说回来了,周易的爻位有个相应与否的原则,初与四、二与五、三与上各爻间,如《既济》卦钮,初为阳,四为阴;二为阴,五为阳;三为阳,上为阴,这三对爻位完全构成相应关系。而《乾》卦六个爻位都是阳爻,所以不能构成相应关系,从这一点来看,《乾》卦的主体性质,还属于阳性。

从卦的情况,我们可以悟到宇宙间没有纯阴纯阳的存在。《乾》卦的情况大体这样。你是不是已经体会到其中的道理?

芳子:是的,听了先生的讲解,我已经在思想中抓住了其中的要领。

笔者:那么,你何妨发挥一番独立思考的工夫,用上述的观点方法,对《坤》卦试作一下分析。

芳子:好,我试试看,有不对的地方,请先生及时指点。

《乾》与《坤》是一物两体

《乾》《坤》二卦是分不开的伴侣。《乾》为天,属阳,《坤》为地,属阴。《乾》由六个阳爻组成,相反的,《坤》由六个阴爻组成。各自的基本性质表现在卦象上,是泾渭分明,毫不含混的。看了卦象就一目了然。

夬——姤前者是《乾》,后者是《坤》

从整体上看,《乾》只有阳爻,没有阴爻;《坤》只有阴爻,没有阳爻。《乾》的情况,先生已作了详尽的分析,不必重复。《坤》卦怎样呢?是不是纯阴呢?当然不是。我觉得明眼人一下子就可以看出,《坤》的阴是阴中含阳。是含阳之阴,不是什么纯粹的阴。请留心看,《坤》卦的卦象,不是由两个《乾》卦合起来组成的吗?!《乾》是六个横杆,《坤》则是一对儿六个横杆,形象鲜明,不需要解释。这种形象,可否说成"一阴含双阳,双阳成一阴"?

笔者:怎么说合适,是个语言表达问题,反正实际情况就是那么回事儿。王夫之在《周易外传》的序卦部分里说过:"有时阳成基以致阴,有时阴成基以致阳。"意思是,阴阳互为根基,借以成立。这两句话,对理解乾坤的阴阳相反相成的微妙关系,很起作用。你的观察相当深入,请继续说下去。

芳子:《坤》卦的数、位和阴阳的关系,也和《乾》卦类似。它也是初、三、五的奇数阳位和二、四、上的偶数阴位互相交叉的混合体。和《乾》卦及其他卦一样,初、三、五为阳位,二、四、上为阴位,而《坤》卦的初、三、五位都为阴爻所占据,阴占阳位,是为不正。二、四、上位也为阴爻所占,阴占阴位,是为正。所以,从数和位的关系来看,《坤》卦也是阴阳之位所形成的正与不正的混合体。当然,《坤》卦的主体仍然是阴性的,阳性则是隐含的成分。说来说去,反正《坤》卦也和《乾》卦一样,都不是纯粹的阴性或阳性。如果这一点体现出宇宙的规律,那么,由此即可推论出世间万物中没有什么所谓纯粹的东西。

笔者:是的,你对《坤》卦的分析是正确的……关于爻位正和不正的问题,还可作进一步的探讨。如果要求爻位都正,《乾》卦就会成水火既济䷾,而与之相反的《坤》卦就会变成火水未济䷿。《既济》卦的阴阳关系应该怎样认识呢?它的下体是火,上体是水,初、三、五为阳爻,阳爻占阳位,二、四、上为阴爻,阴爻占阴位。阴阳各得其所,互相对应,三阳三阴,平衡交流。阴阳纯正,各占一半,给人一种平衡纯正的感觉。所以周易用它来表示事物的完成。你对这一卦中阴阳的平衡性与纯正性,有什么想法?

芳子:哎呀,越来越难了,一时间也想不出什么名堂来。还是请先生多多指教吧。

笔者:初看起来,《既济》卦的阴阳关系,平衡纯正,似乎无可非议,但仔细研究一下,却又发现相反的成分。全卦的卦象是䷾,初、二爻象䷾是少阴,三、四爻爻象䷾和五、上爻爻象䷾也是少阴,三个少阴重叠,阴多于阳,而三却是奇数,全卦阴阳并不平衡,三是阳性,也与少阴矛盾。这样看来,虽然《既济》卦在形式上是阴阳各半,不多不少,初爻(阳)与四爻(阴)、二爻(阴)与五爻(阳)、三爻(阳)与六爻(阴)都是阴阳相应,各占一半,整整齐齐。可是它的内部情况,却仍然是阴阳驳杂,畝轻畝重,既不纯正,也不平衡。正因为它不是绝对的纯正和平衡,而是含有内在的矛盾,所以《既济》卦在表示事物"完成"的同时,也就诞生出表示事物"开始"的《未济》卦——而《未济》卦则位皆不正,表现得极不平衡。

芳子:演《易》的人,真是个超凡出众的圣人!他能孕《未济》于《既济》之中,道破了宇宙的奥秘,确实了不起。

笔者:最后,我再就这个问题作一下补充。刚才我们分别就《乾》《坤》两卦的阴阳纯杂问题作了一些粗浅的探讨。下面我想把两卦合起来说说它们之间相反相成的关系,这样,会使我们对世上没有"纯粹"之物的原理,获得更深刻的体会。

你知道,孔子在他的读《易》心得《系辞》中曾经说过,"《乾》《坤》,其易之蕴邪?"他看到,《乾》《坤》两卦是易经六十四卦的父母,其他三十一对卦都是由《乾》《坤》两卦所生。所谓"周易首《乾》《坤》而非首《乾》也",就是这个意思。前边说过,《乾》《坤》是互反互依互交互变、二而一、一而二的伴侣。它们这种分中有合、合中有分的关系,表现得最具体的是,《乾》自《坤》中来,《坤》自《乾》中来这样一种学说,叫做《复》《姤》小父母说。《乾》卦六爻,是《坤》卦六爻自下而上、一爻一爻地阴消阳长而转变来的。具体地说,《坤》卦初爻阴变阳,就成为《地雷复》卦呰,表示阴体之下一阳独复。接着是二阳生成为《临》卦鸮,然后三阳生成为《泰》卦害,四阳生成为《大壮》卦徬,五阳生成为《夬》卦踜,最后六阳生变为《乾》卦。《乾》卦就是这样阴消阳长,从《坤》卦演变而来。但是物极必反,阳长到《乾》,已达峰巅,再往前去,就变为阳消阴长的卦象,阴从下复生,是为《姤》卦齘,接着二阴生,成为《遁》卦陑三阴生成为《否》卦踠,四阴生,成为《观》卦捯,五阴生成为《剥》卦裯,一阳在上硕果仅存,再生出一阴,就又转变为《坤》卦。就这样,《乾》从《坤》来,《坤》从《乾》生,《乾》《坤》互依互交,互为消长,互相转变,表示事物内部对立面斗争统一的运动规律。这虽是源于宋代哲人邵雍的说法,但如若周易首卦《乾》《坤》的内部并不蕴藏着这样的道理,邵雍

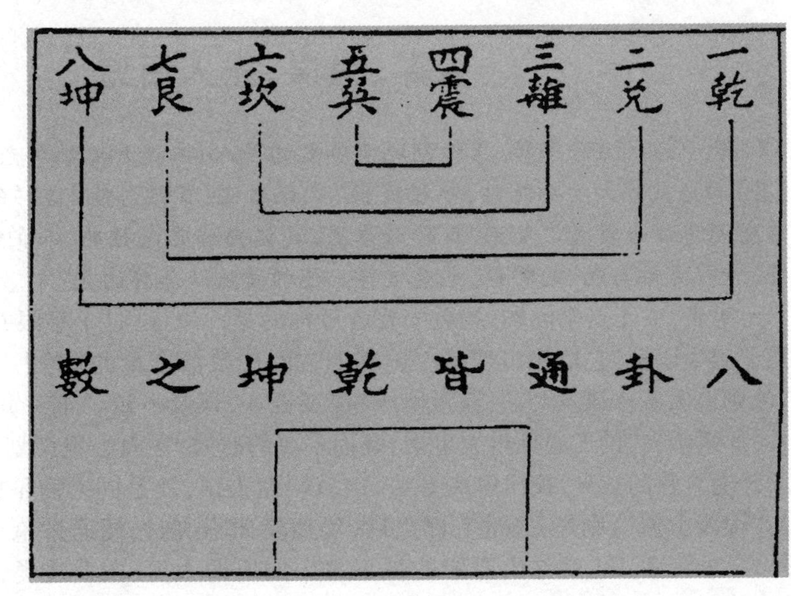

八卦通皆乾坤之数图,出自明·来知德《易经来注图解》

的《复》《姤》小父母之说也无从建立。所以，这一学说也是源于周易的内涵，并不是从外面硬加上去的。

总而言之，《乾》与《坤》或阴与阳是一物而两体。用横渠先生的话来说，叫做“两不立则一不可见，一不可见，则两之用息。”孔子的《系辞》说得明白：“一阴一阳之谓道。”道即宇宙的根本规律，是由阴阳两个对立面所构成。老子说：“万物负阴而抱阳，冲气以为和。”他们说的都很对。所以南宋学者叶适所倡导的独阳无阴说（他说道是单纯的阳刚而无阴柔），是不合理的，脱离实际的。至于有的当代《易》著，竟而以“扶阳灭阴”之说来阐释周易的义理，那就更令人啼笑皆非了。学周易的人谁不知道，“独阳不生，孤阴不长”的道理呢！

芳子：先生的教诲，又具体又生动。我听了之后，顿开茅塞，获益匪浅。说得夸张些，真可谓聆听一席话，胜读十年书。先生，您受累了！

笔者：你过奖了！周易是群经之首，是最难学通的一部经典。我刚才讲的，都是周易的有形的东西。至于周易内含的无形的东西，往往只可意会而难以言传。借用伊川先生的话来说，只好说：“……所谓《易》者，果何如哉？！”

你看，天已经晚了，新月已经在东方的晴空上升起，……

芳子：水面上金光潋滟……东湖真是美极了……

笔者：该是回去歇息的时候了。我们的《易苑漫步》暂时告一段落，以后再继续谈，好吗？

芳子，十分感谢！您太辛苦了。再见！

笔者：再见！

转瞬之间，夏去秋来。金风瑟瑟，黄叶飘飘。谷物成熟，瓜果飘香。这是一年间，人与天地奋斗，取得收获的季节。这时候，在清爽的大气中悠然漫步，边思考边谈学问，最令人心旷神怡。早餐后，笔者和芳子，沿着武当山后山幽雅的小径，信步而行，继续漫话周易。

人谋、鬼谋，先人后鬼

芳子：孔子在《系辞》里谈到聪明睿智的圣人，依据天地的形态与规律，作《易》用《易》而成就伟大的功能时，曾经提出“人谋鬼谋，百姓与能”这样的命题。“人谋”的意思倒明白易懂，但“鬼谋”是什么意思，具体内容是怎样的，人们的见解却不完全一样。对“百姓与能”的解释，也是这样。您的看法是怎样的呢？

笔者：关于这个问题，我首先要告诉你的是，“鬼谋”这个字眼并不是孔子创造的。孔子出生以前，它早就出现了。记载上古时代政治言论的《尚书》洪范篇里就说过：“汝则有大疑。谋及乃心，谋及卿士，谋及庶人，谋及卜筮。”前三句的人心、卿士和庶人，都属于人，侯王遇见重大事情，疑而不决的时候，在内心里策划，和近臣商讨，或征求普通百姓的意见，找出解决办法，这就叫做人谋，就是同人商量的意思。最后一句的“谋及卜筮”，则是：经过人谋之后，仍然疑而不决时，便通过龟卜或占筮在人谋之外，寻求答案。也就是由专职的神巫之中的所谓太史、太卜之类，凭借灼龟甲、看裂纹，或摆蓍草、观卦象的方法，和茫茫宇宙间无声无形的玄妙而超人的，暗中掌握人类命运的神秘力量——鬼神相联系，咨询办事方策，这就叫鬼谋。换句话说，就是人力所不及时，向超人的鬼神讨主意。人谋的结构是“君——心、君——臣、君——民”，鬼谋的结构则是“巫——龟筮——鬼神。”

芳子：且慢，这里出了问题。“鬼谋”的意思是“谋之于鬼”吧？怎么又说向鬼神讨教呢？鬼神恐怕不是同一个东西吧！

笔者：问得好！当然，分开来说，鬼就是鬼，神就是神，不是一个概念。但在中国上古时代的语言表达方式中，往往把相近的两个概念，用一个来代替。比如妖和魔不尽相同，但有时为了行文的简洁或音韵的要求，只说一个也可以代替一双。为了表达的明确起见，有时就写成鬼（神）妖（魔），以免误解为苟简。这个问题，下面还要涉及，这里暂且放一下。

晋献公违卜立骊姬

晋献公违卜立骊姬图，出自《东周列国志》，讲述晋献公想娶骊姬为夫人，进行卜筮，结果龟卜说凶，筮占说吉。晋献公违龟卜而取筮占，立骊姬为夫人之事

芳子：还有个疑问，请您顺便指教。既然中国古代人认为鬼神有主宰命运的超人力量，可以为人决疑，那么谋划大事的时候，干脆直截了当地问鬼神，岂不迅速又省事？何必先搞不一定可靠的三层结构的人谋干什么，岂不是多此一举？

笔者：历史事实表明，事情没有这么简单。人类对超现实的莫明其妙而又令人恐惧的神秘的宇宙力量“鬼神”，从完全迷信的心理逐渐发展到相对迷信的心态，这中间有个变的过程。鬼神的情形，也是这样。举例说，殷人信神（帝）信鬼，有事必谋于龟而后行动。但周革殷命之后，世道大变，神鬼观念也自然发生动摇。周人对天命的信念也逐渐发生变化，《诗经》中不少怨天尤人的诗篇，可以作证。鬼神迷信的动摇，也表现在大事的谋划方面。这里，我们不妨看看具体的史实。史实明确地告诉古人，龟卜也罢、筮占也罢、其他杂占也罢、谋之于鬼（神）的结果，都是或准或不准，鬼（神）的答案有时对，有时不对，只是大概如何。用今天的术语来说，鬼谋的效果，只是一种概率而已。举例来说，武王伐纣之前，曾由史官进行鬼谋，结果是“大凶”，并且临战又发生了暴风骤雨，与会的大臣与诸侯，都感到恐惧而认为是不祥之兆，只有军师姜尚“不听邪”，瞿然而起，“推蓍蹈龟，而曰：枯骨死草，何知吉凶！”（《论衡·卜筮篇》）

他坚决打破迷信,进军伐讨,终于大获全胜。又如:《左传》中记载,晋献公想娶骊姬为夫人,进行卜筮。龟卜说凶,筮占说吉,同是问鬼神而答语不同,令人无所适从。打开古史看看,这种"鬼谋"不可靠或答案相反的事例,比比皆是。在这种事实的碰撞下,人们当然就降低了对鬼谋的信从。铁的事实教育迷信鬼神的人们,人谋的功能大于鬼谋,使他们不得不把人谋放在第一位,先人而后"鬼"。

芳子:这么说,周易也是鬼谋的工具啦?!

笔者:所谓"辞、变、象、占",周易的四大内容,占是其中之一,而周易全书就是以占筮的形式蕴涵其他三大内容的。单说它是鬼谋的工具,并不恰当。因为它的观卦占断,和龟卜以裂兆观吉凶的情形,大大不同。周易的占,是以辞、变、象为基础,为前提的占,而辞、变、象三大内容的综合,则是天人之道的结晶,也是圣人对宇宙人世法则认识的结晶,它可谓周易当中的"人谋"部分,属于《系辞》中所说的"知以藏往"。而"占"这个部分不过是《系辞》中所说的以"藏往"为前提所作出的"神以知来"。从历史史实来说,作为决疑的鬼谋,周易也类似其他占卜,往往出现吉凶不定的两可占断。或者占而不验。——虽然,周易的占断,从它的出发点到功能,是只讲吉凶而不讲祸福的。

芳子:那么,"圣人成'能'。百姓与'能'"的"能",具体是指什么说的呢?

笔者:这里所说的"能",由两个方面构成。孔子说过:周易是:"冒天下之道,如斯而已"。所谓道,就是天道、地道、人道。用今天的话来说,那便是指导人们思想行动的法则、知识、经验和教训,《系辞》中所说的知以藏往的"知",就是指这些说的。作周易的圣人把已有的"知"蕴于其中,这是"易能"的头一个方面,是基本方面,本质方面。其次周易以占筮的形式容纳这个"知",并能应用占筮的方法,以"知"为基础,推断并预测正当事情的未来。这是"易能"的两个方面,是非本质的占测方面。《易》的这个"能"(功能)是圣人法天则地而创成的,这叫做"圣人成能"。这个"能",不仅王公卿士可以利用,庶人也可以利用。王公卿士可以利用它解决修身、齐家、治国等的疑难问题,庶人的修身、齐家、行事,同样也可以用周易的"能"作指南。换句话说,从上到下,天下一切人都可以参与利用圣人所造成的这个周易的"能",这大约是"圣人成能"和"百姓与能"的本义。当然,这是说法之一,也有其他说法。例如《周易集解》引朱仰之的注解,认为《尚书》洪范篇中所说的王公做大事之前,先要搞人谋,"谋及卿士,谋及庶人"。然后再"谋及卜筮",是为鬼谋。"百姓与能"的意思就属于"谋及庶人",把发挥周易的功能排除于普通百姓之外。这个说法,作为参考意见可以成立。可是笔者总觉得它和《系辞》"天地设位,圣人成能,人谋鬼谋,百姓与能"的原文扣的不紧。前后两个能字,有断线之虞。所以笔者不采取朱氏的说法。总而言之,周易的功能既包括人谋,也包括鬼谋,而以人谋为主。同时你要记住,周易的谋,无论人谋或鬼谋,都是为君子不为小人,为正事不为恶事。这是周易其书超过任何占书的优越的倾向性。这一点,在别的文章里笔者还要详细探讨,这里就不再细说了。

周易无鬼神

芳子:大家都知道,周易本经里没有一个神字,根本不触及鬼神问题。有三个鬼字，一个是《睽》卦上九爻辞："《睽》孤，见豕负，载鬼一车，先张之弧，后说（脱）之弧。匪寇，婚媾。"大意是说，上九以阳刚之体处于《睽》的极点，孤独之甚，对六三的阴体，妄生猜疑，仿佛六三是一头背负泥巴的脏猪，又像满车的恶鬼，形象丑陋。疑恨之余，先要张弓射之，后来感到不对，又放下弓箭，因为他发现六三不是仇寇，而是婚媾的对象。这里所说的鬼，是所谓疑心生鬼，是妄想的影像，不是所谓鬼神的"鬼"。另外，《既济》卦九三爻辞有"高宗伐鬼方"的字样，那是地名，与鬼神的鬼不是一回事。所以，就本经来说，八八六十四卦没有一卦的主旨是讲鬼神的，或者是讲祭祀鬼神的。所以我认为周易实在是一部无鬼神而讲求鬼谋的奇书。这么说，行不行呢？

笔者：基本上可以这么说，古往今来的易学界，大都有这样的看法。当然，另一面，我们也不能用科学昌明的现代目光去衡量三千年前作成的周易。比如祭祀问题，古人自然是用来祭鬼祭神，求取护佑的。周易里就有七处关于祭祀的爻辞，但却完全是为了隐喻的借用，目的并不在于宣扬祭祀与鬼神。举例来说，《损》卦卦辞有"二簋可用享"的句子。二簋是祭品中最简约的祭礼。意思是说，简约的祭礼也无妨用来祭祀。这是借用二簋之礼作比喻，这里的祭礼只是比喻，说明办事的损过就中之道，如同祭祀一样，只要诚心诚意，即便最简约的祭品，也无妨碍。这是借用祭礼作资料，表露《损》卦的卦义，与祭祀鬼神本身没有直接的关系。

芳子：那么，《大有》卦上九爻辞"自天佑之，吉无不利"的"天"，就不是指鬼神说的啦！

笔者：是的。那个天是自然的天，不是天神的天。下面还要细讲，这里先不去说它。不过，这是就《易》学专著讲的。在《易》学专著之外，却不能这样讲。例如郭沫若的《中国古代社会研究》，就唱出反调，而且调门很高。他开口就说："易经是古代卜筮的底本。"把周易看成"就跟我们现代的各种神祠佛寺的灵签一样。"这个说法，类似朱熹。朱熹的语言是："《易》只是卜筮的书，藏于太史太卜，以占吉凶。""往往如今之杯珓相似耳。"杯珓是一种竹木制成的占具，掷在地上，看它的正反来测定吉凶。郭氏的态度就比朱氏更坚决，更彻底。郭氏进一步以斩钉截铁的语气断定："易经全部是就是一部宗教上的书，它是以魔术为脊骨，而以迷信为其全部血肉的。"至于魔术何在？迷信何在？郭氏举出下列四个爻辞作为立论的根据，让我们一个一个地作一下分析。

"舍尔灵龟，观我朵颐，凶。"（《颐》初九）

"或益之十朋之龟，弗克违。"（《损》六五）

"自天佑之，吉无不利。"（《大有》上九）

"用享于帝。"（《益》六二）

仔细推敲，郭沫若所列举的这四条根据，没有一条能证明他上述断语的正确性，甚至与他的断语风马牛不相及，下面逐条加以说明。

第一条是《颐》卦初九爻辞，《颐》卦主旨是讲颐养之道。灵龟，朵颐都是比喻之象，意为初九阳刚的才智，比得上灵龟的智慧，足以自养其正，不必求养于外。但它居于动体（震），贪饮躁动而求养于六四，四为阴体，阳本应养阴，今却反而求养于阴，是"迷欲而失已"（程颐《易传》），不走正道，所以凶。全文完全是用养生比喻养性，和天神迷信无关,更与宗教毫无瓜葛。

第二条是《损》卦六五爻辞。《损》卦与《益》卦为相反相成的统一体。《损》卦的主旨是损下益上,《益》卦的主旨则是损上而益下,恰好相反。损下益上,似乎在上者得益,实质上则受损,因为下是上的根,损根必危上。所以损下益上是在上者的损道。六五爻当然也是贯彻这一义旨。六五爻以中居尊位,与在下的九二爻阴阳相应,它的象义是,当政者如能虚中自损,顺应下面的贤者,必然获益。纵然“十朋之龟”(最贵的神龟)卜而决之,也不能违背损上益下而受益的道理,所以获得“元吉”(李道平《周易集解纂疏》引崔觐的话)。《损》《益》二卦蕴涵深刻的政治规律和辩证思维,既无骗人的魔术为脊骨,也无鬼神的迷信为血肉,当然更与宗教风马牛不相及。如若看见灵龟、十朋之类的比喻,便联想到宗教和鬼神,恐怕是未之深思的率尔论断。相反的,“十朋之龟弗相违”(神龟之卜也不能违反规律)的爻辞不但没有宗教色彩,反而意味着义理胜过鬼神,倒有反迷信的意味了。

第三条是《大有》卦上九爻辞。这卦的主旨是讲人于盛大富有的成功之际,如何因应居处的原则。上九以阳刚之体居一卦顶端,是“大有之极”。物极必反,是引起警惕的爻象。但上九所处,是无位之地,清高在上,不与世争,又是“不居其有”的爻象。所以能顺宜大道(自然规律),持盈不溢,必将受到天佑(自然规律的帮助),故而吉无不利。这卦的象是火在于上,明照万物,呈现盛大富有的气象。“柔(六五)居中,五阳应之,居尊执柔,物之所归”(程颐《易传》),这是《大有》全卦的卦义。它的主旨全在于人事法则,不属于宗教、鬼神迷信的范畴。真正认清它的精神实质以后,只会增强人的理智,减少盲目性。另外,关于《大有》卦上九爻的爻辞“自天佑之,右无不利”的含义,孔子早已在《系辞》中作了又明确又恰当的解释。他说:“佑者助也,天这所

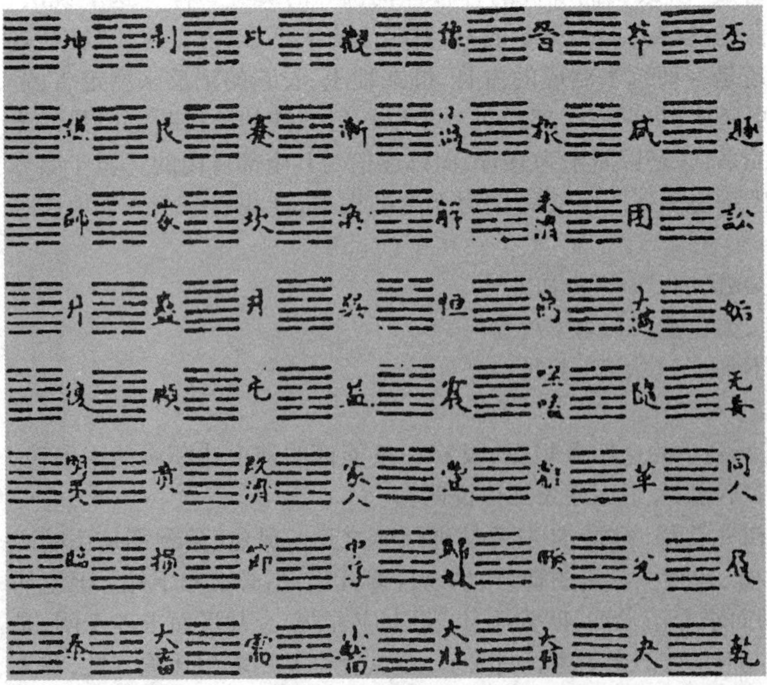

伏羲六十四卦方图,出自宋·胡方平《易学启蒙通释》

助者，顺也，人之所助者，信也。履信思乎顺，又以尚贤也。是以自天佑之，吉无不利也。”这里所说的天，并不是什么天神、天帝，不是指超现实的具有人格的世界主宰，而是指大自然及其运行规律说的。这段话的大意是说，佑，是帮助的意思。天所助的，是顺而不逆的人。人所愿助的，是真诚信实的人，既能履行诚信，又能不忘记顺应天道，并且尊重贤德的人才，所以会得到天的帮助，吉祥而无不利。当然，这段话直接是阐明上九、六五以至九二等爻之间的关系，但它的义理也适用于普遍的人际关系。孔子对“自天佑之”的解释，是依据天人合一的原理。天人合一，天人一理，所以言天便是言人。什么人会得到天（客观规律）的帮助呢？只有顺而不逆的人，也就是顺应天道（自然法则）而不违反天理的人，才能如此。人道也是如此。人们愿意帮助的，是真诚信实，不欺不诈的人。这样人执政，又能尊重贤才，自然事业顺利，如同获得天助。换句话说，天助是顺应天道，丝毫也嗅不出鬼神的气味。而且，从根本上讲，“自天佑之，吉无不利”云云，是对《大有》卦主旨范畴内六爻之一的上九的地位以及与其他有关的爻之间关系的比喻性解释。如若离开全卦的情境与义理，单讲这句话，那就脱离了周易的实际，变成另外的问题了。另外，退一步讲，假定这个天佑，即使是上天保佑之意，以历史的眼光来看，也只是当时一般的社会意识，还谈不到什么宣扬鬼神。更何况，周易出现时的殷末周初，天（神）的权威已经动摇，怨天尤人的思想已经流行起来。

第四条属于《益》卦六二爻辞。郭氏勾掉前三句，只留下末句，勾掉了“或益之十朋之龟，弗克违，永贞吉”，留下了“王用享于帝，吉。”使整个爻辞，意义残缺，从而断章截句，取其所需。可谓攻其一点，不及其余。以点带面，真伪难辨。

就序卦来看，《损》卦和《益》卦是一先一后的一对儿，《损》卦稆倒过来就是《益》卦䆅，《损》卦的六五爻相当于《益》卦的六二爻。《损》《益》的不同之处是，《损》卦的受益者是在上位的六五爻，《益》卦的受益者是在下位的六二爻。六二爻中正柔顺，虚心自持，又得到处于尊位的九五阳爻相应，具有这么良好的体性和地位，自然会得到外界的帮助而获益。所以爻辞说：“或益之”，是说有人来帮助它。又说“十朋之龟，弗克违。永贞吉。”就是说，这一点是毫无疑问的，即使用最珍贵的灵龟进行占卜，结果也不能违反。但六二爻究竟是阴柔的体性，虽然具有那样的有利之处，也必须永久保持贞固的恒心而不动摇，才会获得吉祥。爻辞最后一句“王用享于帝吉”，并非单是君王祭祀天帝而吉祥的意思，它是说，君主如用六二爻这样的人臣来主持祭祀天地的典礼，必获得吉祥。这是隐喻性、象征性、借譬性的语言，并不是直接的陈述。总之，《益》卦的主旨与《损》卦正相反。《损》卦认为，损下益上、削弱根基是损道，所以卦名叫《损》。《益》卦则认为获益之道是损上益下，本固而邦宁。所以把损上益下的卦象叫做《益》卦。早期儒家的德政、仁政思想，与此卦的内涵具有一定的联系。这是《益》卦主旨的精义。至于“十朋之龟”和“用享于帝”云云，不过是为了强调获益之道所作的修辞比喻，都不是宣扬鬼神。六二爻辞虽有灵龟之辞，但不是讲龟卜如何灵验，反而是说灵龟占卜也不能违反有德者获益的法则。爻辞虽有“享于帝”的句子，但并不是讲祭祀如何灵验与受益，道理是清清楚楚的。倘若周易认为卜筮和祭神是受益之路，那么，《损》《益》二卦的卦象和卦爻辞必须从根本上完全改动。那样一来，就不是周易了。

芳子:这样看来,郭氏从周易中摘取下来的四项爻辞,都是表达某种人间道理的资料,都是人道的附属品,不是宣扬鬼神和迷信的文辞。郭氏说周易是上古卜筮的底本,这个我说不清楚。但他说周易就和今天庙里的神签一样,我可觉得不对头。

笔者:周易是不是上古时代的占筮书呢?这一点,比较麻烦。三言两语也说不清楚。将来我还要详细论述,这里暂时不多说。为了方便,我想无妨先借用一下四库全书总目提要的话,它说:"圣人觉世牖民,大抵因事以寓教。《诗》寓于风谣,《礼》寓于节文,《尚书》《春秋》寓于史,而《易》则寓于卜筮。故《易》之为书,推天道以明人事者也。"据四库全书主编看来,周易是推求天道(宇宙的法则),借以开明人事(人间的法则)的一部书,这是它的内涵,它把这个内涵寄托在占筮的面貌中。全面实际地探究起来,四库全书的观点大体上正确的,可以说是权威性的评语。照此看来,一部以讲求天人之道为主要内容的卜筮形式的书,怎么能够和今天庙里肤浅的神签相提并论呢?不要说今天的签语之类,就连周易之前风行千余年,曾经极有权威的殷商卜辞的单纯而肤浅的词语,也根本够不上与周易相提并论。那些只供卜问吉凶祸福的龟兆及其测语,早已进入考古的博物馆,断了人间烟火。但被郭氏说成只是卜筮底本和类似迷信的神签的周易,三千年来直到今天,却仍在学术的殿堂中和人们的生活中生生不已。龟卜神签之类只讲吉凶祸福,并不讲义理,周易却饱含义理,依义理推吉凶。龟卜神签的预测,不问好人坏人好事坏事,周易的占筮却不为小人谋而为君子谋,为好事谋,不为坏事谋,等等,等等,差别极大。总而言之,周易较之神签及其他杂占,不但是深浅不同、层次不同,而且性质根本不同。周易不是仅仅占问祸福的小术末技,而是一部六经中最难懂的哲理书。自古以来早有定论,不必啰唆。

芳子:既然这样,可不可以简而言之,说周易是一部讲大道理的卦书,其他神签杂占之类只是占卜吉凶的卦书呢?

笔者:大体上也可以这么说。其实,这个意思古人早已说过。宋代的数理派易学家邵雍就有这个看法。他说过,占卜若不讲义理,就流入微末的小技。这个话,可能是他的经验谈。汉代京房的《易》学就是这样,玩弄象数,造出八宫卦说,专推休咎祸福。流传下来,发展为后代的《火球林》(文王课),沦为街头巷尾占问命运的肤浅占术。这一点,凡是学过真正的周易,再会摆弄占卜的人,恐怕都会有切身的同感。

周易不迷信鬼神

芳子:可是我总觉得,卜筮本身就是相信鬼神的预告,祭祀也是相信鬼神的赐予,二者都是相信鬼神的存在,这不是迷信是什么呢?周易虽然是以大道理为主要内容,占筮是它的次要内容和表现形式,但它究竟是卜筮之类,并且其中也有关于祭祀的资料,似乎总不能说和迷信毫无瓜葛吧?先生,依您说呢?

笔者:好,这个问题提得相当尖锐!但讲起来十分繁杂。长话短说——在三千年前的上古时代,科学还处于幼儿阶段,人类对左右命运的大自然的威力,既恐惧又不理解,便以超现实的幻想虚构出鬼神观念,这是早期社会意识发展的必然的合理状

六十四卦相生图，出自宋·朱震《汉上易传·卦图》

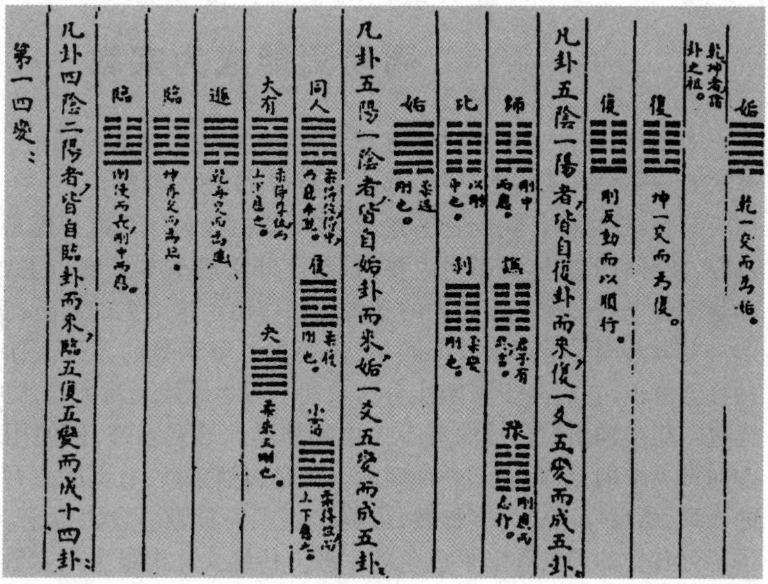

态。你仔细想想，不要说上古，就是科学昌明的今天又怎么样？面对茫茫的未知世界，人类中相当大的部分仍然感到头昏眼花，莫名其妙。相信鬼神、半信半疑或存而不论的人，比比皆是。以彻底无神论唯物论的标尺来衡量上古时代的社会意识，那是违反历史的，好像用今天的汽车来衡量古代的马车似的。说严重些，这类似自欺欺人的行为。周易中有几处引用祭祀的资料，拿当时的社会意识来看，是习以为常的合理现象。我们从来没有听任何人说过，《尚书》《诗经》《礼记》《春秋》等经书，因为含有许多祭祀鬼神、赞颂天神的内容，因而属于迷信书籍。何况，前面讲过，祭祀的资料，并不关系到周易的主题。所以郭氏举出祭祀的爻辞，据以证明周易是迷信的书，在逻辑上是犯了“推不出”的错误。说个笑话，这好像——

芳子：瞎子摸象？

笔者：大概是属于见树木不见森林吧！至于说周易是卜筮书，难与迷信脱离干系一点，前面已经作了解释，但还不够，这里只好再深入说一说。第一：卜筮的目的也不全在于向鬼神问休咎。《礼记·少仪问》说：“卜筮者先王所以教人去利怀仁义也。”周易就是这样一种卜筮的书。朱熹有句话说得很对，他在《易象说》里讲，“直据辞中之象，以求象中之意，使足以为训诫而决吉凶。”《礼记》说“教人去利怀仁义”，朱熹说“以训诫决吉凶”。孔子则说得更深刻，在《系辞》中他断言：“夫《易》，开物成务，冒天下之道，如斯而已者也。”张载的结论更清楚，他认为周易是人生的“法律之书”，也就是立身行事的准则，如此等等。从古到今，没有哪一个易学家说周易是迷信鬼神的卜筮书。其次，也是最根本最重要的，是周易的本质。《庄子》的名言是，“《易》以道阴阳。”就是说，周易的本质是讲阴阳变化之道的一部书，司马迁在《史记·太史公自序》里又补充说：“《易》以道化。”他认为周易的主旨是讲阴阳变化。这两句话道破了周易的根本性质：它是十足的哲理书，不是讲迷信鬼神的占卜书。

周易焉能成为宗教

芳子：既是讲义理讲变化的卦书，不是宣扬迷信鬼神的书，那么，怎么能说它"全部就是一部宗教上的书"呢？郭沫若的话，真令人费解！

笔者：是这样。我反复思索，始终不明白他为什么离开周易全经的卦象、辞、乃至卦序，离开它的整体机制与主要内容，离开它的基本思想与主导功能，一口咬定它全部是宗教上的书呢？这么大的学者竟而作出了这么大的武断，实在令人莫名其妙。

要弄清周易是否宗教上的书，需要先了解宗教的界说。什么是宗教？宗教是一种社会意识，它起源于原始社会的末期。因为原始人对大自然的威力恐惧和无知，便通过幻想虚构出超自然的具有人格的神灵。遇到困难，便使用祈祷、祭献、巫术等活动向神灵求助，从而成了一种宗教。先是自然宗教，有图腾崇拜、灵魂崇拜、万物有灵的崇拜，然后发展成为多神教，最终产生了一神教。自古以来，中国的许多民族创造了各种各样的神灵和形形色色的宗教。传统文化中最大的宗教是道教、佛教，前者是土生土长的，后者是印度传来的。但在周易兴起的殷周之际，这两大宗教还没有出现。从传说的伏羲画卦，经《易》象形成的初期，直到文王重卦和缀以文辞，在周易创成的时代，中国大地上只有自然宗教一类的东西，还没有产生汉代以后那样形态完备的真正的宗教。但它的本体已经具有宗教必备的四大要素：信仰、教义、仪式和组织。殷周时，人们在神灵理论的支配下信仰天帝鬼神，崇拜祖先、灵魂，并在一定的群体组织中进行祈祷、祭祀和巫术活动，求助于神灵。这便属于宗教活动的早期状态。卜筮活动是巫术的一种，是求问于神灵的所谓鬼谋。但是，单就卜筮来说，却不能把它看成宗教活动，正如单做祈祷或祭祀也不等于宗教活动一样。

周易是一部哲理书，有占筮的形式和功能，但就其机制和内涵来说，它是不是在宣扬神灵的信仰，为某种宗教提供教义的理论呢？如果说它"全部是宗教上的书"，那么它所崇拜的是什么神灵呢？图腾崇拜？不是，没有那个内容。是祖先崇拜、灵魂崇拜还是物灵崇拜？也不是，它的基本思想不是这些东西。那么，它的主要内容的本质是什么呢？前面说过，今后难免反复地说，它是讲阴阳变化的哲理书，是"大皆论修身之道"（顾炎武《日知录》）的伦理书，在这个前提下，才可以说它是卜筮书，是以人谋为基础的卜筮书。如果说它表示信仰和崇拜，那就不是信仰和崇拜天神，而是信仰并崇拜以阴阳变化为基础而运行的天道、地道和人道，也就是宇宙和人世的运动法则。孔子讲得最好，他认为天地是周易的蓝本，周易是效天地而做成的。《乾》（天）、《坤》（地）是周易的底蕴、门户，《乾》（阳）、《坤》（阴）交变，产生六十四卦，从而表现出天地万物运动的种种情态。从一定意义上讲，周易始于《乾》《坤》，中经《坎》、《离》、《咸》、《恒》终于《既济》《未济》，是这样一个包络天地、水火、男女、人事各种世界关系的巨大网络，也无妨说，它就是世界的简要缩影。

另外，我们还可以深入一步，从思维的角度作一下观察。台湾有的学者说，上古时代欧亚两洲出现了两部思维科学的巨著。一部是古希腊人亚里士多德创造的形式逻辑；另一部则是中国古圣创造的辩证思维逻辑（周易），双花争妍，成为人类思维结晶的巨大成就。说得很对。当然周易的辩证逻辑具有人类思维发展的早期性和素朴性，尤其在表达上具有很严重的模糊性和含蓄性，但它的体系的完整性，象数的灵活性、文辞的形象性，以及义理的渊奥性，却独放异彩。有些地方，我认为甚至超过了现代的所谓辩证逻辑。举个简单的例子，我认为周易的阴阳互根互变的运行规律，以图象（数）显示就比现代逻辑用矛盾统一律的语言来描述，要更深刻、更形象、更亲切。周易的阴阳学说，一直广泛应用于天文、地理、气象、医药、政治、兵法等等领域，运用起来，既方便又合适。历史实践证明，周易在逻辑学中确实有独具一格的优越性。这些道理，一时间也说不完全，以后咱们慢慢再谈。总之，仅从思维的逻辑成就来看。周易也可以说是一部理性的杰作。

综合前面所说的情况看，周易这本经书无论从体系上内涵上性质上乃至逻辑思维上，都看不到信仰、教义、教仪乃至教律之类宗教所必备的东西，也看不到图腾崇拜、祖先崇拜、物灵崇拜或灵魂崇拜、神灵崇拜乃至多神教、一神教的影子。换句话说，虽然周易也讲占筮，但如果从总体上认真探究，就不会从中引导出任何关于宗教的结论。硬说它“完全是一部宗教上的书”，实可谓不知何所据而云然。和郭氏的观点相反，我则认为周易不但不是一部宗教上的书，而是一部对宗教起反作用的书。凡是宗教，不管哪一种，它的核心都是主张天神创造世界，或主宰世界，都崇拜超自然的具有人格的鬼神。可是周易却与此相反，虽然它的内涵“包装”在占筮的外形之中，但它的机体结构和精神实质是在表明，创造和支配世界的是大自然的天与地、天的阳气和地的阴气交融互变，就产生了以天（乾）、地（坤）为首的水（坎）、火（离）、雷（震）、风（巽）、山（艮）、泽（兑）等八种代表性物质，成为构成周易机体的素材，就是所谓八卦。八种物质的交融互变，就演变成世界万有，包括男女、夫妇、父子、君臣、尊卑等家庭、政治、伦理结构。表现在周易的图象上，就是六十四卦。这是孔子对周易性质的认识，记载在《序卦》之中。这个认识是符合周易的基本内容和精神实质的。周易的这种思想是说，大自然创造万物，创造人，使人得以创造家庭、政权乃至伦理关系。这种自然造人、人造社会的哲理思想，同天神创造世界、主宰万物的宗教思想，不是恰恰相反么?!虽然从历史演变 来看，周易的素材也遭到后代道教及某些杂教的改造和利用，但周易的本体，客观上却含有和宗教唱反调的性质。所以，它的思想受到不讲怪力乱神的孔子的尊崇和吸收，乃至被尊为儒家的六经之首，高居于封建社会国家哲学的崇高地位，是有其合理的内因的。顺便推衍一下：有的学者（大概是范文渊）说，中国之所以没有像印度、欧美那

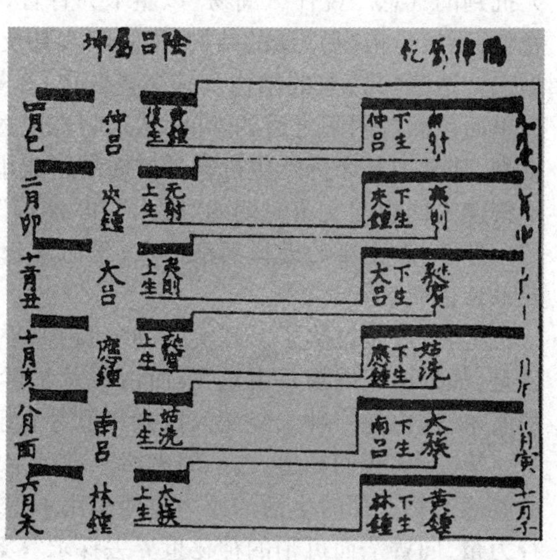

乾坤合律图，出自宋·佚名《周易图》

样，成为几乎家家信教的宗教国家，原因之一是，在传统文化和民间思想中，儒家入世的伦理思想占有支配地位，对神道的宗教思想的传播，起到了一定的免疫作用。这种说法有一定的道理。周易是儒家思想的基石，它的非宗教性，两千年来沉入传统文化的积淀之中，也许不知不觉地对宗教的天神信仰起到些免疫作用吧！不过，这是指本来的周易说的。至于汉代的象数派易学，舍弃周易的义理内容，专搞它的形式方面、卜筮方面，如京氏易，大讲占候，妄言灾异，近于神怪的谶纬之术，那是乖离了周易的本来面目，步入邪路。那不是我们这里所讲的原来的周易，而是周易的遗传的变种，就性质来说，根本不是一回事。

周易不是魔术和木乃伊

芳子：听您的讲述，我不知不觉地想起一件事。神话学告诉我们，远古时代几乎东西方都崇拜太阳神，崇拜太阳神是原始的自然宗教的重要内容。我们日本人崇拜的天照大神，就是太阳神。据说伏羲就是大曦，黄帝就是光帝。还有炎帝、太昊等，都是太阳神的名称。可是，周易中的《离》卦虽然象征太阳的光明，《火天大有》卦表示明日高悬于天上之类；但所取的象仅仅是自然的太阳，或人间的火（《离》），丝毫也没有神灵的意味。从这一点上也可清楚地看到，周易不但不是宗教的经书，而且连远古时代普遍存在的太阳神崇拜这种自然宗教的遗迹也不存在。这是我听您讲话时产生的一点感想，您看是不是也有些道理？

笔者：是的，很有道理。这虽是个孤独的例证，却是很有力量。更重要的是，它告诉我们，探讨文化思想问题，不应就事论事，必须拓宽视野的跨度，从历史传统上广泛联系有关现象，才能避免以点带面，才能对问题的实质作出正确的论断。可惜，郭先生对周易性质的论述，未能达到这样的高度和深度。他对周易的评论，似乎带有政治大批判的气息。说什么周易“以魔术为脊骨，以迷信为全部血肉”，等等。所谓魔术为脊骨，当然是指《易》象的结构，指阴阳八卦及其衍生的六十四卦体系及其千变万化的形态。这些《易》象的结构及其交叠变化，在易学界，无论是义理派还是象数派，都认为里面蕴涵着阴阳之道的学问，从未听谁说过这是迷信的魔术。更进一步，郭氏的大批判，甚至把至今仍然生机勃勃的周易说成里面“全是泰古时代的木乃伊的尸骸”，这不禁使人回想起文革时期的“魔术”和“迷信”。

芳子：郭先生的大批判很彻底，您的反批判也很彻底。真是真理越辩越明，令人获益匪浅啊！

笔者：这是过奖了。其实，有些问题似乎还没有说清楚，还要重复补充一点。那就是，如果由于周易是占筮书，而占筮总是诉之于鬼神的，因此就把周易贬斥为迷信的魔术，这也是一种未经深入探究和思考的粗浅之见。这里有两点需要说明。

第一点：我们知道，占卜原来属于一种巫术，它和宗教一样，是人类早期文化发展的必然产物。那时生活的压力迫使先民不得不在物质力量解决不了的问题上发挥精神力量，向昏茫而可怕的神秘世界去探求答案。这一类精神力量的冲击，叩响着文明社会的大门。这样，作为原始社会巫术一部分的占卜，作为文化发展不可或缺的现象,在上古时代是有它的历史意义的。固然,从今天的科学观点来看,它属于迷信活动,但原始人都是迷信的,迷信是所有原始人的社会意识,不能因为否定迷信而否定原始人的社会意识。何况在巫术中,占卜术虽是鬼谋而生命力却极顽强,它的概率的机遇性,使人们难以彻底摆脱,时至今日还没有完全退出历史舞台。作为一种文化现象,在上古的历史上不应轻易地加以抹杀。

第二点:前面反复说过,周易和卜辞及其他杂占性质根本不同。它不是单讲鬼谋,而是人谋的内涵、鬼谋的形式。用辩证法的观点来分析,那就是:阳为人谋,阴为鬼谋。在阴阳两个时立面的统一体内,阳为主要方面,内涵方面;阴为次要方面,形式方面。而事物的性质是由对立面主导方面决定的。所以说,周易的占筮,是依于人而不是迷于鬼。

前面啰啰唆唆讲了一大堆,归结起来,无非是说,周易不是单讲鬼谋的占卜术,不是崇拜神灵的宗教书,不是迷信,也不是魔法,更不是木乃伊的尸骸。……

芳子:是一部占筮面貌的哲理书。

笔者:结论就是这样。

什么是鬼神

芳子:关于周易的人谋、鬼谋及其性质问题,经先生讲解,我已经完全明白了。不过,周易和鬼神的关系,似乎还有进一步深入探究的必要。周易原文中没有神字,没有讲神的卦。但周易号称"《易》历三古,人更三圣"。上古伏羲画卦,中古文王演卦缀辞,近古孔子解说(十翼)。在孔子解释周易的《系辞》《象传》《文言》当中,鬼神的字样却出现了五次。神字出现的更多了,据统计共出现了二十二次,其中单独出现有十六次之多。可见,鬼神这两个概念,和周易的内涵似乎有相当密切的关系。——尽管周易本身不是讲鬼魂神灵的宗教书!

笔者:这是个相当麻烦的问题。要想解决这个问题,必须弄清以下三点:

(一)鬼字神字的意义是什么;

(二)孔子对鬼神的观点和态度是怎样的;

(三)孔子解《易》,在什么意义上使用鬼神二字。

什么叫鬼,古人的解释很明白。《说文》说:"人所归为鬼。从人象鬼头,阴气贼害。"什么叫归?《尔雅·释训》郭璞注引《尸子》:"古者谓死人为归人。"《礼记·祭法》说得更干脆:"人死曰鬼。"古人把人从世间归去,即死去,说成是"鬼"。所以殷代甲骨文鬼字的象形,是脸上盖着个东西的尸体。若除去灵魂离体的观念,鬼字可谓表现出上古人对死亡的质朴的思想。这大约是鬼字的原始意义。

什么是神?古人的说法就离开了人。依据《尚书》《国语》等的记载,在上古以火纪时的年代,人们认为天上的主宰者是神,《说文》中说神是天神,是"引出万物者也"。注释说:"天地生万物,物有主之者曰神。"《说文》中这种解释,恐怕是依据上古传流下来的观念。但这种观念还不是最早的,最早的是万物有灵的观念。《礼记·祭法》中所说的"山林川谷丘陵,能出云,为风雨,见怪物,皆曰神"。这是一种泛神论的观

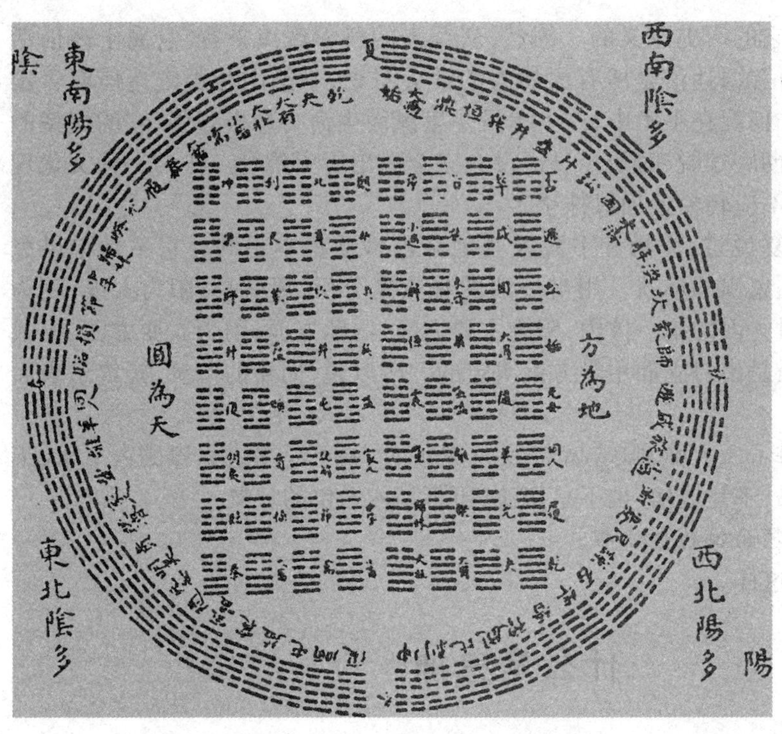

先天图，出自宋·王湜《易学》。此为伏羲易图，本无文字语言，卦名也是后人所添

点。最有趣的是，天间的神和地下的鬼不知什么时候开始，竟而统一到人的身上。古人有个说法，认为人的精气分为两部分。《大戴礼》中说："阳之精气曰神，阴之精气曰灵。"注释说：人死之后，"魂气上升于天为神，体魄下降于地为鬼。"这种观点可能是在人为万物之灵的灵魂不死的思想基础上产生出来的。所以，"鬼神其盛乎""鬼神之所赏""鬼神之所罚"云云，比比皆是。有时说鬼，也包括神在内，如墨子的《明鬼》篇讲鬼也讲神。这也许和人死后灵魂一分为二——阴鬼阳神的观点有一定联系。

上面所说的鬼神，就是俗间常说的鬼神，指那"视之而弗见，听之而不闻"，具有人格意识和超人威力的存在。

芳子：话说到这时，我倒想进一步提一个题外的疑问。先生，鬼神这个东西到底有还是没有？我想趁这个难得的晤谈机会，请教一下，您对这个问题怎么看？

笔者：我的回答是三个字："不知道。"说有鬼有神，找不出确实的凭证，硬要说有，是非理性的迷信。但另一方面，干脆说它没有，这似乎也找不出确实的凭证，不能认为"视之弗见，听之弗闻"，感觉不到的东西就不存在。比如病毒细菌的世界，就在人类现有的感官能力之外。费尔巴哈在《宗教的本质》里说，不存在超出人类现有感官的感觉能力。这是一种就事论事的大胆地断言，颇有强未知为已知的意味。对此还有一种看法，比如日本学者池田大作在他和英国历史学家威尔斯的对谈录中，在讨论到"未知世界"的问题时，曾说过：也许人类的先天感官，能力有限，"在一封闭的圈子中，究其所以，禁区不可能越过。"就是说，不能越过六合之外，了解宇宙的一切。这是一种类似二元论的保守观点。但我个人的想法却是，如同飞碟和外星人那样，留下不少迹象，但到底是不是真实的存在，现状下还无法断定，只好说它在有无之间，有待进一步开发智力,探索其究竟。类似的想法,其实古已有之。庄子说:“六合之外,圣人存而不论。”对虚无缥缈的世外大宇,究竟是什么样子,有什么没有什么,庄子不加肯定,也不加否定,而是“挂起来”,暂时不去谈它。在这一点上孔子为首的儒家学派的观点,在传统思想中具有代表性。《论语》中记载,门人季路问如何对待鬼神,孔子给他个偷换概念说:“未能事人焉能事鬼?”他平时不语怪、力、乱、神,对鬼神之事避而不谈,门人樊迟问何谓“知”(智),孔子答说:“务民之义,敬鬼神而远之,可谓知矣。”意思是,致力于民事,该做什么就做什么,对不可知的鬼神,应该抱着敬而远之的态度,不为它所迷惑,这就是“智”(《论语》朱熹注)。他对鬼神的存在似乎抱着两可的态度。这种观点,并不是出自孔子本身的发明。孔子是依据殷周政治、文化大变革的情况,把殷人的重巫文化和周人的现世文化作了比较,然后总结出来的。据《礼记·表记篇》中记载,孔子这样说过:

“殷人尊神,率民以事神,先鬼而后礼……周人尊礼尚施,事鬼敬神而远之。……”

一方面敬之;一方面远之。

芳子:这岂不是自相矛盾么?

笔者:孔子所以持这种含糊的态度,大概有三个缘故。一个是认识论上的原因,就是说,依据历史与现实的情况,鬼神是否存在,难以确定。孔子不是彻底的唯物论者,有这徘徊的“二元”态度,也难怪。另一个原因是政教原因,就是依据周礼的思想,搞神道设教。《礼记·表记篇》又记载孔子的话:“斋戒以事鬼神……恐民之不敬也。”还有周易《观》卦象辞“圣人以神道设教”等等,都是借鬼神的俗念实行伦理教化的思想,并不是认定天上有主宰的神灵。另一个原因,更重要的恐怕是在于“殷鉴匪远”,在于殷人重神亡国的教训上。大概这三点就是孔子敬鬼神而远之的原因所在。

孔子有个名句:“祭如在,祭神如神在。”“如神在”是说,神不一定有,但既然祭神,就应该恭恭敬敬,好像有神的样子。后代的儒家学者多半继承了这种思想。《四书集注》引程子所说:“人多信鬼神,惑也。而不信者,又不能敬,能敬能远,可谓知矣。”不信是否定,能敬是肯定,即否定其有,又肯定其有,实质上也是一种“存而不论”的两可态度。不但古人,就是今人,我看多数人内心里也不愿下断然的结论。在科学昌明,人类步入太空时代,宗教之所以仍然存在、发展,并在某些国家和地区还很有势力,这种心理上的“两可”,也许是个重要的缘故吧。

芳子:听到这里,又出现一个疑问。程颐说信神是迷惑,还有人说宗教是迷惑人的鸦片。那么,为什么当今世界上所有发达国家,多数人都信教信神。而某些不发达国家信教信神的人则比较少呢?这里,宗教与鬼神对人的智力开发,对社会发展究竟有多大的阻碍作用呢?越想越不明白,望先生指教。

笔者:你很会动脑筋,这确是个值得深思的问题。如果类比有助于考虑问题,我倒想起一件具体类似的事情。处于发号施令地位的人,特别需要警惕的是,算术式的线性思维,对复杂的社会事物,动辄以简单的推算予以处理,是不明智的。例如汉字的简化问题,显然源于美好的理想,以为简便易学,省时省劲,可以把节余的精力用于各项事业,以加速国家社会的发展。但理想毕竟是理想,有的理想是科学的合乎规律的,只要努力,可以实现。有的却不一定,只是一种一相情愿的希望或梦想,到头来往往落空,甚至事与愿违。在汉字文化圈里,简字与繁字并存,对社会发展的影响怎样呢?简字区不但没有跑到"头马",反而拉在后边。繁字区却一马当先,跑到前边去了。亚洲四小龙和大陆对比,不是很明显的令人困惑么?!宗教在全球的情况,也与此多少有些类似。在发达国家里,宗教这种鸦片,把多数人统统迷住,崇拜上帝的观念已深入人心和家庭。按教条的说法,消极忍让的度世思想,理应形成主导的社会意识。然而实际如何呢?恰恰相反,欧美日本这些发达国家,其主导的社会意识却是奋斗、竞争、冒险、开拓、进取的精神。何以如此?原因复杂,一时也说不清。但这件事却启示我们:整个人类社会是个包括许多子系统的巨系统。各系统之间的关联、对立、交义、转变等无数的关系及其运动,繁杂万分,以线性的计算方法或形式逻辑的推论是不可能正确地估计出发展前景的。简而言之,鬼神观念与宗教活动,似乎既不是社会发展(包括科学发展)的反对物,也不是它的推动力。至少在现代社会是这样。比如,不少世界著名的自然科学家,同时也是虔诚的宗教徒。典型的例子是古典物理学家牛顿。他一生钻研物理,最后解释不了运动的始因,只好把上帝请出来,让上帝用"最初的一击",造成事物运动的开始。其他如现代最伟大的物理学家相对论的创始人爱因斯坦,也是信仰上帝的基督徒。这种例子,比比皆是。由此可见,观察复杂的现象,绝不可简单从事。

题外的话,扯的太远了,就此打住。咱们书归正传吧。

易传中的鬼神

前面所说孔子对鬼神敬而远之,是指超自然的鬼神,一般人信仰的鬼神。而在他学习钻研周易之后,论述心得的时候,却在十翼中先后说出了二十二个神字。仅在阐释《乾》卦的《文言》中就出现了五次。另外,还在《系辞》中讲了一个鬼字,这和孔子平时讲说的基调似乎大大不同。这是什么缘故呢?应该说,孔子在论述周易精义时

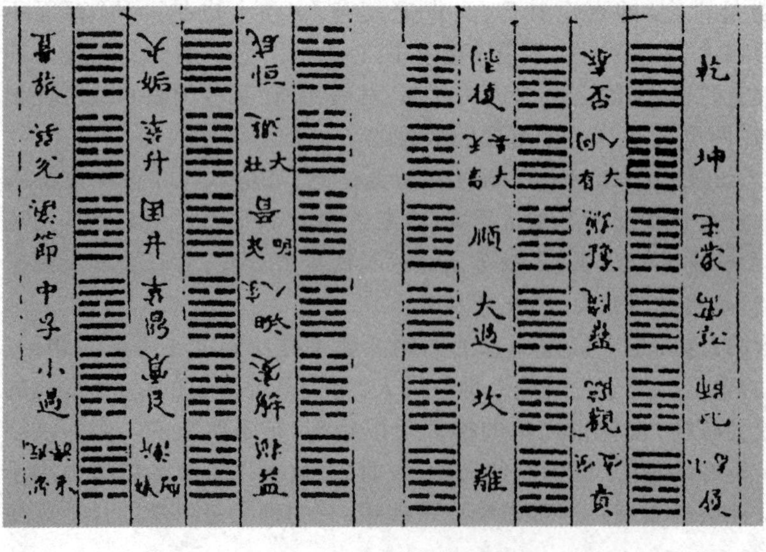

后天周易序卦图,出自宋·税与权《易学启蒙小传》

所用的神字(包括鬼字),和上述俗间所谓神灵的神,意思根本不同。

在孔子解释周易的《文言》、《象传》和《系辞》中,鬼神连用的字样总共出现五次。

一、二两次是《文言》对"大人"的诠释:

"夫大人者,与天地合其德,与日月合其明,与四时合其序,与鬼神合其吉凶。先天而天弗违,后天而奉天时。天且弗违,而况于人乎?况于鬼神乎?"

译成白话,大意是:九五爻辞中所说的大人,他的德行与天地相合,他的圣明与日月相合,他施政的井然有序与四季相合,他的福善祸淫,犹如鬼神的奥妙莫测。他施政先于天,天不违背;后于天,也能顺应天的运动规律。天尚且不与他违反,何况人呢!何况鬼神呢!"

这段话的内涵是什么,其中鬼神指什么说的,这个问题,伊川先生是这样解释的,他说:

"大人与天地日月四时鬼神合者,合乎道也。天地者道也,鬼神者造化之迹也。圣人先于天而天同之,后于天而能顺天者,合乎道而已。合乎道,则人与鬼神岂能违也?"(《易传》)

伊川先生是义理派易学集大成的学者。在他看来,孔子在这段话里所说的鬼神,是天地的运行规律在创造化育万物时所表现的一种功效,并不是宗教上的超自然的存在。他这个说法虽然受到朱熹的批评,说他的"鬼神者造化之迹"之说"固好,但浑沦在这里。"不如张载的"鬼神者二气之良能也"之说"分明,便见有个阴阳在。"阴阳二气"屈伸往来","一伸去便生许多物事,一屈来更无一物,便是良能功用",鬼神就是阴阳二气的良能功用(《近思录集注卷一》)。尽管这样,但伊川之说,却把超自然的神秘莫辨的鬼神,用"造化之迹"一个词语,拉回到自然功能的怀抱,成为质朴易解的概念。就这一点来说,它虽不及张载之说具体些,但不失为有力的创新,有一定的影响。明代学者来之德所说的"鬼神者造化之灵"、"鬼神不过天地之功用",实质上就是继承伊川之说而用更清楚的语言加以表述而已。

鬼神字样第三次出现,是在《谦》卦的象辞里。孔子以决断的语言赞述谦德,他说:

" 鬼神害盈而福谦。"

这句象辞里的鬼神指何而言?功能如何?我们再看伊川先生的注释,他说:

"鬼神谓造化之迹。盈满者祸害之,谦损者福佑之。凡过而损,不足而益者,皆是也。"

如同前边说过的,他仍然重述鬼神是造化功能的观点。他解释说:这种功能的规律是对骄傲满盈者加以祸害,对谦虚损抑者加以福佑。《谦》卦象传的文义和伊川的讲解,粗看不过是上古以来传统思想当中"满招损,谦受益"观点在新的条件下展开复述而已,似乎没有新东西。但仔细琢磨一下,能把满招损,谦受益的规律提高到天地造化功能的法则——"鬼使神差"的高度,作为周易的教诫而加以表述,就不同于一般,而是大有新意,大大增强了训诫的力量。《周易集解纂疏》引崔觐的解说,形象鲜明,含义深刻。他说:"朱门之家,鬼阚其室,黍稷非馨,明德惟馨。"这番话可以用来对伊川的注语作补充说明。意思是,朱门大户财满气骄,会引起意外的祸害。祭神祈福时，祭品的馨香算不了什么，只有发扬自己的德行，才是最好的馨香。把两位学者的解释合起来看，就是表明，天地运行暗中的作用——鬼神的法则，是福谦祸盈。和前面的例子一样，都是以规律的客观作用来说明鬼神的含义，并没有宗教信仰上的鬼神的意味。伊川和崔觐对鬼神及其作用的解释，可以说，它的基本精神与孔传的思想是一致的。

周易中"鬼神"作为双音词出现，第四次是在《丰》卦的彖辞里。原文是："日中则昃，月盈则食，天地盈虚，与时消息，而况于人乎？况于鬼神乎？"

大意是：太阳行到中天，必将西斜；月亮一旦圆满，必将亏蚀。天地这个大自然的满盈和亏缺，都是伴随情况的变化而下落与上浮。大自然是这样，何况人呢？何况鬼神呢？

关于这段彖辞，我们仍然先看伊川先生是怎么讲的。他说：

"既言丰盛之至，复言其难常，以为诫也。日中盛极，则当是昃昳，月既盈满，则有亏缺。天地之盈虚，尚与时消息，况人与鬼神乎？盈虚谓盛衰，消息谓进退。天地之运，亦随时进退也。鬼神谓造化之迹，于万物盛衰，可见其消息也。于丰盛之时而为此诫，欲其守中，不至过盛。处丰之道，岂易也哉！"（《易传》）

伊川这段话先讲盛衰交替、极而必反的自然规律，再讲造化之迹的鬼神也不例外，最终讲守中处丰的重要。在他思想里，鬼神是造化之迹的唯物观点，始终如一。

芳子：看了孔子《谦》卦和《丰》卦的彖辞以及伊川的解说，作为一个日本人，我颇有感慨。回想起一个世纪以来，国运的盛衰交替，家庭以及个人命运的进退起伏，确实体现出"鬼神害盈而福谦"和"天地盈虚，与时消息"的不可抗拒的法则。

笔者：确实如此。三国演义开场所说的"天下大势，合久必分，分久必合"，就是基于周易物极必反的原理。

人在前，鬼神在后

芳子：经伊川这么一讲，鬼呀神呀，并没有什么神秘，也没有什么可怕。我觉得好像听了一堂东方古代唯物的鬼神观，很受启发。另外，我还有一个心得。孔子在上述《文言》和《丰》卦彖传当中，在讲到人和鬼神的时候，竟而把鬼神排在人的后面。这是不是有意为之，比如说暗示天地之间"人"为贵呢？

笔者：这个心得，足以称作发现。记得老子说过，"道大，天大，地大，王亦大，域中有四大，而王居其一焉。"（二十五章）"以道莅天下，其鬼不神。"（六十章）把人列为宇内四大之一，而把鬼神排除于四大之外，处在人的后面。当然老聃贵阴柔的道家思想，跟孔子重阳刚的儒家思想，体系的性质不同，但重视天地人而不以鬼神为尊一点，有类似之处。在万物有灵的原始时代，在后来的神话传说时代，继尧、舜、禹到夏商时代，大体上曾是鬼神主宰的世界，人几乎是鬼神的附庸。据孔子讲，大禹的政治作风是"菲饮食，而致孝乎鬼神……卑宫室，而尽力乎沟洫。"他自奉甚俭，而孝敬鬼神却很丰盛。先致孝于鬼神，而后致力于治水。人的位置排在鬼神的后面。至于商代，迷信鬼神和龟卜形成了浓重的宗教风气。生产、战争、施政都要听从上帝的命令，人几乎

《武王伐纣书》版画之武王伐纣图。商朝末年,商纣王失政,周王伐纣,灭了商朝,建立了周朝

成了神的奴仆。经过武王革命,到了周朝,伴随世道变化,“天命靡常”,人谋胜于鬼谋,于是在人的思想中,鬼神的地位逐渐下降,人的地位相应上升。有个史例,非常突出。春秋时期的军事家孙武在《孙子兵法》的《用间篇》里谈到情报工作的重要性时曾经说:“先知者不可取之于鬼神……必取之于人,知敌之情也。”他以坚决的口气断言,事先探知敌情,不可取之于鬼神,一定要取之于人,取之于了解敌情的人。依据自古以来的战争经验,孙武总结出这个的规律,排除借卜筮之类以求助于鬼神来预测敌情,而把取得确切敌情的任务委之于人。

芳子:孔子是务实的伦理主义者,对鬼神采取敬而远之的态度,是理所当然的。所以,虽然孔子讲周易的时候也谈到鬼神,但他的说法是“人谋鬼谋”,人在前,鬼在后,是不是也有个轻重缓急的区别?

笔者:当然!孔子这个说法是继承《尚书·洪范》的思想,先后次序是颠倒不得的,绝不能说成“鬼谋人谋”。来之德的解释很恰当、很具体。在《易经集注》里他说:“凡人有事,人谋 在先。及事之吉凶未决,方决于卜筮,所以说人谋鬼谋,百姓与能也。故书曰:谋及乃心,谋及卿士,谋及庶人,谋及卜筮。先心而后人,先人而后鬼,轻重可知矣。”从远古时代直到夏商的先鬼而后人,转变到周朝的先人而后鬼,是中国老祖宗精神领域中一大飞跃的转变。所谓神道设教,对鬼神的尊重与崇拜,实质上是当政者对鬼神的利用,是人摆弄神鬼,不是鬼神控制人。这个问题,下面还要涉及。这里就此打住。

鬼神一词在孔传中第五次出现,是在《系辞》里。原文是:“仰以观于天文,俯以察于地理,是故知幽明之故。原始反终,故知生死之说。精气为物,游魂为变,是故知鬼神之情状。”

这段话和前段话一样,不仅出现鬼神字样,而且谈到鬼神的情况。所谓“精气为物,游魂为变”,易学史上有好几种解释。下面把它们摆一摆,好对这一重要的问题有深入的了解。

鬼神源于生死

如果这段话从后往前来看,可以看出,鬼神问题来源于生死问题,生死问题则包括在幽明问题之内。由此可知，孔子的意思是，周易的作者从仰观俯察中明白了大自然之所以有明与暗，从考察事物的始终里懂得了生死的道理，又从“精气为物，游魂为变”的情况中了解到鬼神的情况。从这个论述的顺序中可以见到，孔子是依据天人合一的原理来观察事物的始终和人的生死，并由此而涉及所谓鬼神的情况。前边说过，在传统思想中有一种观点，认为鬼神是和人的生命变化紧密相连的。孔子是在这个传统的鬼神思想的基础上，解释《易》理而有所发挥。

对《系辞》这段话，主要有如下一些注解。

首先，是韩康伯提出的聚散说。他说：“精气烟熅，聚极则散，游魂为变也。游魂言其游散也。……尽聚散之理，则能知变化之道，无幽而不通也。”(《系辞》注)

韩氏认为这段话提出了聚散之理：精气聚则生，为神；散则死，为鬼。但他没有具体说明什么是精气，同时以游散解释游魂，也不够具体。

《九家易集注》对精气聚散说得很明白，它说：

“阴阳交合，物之始也，阴阳分离，物之终也。合则生，离则死。”

显然这是把“精”解释为阴，把“气”解释为阳，也就是说，阴精阳气在人身相合，就是生，散就是死。

关于什么是魂魄，《周易集解纂疏》引《左传·昭公七年》说：“人生始化为魄，既生魄，阳曰魂。”又引《说文》云：“魂，阳物也。”就是说，魄是人的肉体，属阴，魂是人的精神，属阳。魂魄相合，成为活人，魂魄分离，变为死人。同书又引郑玄说：“游魂谓之鬼，物终所归；精气谓之神，物生所信(伸)也。言木火之神，生物东南，金水之鬼，终物西北。二者之情，其与春夏生物、秋冬终物相似。”郑说很具体，把精气为物，游魂为变和鬼神情状的道理讲得很透彻。用今天的话来讲，就是：天地阴阳二气的运行，形成了光明与幽暗，二气聚合、伸长，就是生成，就是神；二气游散，归去，就是死亡。万物的春夏生长，就是大自然阴阳二气的聚合而伸张，就是所谓神，就是神的情状。万物的秋冬收敛，就是大自然的阴阳二气离散而归去，就是所谓鬼，就是鬼的情状。

对孔子《系辞》这段难解的话，陈梦雷总结前人的观点，作了浅显而较为全面的论述。他说：

“……以《易》之阴阳，知天文地理之有幽明，……阳极阴生则渐幽，阴极阳生则渐明，终古天地皆如此。知其所以然之理，所谓知幽明之故也。……天地之化，虽生生不穷，然有聚必有散，有生必有死。以《易》中阴阳二气之聚，推其所以始，则可以知生之说；以阴阳二气之散，推其所以终，则可以知死之说。……人之生也，精与气合而有物，故为神，精灭则魄坠于地，气绝则魂游于天。人之死也，魂与魄离而为变，故为鬼。……离合聚散，屈伸往来于天地之间，谓之鬼神。然要不出于《易》之阴阳可知也。盖精也，魄也，皆阴之属也；气也，魂也，皆阳之属也。精气为物，阴阳二气聚而为神也。……游魂为变，阴阳二气散而为鬼。……鬼者归也……神者伸也。……其聚散久近，则阴阳之变化而不可穷诘。而其自无之有，自有之无则无极。太极而生阴阳，阴阳仍归于无极，此鬼神之情状可以易知之者也。”(《周易浅述》)

芳子：先生，您讲的，我听得明白。可您引用的许多古文，我却不能完全听懂。

笔者：那不要紧，以后你有工夫还可以慢慢去读。当前，你只要抓住要点，知道孔传《系辞》里所说的鬼神之情状,不是巫婆所闹的鬼怪神灵,而是周易所讲的阴阳二气屈伸聚散,充塞乎天地之间,造成生生死死,忽有忽无,真真假假,变化莫测的情况而已。你懂了吗?

芳子:若说其中的道理,我当然明白了。不过,原文和引文的具体意义,我还需要进一步细心钻研。

笔者:我也同样需要进一步钻研。为了真正弄清鬼神情状的含义,还是需要引述一下权威学者的意见,关于这个问题,《二程集》有两段记载,都是伊川先生讲的。

(一)问:"《易》言鬼神情状,果有情状否?"曰:"有之。"又问:"既有情状,必有鬼神矣。"曰:"《易》说鬼神,便是造化也。"

(二)问:"世言鬼神之事,虽知其无,然不能无疑惧,何也?"曰:"只是自身疑耳!"曰:"如何晓悟其理?"曰:"理会得精气为物,游魂为变,与原始反终之说,便能知也。须是在原字上下工夫。"

伊川先生所说的"原",就是"原始反终"的"原"。仔细思考原字的意义,可知那就是指他反复申说的"鬼神者造化之迹也"的造化,造化就是天地的功能。所以"在原字上下工夫"的意思,大约是说要在鬼神根源的天地功能上下工夫。这里最好引用虞翻的注释(《周易集纂疏引》)来做解说。虞说:"《乾》为神为天,故《乾》神似天;《坤》为鬼为地,故《坤》鬼似的。《乾》神《坤》鬼,即天地之用也。"伊川的话,好似虞翻之言的翻版。也许他原来就是采取了虞说来讲解《易》理的鬼神,也未可知。

《系辞》在谈到揲蓍求卦的筮法时,又提出了鬼神字样:

"天数五,地数五,五位相得而各有合。天数二十有五,地数三十,凡天地之数五十有五,此所以成变化而行鬼神也。"大意是说,天的数是一、三、五、七、九这五个奇数;地的数是二、四、六、八、十这五个偶数。五位奇数和偶数互相配合,其中天数相加为二十五,地数相加为三十。这样一来就形成了变化而展开了鬼神的机能。这里所说的鬼神是什么意思呢?我以为朱熹的解释最恰当,他说:"鬼神,谓凡奇偶生成之屈伸往来者。"意思是,在揲蓍求卦的过程中。蓍草自身的奇(天数)偶(地数)自然搭配结合,忽奇忽偶,忽屈忽伸,一往一来,一来一往,变化莫测,而终于成卦,这种情况,谓

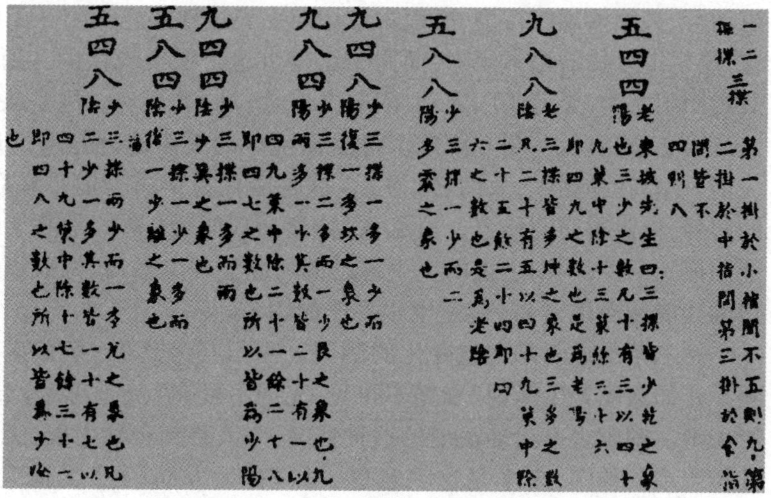

揲蓍法图,出自宋·佚名辑《周易图》。古人用数点蓍草茎的占卜方法来卜卦,以预测吉利与否,称为揲蓍

之鬼神。这个意思,也无非是赞扬周易的筮法运用奇偶的数字组合来求卦,体现出天地阴阳二气创造化育万物的奇妙功能,和上述“天地造化之迹”的意思,基本一致。《系辞》中鬼神二字联用,总共就是这么六个地方。

神字的奥义

芳子:《系辞》和《说卦》当中单用神字的地方还有不少。那些神字,都是什么意思?都是指什么说的呢?

笔者:确实不少。查一下,总共十六处。

芳子:这么看来,《论语》说孔子不谈怪、力、乱、神,也不见得。他讲周易的时候,不是这么大谈其鬼神么!?

笔者:那只是说孔子重视人道,对玄虚的神灵之类不愿谈论罢了。至于周易,孔子主要是把它当作哲学伦理学来看待的。他反复使用神字,大概是为了形容和颂扬《易》理的玄妙吧!

孔子在《系辞》和《说卦》中使用的六个“神”字,就主要的来看,它的意义和“鬼神”有些不同,但有内在的联系。鬼神所指是天地的功能,也就是阴阳二气的功能。神字所指则是这一功能的运行、显现、发挥、乃至效果。两者的根源都是天地所具有的阴阳二气,只是所表达的侧面不同而已。

在认识周易的本质上,孔子所提示的这个神字具有关键作用。不切实把握这个神字的奥义,就不能彻底领悟周易的内涵。我们知道,“《易》以道阴阳”,阴阳是《易》的核心,《易》是阴阳的体现。总体来说,《易》就是体现阴阳二气运行的规律、功效和情况的。分别来说,则形成三个侧面:

(一)一阴一阳之谓“道”;

(二)生生之谓“易”;

(三)阴阳不测之谓“神”。

这三个论断,都是孔子在《系辞》里讲的。第一条所说的道,就是规律,人必须循道而行,必须依规律行事,所以古人用道字表达规律。一阴一阳的相反相成和互相转化,是宇宙万物的根本规律,而周易正是讲这个根本规律的。所谓《易》者阴阳之道,卦者阴阳之物,爻者阴阳之动:阴阳之道是《易》的灵魂。这是从规律的侧面谈周易。

第二条是说,一阴一阳这个对立面统一的规律运行起来,“阳极生阴,阴极生阳,一消一息,转易相生,故谓之《易》。”这是清代易学家李道平在《周易集解纂疏》里作的解释,他讲得简明恰当。可见,《易》之所以叫做《易》,是源于阴阳之生生不已的动能。换句话说,阴阳之道的生生不已的功能显现出来,就构成周易的内容。从阴阳之道的功能侧面讲,《易》就是生生不已的别名。

第三条是讲阴阳之道变化的侧面。阴阳互为其根,互交互变,变化之极,妙不可测。正如濂溪先生所说“发微不可见,充周不可穷”(《近思录》卷一注),变化无穷,无影无形。阴阳之道运动演变的这种情况,令人感到玄妙之极,无以名之,遂名之曰神。孔传当中的神字,多半是这个意思。如“神无方而《易》无体”方是方向,体是外形。

千变万化、阴阳不测的神和阴阳消息、唯变所适的《易》,是没有固定的方向和确定的形体的。就这个意义来说,《易》的活动就是神的活动。也无妨说,《易》就是神,神就是《易》。所以,孔子又说:“知变化之道者,其知神之所为乎!”变化之道就是阴阳变化的规律,《易》是讲阴阳变化之道的,而这个变化是玄妙莫测,如同神灵似的。那么,如若通晓《易》所显现的变化之道,便可明了阴阳莫测的道理及其作用。归根结底,也就是说,神是《易》的表现,《易》与神为一体,两者都是玄妙难知的东西。另外,孔子赞颂《易》的玄妙功能时,曾说:“《易》无思也,无为也,寂然不动,感而遂通天下之故。非天下之至神,其孰能与于此!”意思是说,《易》这个东西,看起来是无所思也无所为,寂然不动。可一旦以揲蓍起卦,它便阴阳交感,活动起来,而通晓天下的事理。若不是天下最玄妙的东西,怎么能达到这个地步呢?这段话,仍是以神字来表达阴阳不测的奥妙,和前几句话中神字的意义没有什实质的区别。

芳子:“一阴一阳”“生生不已”“阴阳不测”这三点,讲的是周易的内涵和功能,不过,我看也适用于整个宇宙和人间。可不可以这样看?

笔者:是的,情况就是这样的。所以孔子赞颂说:“《易》与天地准,故能弥纶天地之道。”又说:“《易》之为书也,广大悉备,有天道焉,有人道焉,有地道焉。”(《系辞》)正因为周易是天人法则的结晶,所以孔子才始终用天人合一的观点为周易作传。

就神的概念来说,也是这样。一阴一阳之道是贯穿于天地之间的基本规律,也是《易》的基本规律。一阴一阳交互演变,使万事万物生生不已,变化无穷。《易》也是这样,太极生两仪(天阳地阴)、两仪生四象(太阴、少阴、太阳、少阳),四象生八卦,八卦交叠而生六十四卦三百八十四爻,“阴阳相易,以成化生”(乾注),也是生生不已,变化无穷。一阴一阳在天地人之间相交相易,相反相成,忽消忽长,忽此忽彼,变化之极,令人玄妙莫测,其妙如神。所以,孔子赞叹说:“变动不居,周流六虚(卦之六位),上下无常,刚柔相易,不可为典要,唯变所适。”(《系辞》)揲蓍求卦时,蓍草为阳为阴,无从推测,如圆球滚动,找不出头绪,只有任其自然,委之于时运,所谓蓍之德圆而神,就是指此而言。得卦之后,卦变爻变,阴阳之相反相成,千变万化,头绪纷繁,令人难以判断,呈现出一种玄妙的景象。所以阴阳不测之神,不仅指周易,也指世界。在当代量子力学中有一条定律,名为测不准定律,表明宇宙万事万物变化万端,无法最终测定。《易》之阴阳不测之神,也许是这种定律的朴素的反映。总之,在道、化、神三方面,世界与周易可以说是一而二、二而一。

总而言之,孔传所说的神,大都反映天地造化的奇妙,反映《乾》《坤》阴阳变化的奇妙。《说卦》当中有一句话:“神也者,妙万物而为言者也。”意思是说,神这个东西,是指天地(乾坤)造化万物的奇妙莫测的功能而言。这句话可以看作是孔传中神这个概念的核心意义。

有的书,如《周易大传新注》,把“至神”的神字,解为“神速”。这恐怕不对,这既没有训诂的根据,也不合乎《系辞》本义。后代书面语所说“神速”是偏正式的双音词,意思是“神奇的速度”,极言速度之快,快之若神。神字本身并没有快速之意,只是前边所说的“妙万物而为言”的意思。我们再看下面这段话:

“夫《易》,圣人之所以极深而研几也。故能通天下之志;唯几也,故能成天下之务,唯神也,故不疾而速,不行而至。”

这段话,是孔子赞颂周易内涵的渊奥和功能的巨大。大意是说,周易这部书,是圣人穷究事物的深奥的道理,钻研事物的玄妙而后创作出来的。唯其深奥,所以能贯通天下的思想。唯其机微,所以能成就天下的事业。唯其神妙,所以(它发挥作用时)使人感不到快速而快速,不觉得行进而到达目的。很明显,这是赞扬周易具有深、机、神三大特点、三大功能。在这里,神字仍然是玄妙莫测而不见形迹的意思,跟前边所谈的“寂然不动,感而遂通天下之故”的“至神”之神,是互为表里的话。孔颖达在《周易正义》里说:“以无思无为,寂然不动,感而遂通,故不需急疾而事速成,不需行动而理自至也。”把“唯神也,故不疾而速,不行而至”的含义,解释得非常透彻。

孔颖达像。孔颖达,字冲远,孔子第三十二代孙。唐经学家。他编撰的《周易正义》是唐代易学诠释学的代表作。他以易学诠释学深刻影响了唐宋时期易学和哲学的发展,成为汉易和宋易过渡的桥梁

芳子:可是,《系辞》所说的“蓍之德,圆而神”和“神以知来,知以藏往”当中的神字,用“奇妙”来解释,好像难以理解。

笔者:不,不难理解。“蓍之德,圆而神”,卦之德方以知,六爻之义易以贡,是一个并列的复合句,相辅相成,表明《易》筮的结构与功用。第一分句说的是蓍草运行的情态。在揲蓍求卦的过程中,四十九根蓍草运而不穷,好似圆球滚动,是阴是阳无可计量,系于偶然的机运,无从测定。用横渠先生的说法是:“两在(阴阳两在),故不测。”也就是处于阴乎阳乎无从测知的玄妙状态。这就是“圆而神”的含义。神字在这里的意思仍然和前边所说的一样。接下去,“卦之德,方以知(智);爻之义,易以贡。”是说,卦的性能是以方直的形体储藏智慧,爻的作用是通过变动告知吉凶。整个复句讲述周易的占筮活动,是以蓍草的圆运如神求卦,然后依据卦内的智慧和爻的变易推断吉凶。总合起来,周易便具有“神以知来,知以藏往”的功能。这个神以知来,也不是说,占筮时凭神谕而知未来。仍然是承接上文“圆而神”的神。“知以藏往”则是指上文“卦之德,方以知”。意思是说,运用蓍草圆而神的妙用求得某卦,然后凭卦内所藏既往的智慧(以及爻变的显示)以预测未来的休咎。

关于“神以知来”的“来”字和“知以藏往”的“往”字，来之德先生解得最好，他认为：“凡吉凶之几，兆端已发，将至而未至者曰‘来’。吉凶之理，见在于此，一定而可知者曰‘往’。”（《易经集注》）以几、兆、理诠释来、往，十分深刻。再有《系辞》中的神字，大多数用作名词，但有时也用作动词。在论述和赞倾周易揲蓍成卦后所发挥的巨大功能时，《系辞》有这样一番话：

“显道，神德行，是故可与酬酢，可与佑神矣。”

前后两个神字，头一个是动词，后一个是名词。什么是显道，神德行呢？《周易正义》是这样解释的：“《易》理备尽天下之能事，故可显明无为之道，而神灵其德行之事。”意思是周易的义理完全囊括了天下的万事万物，所以它能显扬大自然无为的规律，并足以神化世间的德行。我觉得，这个注释有两点毛病：一个是所谓“无为之道”，是道家思想；讲周易还是用阴阳之道的说法，更为妥帖。另一个是把“神德行”的神字，解作“将其德行之事加以神灵化”，很费解，恐非原文本义。我的看法是，这个神字作为动词，除了神化之外，本来还有伸长的意思。这一点，前边已经讲过了。（神者伸也，鬼者归也）。因此，把这两句话解作“显扬大自然的阴阳之道，伸张人间的德行”，似乎顺理成章，不那么别扭。本来周易既含哲理，也含伦理，这样解释，合乎周易的内涵与功能。不过，《周易正义》能把这个神字当作动词看待，还是恰当的。而韩康伯的注释“由神以成其用”，却含含糊糊，似指天神，又似指神化，像名词又像动词，看不明白。下文的“可与酬酢，可与佑神”是什么意思呢？这两句，韩注讲得明白。它说：“酬酢，犹应对也。”“可以应对万物之求，助成神化之功也。”佑是帮助，“佑神”的意思不是帮助天神，而是对“阴阳之道造化万物的玄妙功能”（神化）有所促进。《九家易》说的最清楚，它说：“阳往为酬，阴来为酢，阴阳相配，谓之佑神也。”就是说，周易可以演示阴阳之道的往来变化，把天地造化万物的神妙功能，通过占筮加以发扬，叫做佑神。

芳子：不过，从字面看，“佑神”总好像是辅佐天神实行造化的意思。神字似乎可以解作主宰世界的天神。易学界里有没有这种解法？

笔者：有。有的易学者是这么解释的。例如《易经今译》就说：“如果依循《易经》的理数实行，就能与神的决定相同。因而易经可与任何需求相应对，可以协助神的功能了。”从神的决定到神的功能，显然，作者把佑神的神，看做是主宰世界的天帝。我认为，这种解释是错误的。理由是，倘若单就这一句话孤立地看，佑神的神也许难免有这种解释，但我们知道，《系辞》是孔子讲周易，《系辞》的思想不能离开孔子的思想，不能离开周易的本质、体系和内涵。前边说过，孔子是一个入世的伦理主义者，对虚幻的鬼神之类，持保留态度，敬而远之。他的思想中并没有宗教上的主宰世界的人格神。同时，由阴阳二象所组成的八卦、由八卦所演成的六十四卦这一《易》象体系，乃是宇宙的缩影，它不是始自天神的造作，而是源于伏羲圣人的仰观俯察和效天法地。周易是以阴阳之道为基准，不是以天帝的神志为始基，是“《易》以道阴阳”，而不是《易》以道鬼神。正因为这样，所以孔子自然依照周易的本来面目，结合自己的入世思想，钻研、探索和阐发《易》理而为之作传。《易》讲阴阳变化之道，孔子便说“一阴一阳之谓道”，《易》的阴阳变化玄妙莫测，孔子便赞叹说：“变化不测之谓神。”伏羲画卦成《易》是依据天文地理。孔子解《易》便说："《易》与天地准，故能弥纶天地之道。"如此等等，孔传基本上可说是"以《易》解《易》。"简而言之，诚如横渠先生所说："《易》即天道而归于人事。"《易》的内容是这样，孔子的解说基本也是这样。孔子在易传里大讲阴阳变化的天道，目的是提高人世的伦理道义。他绝不会把周易本来没有的天神（天帝）拿过来讲解周易，绝不会把周易的功能视为帮助天帝造化万物。全面思考一下，这个道理是很明显的。怎么样，你认为对不对？

芳子：我觉得您的全面思考，很有道理。是的，我们谈孔子的易传，要从哲理的高度来细加品味，才能明白个中三味，如果像郭沫若那样，把它看成说鬼讲神的宗教书，看成求神问鬼的卦书，那就是"一脚门里一脚门外"的浮浅的看法了。

笔者：好极了。你这个观点很有分量，这表明你在探索易传中"神"的本义的过程中，对周易的本质加深了认识。

芳子：先生过奖了，谢谢！我愿趁这个难得的机会，经过您的教导，把易传里的"神"彻底弄明白。

笔者：请看《系辞》下面这段话：

"……阖户谓之《坤》，辟户谓之《乾》。一阖一辟谓之变，往不不穷谓之通。见乃谓之象，形乃谓之器，制而用之谓之法。利用出入，民咸用之谓之神。"

这段话是用门户的开闭作比喻，阐述阴阳之道的变化与功能。意思是：关门叫做《坤》（阴），开门叫做《乾》（阳），一关一开叫做变，往来无穷叫做通。阴阳的表现叫做象，阴阳成形叫做器。依据阴阳之道制定的法则叫作法。这些东西自然而然便于人民生活的需要，这种奇妙功能叫作神。

这段话依次讲了《坤》、《乾》、变、通、象、形、法、神等八个概念的内涵和关系。依照朱熹《本义》的解释，意思是说，"阖辟，动静之机也，（阖是静。属阴，辟是开，属阳）。先言《坤》者，由静而动也。《乾》《坤》变通者，化育之功也。见象形器者，生物之序也。法者，圣人修道之所为。而神者，百姓自然之用也。"朱氏是本着《易》的阴阳之道贯通于天地人之间的观点，讲了上述八个概念的含义，大体上符合孔传的思想，同时，他用"百姓自然之用"来解释神字，也与孔传"百姓日用而不知（所以然）"的说法，能前呼后应，一脉相连，可以视为正解。总而言之，《系辞》这段话里的神字，还是对阴阳之道的玄功妙用的赞颂。说来说去，这个神字仍然没离开阴阳不测之谓神的"神"义。

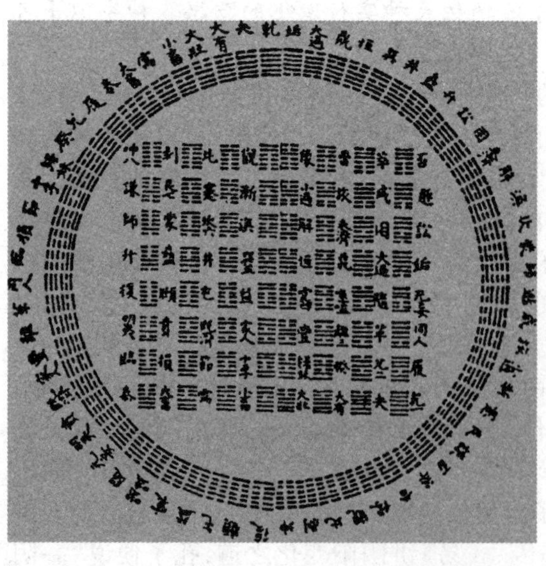

伏羲六十四卦方位图，出自宋·朱熹《周易本义》

在谈到周易内涵的表达手段时，孔子说过一段很有名的话，他说：

"书不尽言，言不尽意。……圣

人立象以尽意，设卦以尽情伪，系辞焉以尽其言，变而通之以尽利，鼓之舞之以尽神。”

译成今语，大体是说：

书面文字不能完全表达口语，口语不能完全表达思想。为此，圣人创立《易》象，借以完全表达思想，设置六十四卦，借以完全表达所要说的话。通过卦爻的变化交通，借以完全发挥它的功能。鼓动舞动蓍草，经过四营三易十八变而求卦，以便完全发挥《易》筮的阴阳莫测的玄妙作用。

孔子认为周易有四个圣人之道：辞、变、象、占。上面这段话的中心思想是以象为主，说明周易作者凭借辞、变、占等手段来表达自己的创意和《易》道的奇妙作用。这是又一个以必然性的内容为据而与占筮的偶然性的形式相结合的阴阳不测的神。

《系辞》中还有两个神字，用作动词。一个是“神而明之存乎其人”，另一个是“神而化之，使民宜之。”前者的大意是说，如何领悟“《易》理阴阳变化的奥妙”（神），并把它“发扬光大”（明），那就在于个人的修养程度了。后者的神字和化字，可借用来之德的解释。他认为，“由之而莫知其所以然者神也，以渐而相忘于不言之中者化也。”大意是说，上古的皇帝尧舜依据阴阳变通之理，创制了许多便民措施。民众顺从实行，知其当然而不知其所以然，采取此种神奇的无为而治，这就是“神之”。渐渐地民众忘其由来，濡染成俗，这叫做“化之”。所以使民宜之，宜是适合的意思，就是使民众觉得合适、方便。这明之与化之的两个神，也同单一的神一样，虽也有神秘的意味，但不是指天上的人格神。

作为单独概念，系辞里还有三个神字。比较起来，和前边所说的，意思差不多，一个一个地分析起来，不免啰唆，合起来讲讲，又不免觉得笼统，不细致。

芳子：既然已经讲了这么多，差不多快讲完了，若是剩个尾巴呢，那太遗憾了。先生，请您辛苦些，把它全部讲完，好不好？

笔者：是的，我也作如是想。过去，欧美人曾讥笑中国人是“差不多先生”，我想今天就摘掉这个帽子，争取做个“完全先生”。

先说第一句：“精义入神，以致用也。”

这个神字，晋代易学家干宝解的最简明妥切。他说：“能精义理之微，以得未然之事，是以涉于神道，而逆祸福也。”（周易集解纂疏）换成今语，大意是说，能够精通周易哲理的微妙所在，用以推断未来的事情，从而达到变化莫测的阴阳之道，用以预测人间的祸福。这样做，是为了达到实用的目的。

要特别注意，孔子所说的“入神”，是以精义（精通义理）为前提，而宗教家（包括巫史之类）的入神（进入神灵境界）则是以乞祷为依据。所以前者的神是阴阳妙变之义，后者则是精神的虚幻腾跳，性质根本不同。

第二句是“穷神知化，德之盛也。”

“穷神知化”是“精义入神”的更高阶段。先是精通《易》理，进入妙境，然后尽知玄妙而通晓变化。这么高尚的修养，对一个人来说，当然是才德的最高境界。一前一后两个神字，意思就是这么简单明了。这里面丝毫也没有神灵鬼怪的成分。

第三句的“知几其神乎”，意思更容易明白。

什么叫“几”？在下文里，孔子直接作了说明。他说：“几者动之微，吉之先见者也。”意思是，几这个东西，是事情运动的始微，也就是端倪、苗头或朕兆。这个微小的苗头，是事情吉凶的先兆，是吉凶未到之前的先行表现。一个人如若善于抓住事情发生的先兆，便可设法趋吉避凶，这种预见吉凶的本领，应该说是掌握了阴阳变化的玄妙之道。原文所谓“吉之先见”，实际含凶在内，也许是行文之便，未加凶字罢。也有人说，知几必吉，所以只说吉，不说凶。这也是一说吧。总之，把几与吉（凶）相连，知几与玄妙相连，从而趋吉避凶，这一系列概念的联结与推移，完全是理性思维的运动，连所谓“第六感”的意味都没有，何况神灵呢，那就更谈不到了。

何谓神明

孔传中带神字的双音词“神明”，一共出现五次。这是个饶有意趣的概念，它大多用作名词，偶尔也用作形容词或动词。离开周易的语言环境，单看神明，它在上古时代是太阳的尊称，也是太阳神的别名。《汉书·郊祀志》中说：“神明，日也。”就是指此而言。《礼记·郊特性》郑玄注说：“天之神，日为尊，日为百神之王。”这都表明上古时代曾经有供奉太阳神，尊之为“神明”的原始宗教。这种情况，国外也不少见。不过，易传当中的神明，却不是这个意思。因为周易的主体是《乾》（天）、《坤》（地），并不是《离》（日）。《离》日是《乾》、《坤》所生的中女，《乾》、《坤》是《离》日的父母。而《乾》、《坤》又是从太极孕生而来，唯有太极才是产生易体六十四卦的最高尊者。但太极也只是阴阳二气的合体，也不是天神。所以，《易》传中的神明概念，当另有所指。首先，《系辞》述说伏羲氏仰观俯察，始作八卦，“以通神明之德，以类万物之精。”对此，朱熹是这样解释的：“俯仰远近，所取不一，然不过以验阴阳消息两端而已。神明之德，如健顺动止之性；万物之情，如雷风山泽之象。”（《周易本义》）解得很好，照此说法，所谓神明之德，不外乎《乾》健、《坤》顺、《雷》动、《艮》止、《坎》陷、《离》丽、《巽》入、《兑》悦等八卦的八种性质，万物之情也不外乎是八卦所蕴涵的种种性状。统而言之，神明是阴阳二气妙变的功能，八卦无非是彰明阴阳妙变的形象。关于这一点，清代易家李光地作了更深入的说明。他说：“神者，妙万物而为言者也。神化虽难知，而其发于图像者，则至显矣。”照这个解释来看，“神明”的意思应该是，阴阳造化，玄妙难知，此之为“神”，而把这难知的玄妙用八卦的图像显示出来，则明白易解，这叫做“明”。换句话说，把难测的阴阳玄妙的变化（神），用易象显示出来（明），——整个意思统合为一个词，就叫做神明。他这个观点，也许来自《九家易》。《九家易》说：“隐藏谓之神，著见谓之明。阴阳交通，乃谓之德。”李道平的疏语说：“神者隐藏，阴之德也，明者著见，阳之德也，阴阳相交，则神明之德通矣。”（《周易疏纂集解》）这样深入的解说，使神明这一概念的内涵，昭然若揭。总之，抓住阴阳二气的相反相成，便可体会到“神明”的精髓。

其实，关于神明的内涵，《系辞》本身已经在下文从根本上作了说明。它说：

“《乾》《坤》，其易之门耶！？《乾》，阳物也；《坤》，阴物也。阴阳合德而刚柔有体，以体天地之撰，以通神明之德。”

孔子把《乾》《坤》比喻为周易的门户。《乾》阳《坤》阴，阴阳相交，两情相得，或刚或柔，自成形质，借以表现天地的造化，融通阴阳隐显的德行。这样，从天地阴阳的造化来讲神明，便使人从根本上认清了它的实质。

所以，《说卦传》里所谓"昔者圣人之作《易》也，幽赞于神明而生蓍"也无非是说，古时圣人作《易》时，是暗中帮助天地造化的阴阳两面的功能而发明出蓍草占筮的方法，其中神明一词，与上面说过的意思相同，不必重复。

芳子：我记得，《系辞》里还有一个"神明"，似乎表示一种动作。

笔者：是的，就在下面这段话里：

"（圣人）明于天之道，而察于民之故，是兴神物，以前民用。圣人以此斋戒，以神明其德夫！"

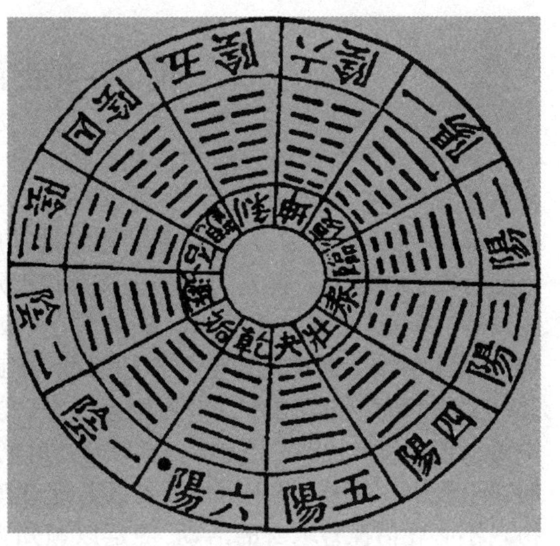

乾坤交变十二卦循环升降图，出自清·胡渭《易图明辨》

意思是，圣人通晓大自然的法则，同时察知人民的情况，于是开创玄妙的蓍占，借以引导人民使用。圣人为此进行修斋自戒，诚心诚意，以便充分发挥易占或阴或阳奥妙而显赫的功用。"以神明其德"的神明是动词，换成使动句法，就是"使之神而明"。使什么"神而明之"呢？这一点大体有两种解释。一种是说，圣人使自心神而明之。

陆绩说：

"圣人以蓍神知来，趋吉避凶，即以此洁齐其身……惟其吉而后行，举不违失，其德富盛，见称神明，故曰神明其德也。"（《周易集解纂疏》）

朱熹也持此说，他说：

"圣人……斋戒以考其占、使其心神明不测，如鬼神之能知来也。"（《周易本义》）

《周易全解》的注释是：

"'神明其德'意思是说提高思想水平能达到最高的程度。"

《周易辨证》的译述是：

"应验如神地彰明自己的道德。"

但是，孔传并不用神明的概念来称颂人的修养，只是用它来显示天地造化、阴阳变化的奥妙功能，赞美周易的内容具有这样的功能。前边讲过的"以通神明之德，""幽赞于神明而生蓍"等，都是这个意思。"神而明之"云云，也是指人对周易领悟与运用的水平，不是泛指人的德才修养的程度。至于把神明的神释为占筮的应验如神，那就明显地缩小了"神明"的内涵与外延，，恐怕是大词小解吧。

另一种解释是把"神明其德"的对象视为周易，说使周易的功能发挥到神而且明的程度，叫做"神明其德"。德是性能的意思。正因为要使周易性能的发挥达到神明的程度，所以圣人才通过斋戒，洗心专诚，唯精唯一，以乞顺利地达到目的，这也可备一说。

何谓神武而不杀

芳子:《系辞》里还有一句“古之聪明睿知,神武而不杀者夫!”这个“神武而不杀”,很难理解。我们日本人,一般总是认为,“武”便是要杀。

笔者:韩康伯认为,这个论断的意思是,“服万物而不以威刑”。单就这一句来讲,当然可以这样解释。但这句话的上文是说《易》占的“神以知来,智以藏往”的奇妙功能,和武呀杀呀之类毫无关系。陈梦雷在《浅述》中所说“盖指伏羲氏也。神足以开物,知足以成务,聪明睿知也。吉凶之断,神武之决也。与民同患,不杀之仁也。”云云,把“神武而不杀”硬和《易》占联系起来,实属牵强。我看这句话的解释,还是朱熹说得在理。就是说,是个比喻。意思是,如同荀子所说的“善《易》者不占”,孔子所说的“不占已矣”那样,真正悟得周易的数理意蕴,就不必借用什么器物和手段(不假于物),不必凭借揲蓍求卦的活动,便足以预知吉凶。好像聪明的王者不必杀人而足以使人悦服,犹如高明的将军,不必战斗而能制服敌人。这种“武”是奥妙莫测的武,加上修饰语,就叫做神武。精通易道的人不必占卦,就足以预测未来,是之为“神算”。你明白了吗?“神武而不杀”,就是这个意思。

芳子:噢,原来有这么深的含义。想一想,孔传的周易,确实如虎生翼,锦上添花,较之原来的周易,更显得奇趣无穷,耐人寻味。

笔者:孔传的周易,是一份具有独创性的哲学瑰宝。我们可以从中学到很多东西。今天我们是漫谈其中的鬼神问题。因为边散步边漫谈,所以我说的话拉拉杂杂,粗枝大叶,没什么条理。你们向学心切的孩子们,倘若能够从这些漫谈中得到一些启发,成为进一步钻研的阶梯,我这个老头子也便感到心满意足了。那么,你今天听我讲了这么多阴阳怪气的“神”话,有什么感想、心得,谈谈好不好?

芳子:心得么,也许谈不到。感想倒是有一些。

首先,我好像完全明白了孔子思想中的鬼神是个什么情况。孔子对传统观念中的宗教性鬼神,是抱着敬而远之、祭如在、未能事人焉能事鬼的态度,不语怪、力、乱、神,把鬼神之类非现实的东西,挂起来,存而不论。

笔者:郑国哲人子产所说的“天道远,人道迩,非所及也”,也是这个意思。“存而不论”,不是抛开不管,只是存一存,慢慢再说。这是一种理性的态度。说起来,周易本身对六合之外就是持存而不论的态度。它是始于六合之内现实的天地(《乾》《坤》),不是始于虚无缥渺的六合之外的“仙界”。孔子在《系辞》里虽然说“《易》有太极,是生两仪,两仪生四象,四象生八卦”,把《易》的产生从天地(两仪)追向太极,但太极也没有离开六合之内。有人说它代表《乾》《坤》的合体,有人说它就是伏羲所画的第一笔阳象(—),等等。这一点,我写过《大易是否不言有无》的专论,你可以参阅。同时,孔子在《系辞》里反复强调《乾》《坤》两卦在周易中的创始作用,“《乾》《坤》其《易》之蕴邪!”“《乾》《坤》其《易》之门邪!”这些话,表明孔子如实地认识到周易始于六合之内,对六合之外则持有存而不论的态度。虽然我们不好断定孔子这种思想来自周易,但至少在这一点上双方的观点一致是没有疑问的。

芳子:其次,我认识到,在周易来说,宇宙人间的主宰乃是阴阳之道,不是什么天神地祇。所以,周易经文中既没有神字,也没有超自然意义的鬼字。但孔子却借用传统文化中神鬼二字,尤其是神字,按照周易的基本精神,阐发出阴阳莫测、屈伸变化、奥妙无穷之类的含义,使神的概念披上哲理的外衣。所谓"阴阳不测之谓神""神也者妙万物而为言者也"云云,既是基于理性的哲学名言,也饱含诗味,读起来朗朗上口,仿佛孔子的圣者风范,跃然纸上。

第三:在孔子思想中,周易的内容是天人之道的反映,虽然渊奥难解,但不是不可知的。他所谓"知变化之道者,其知神之所为乎""知几其神乎",大概是说,一个人如果掌握了周易的阴阳变化之道,他的思维能力就可以达到"神"的水平。

笔者:孔子在易传里谈神,当然是谈周易内涵的神。正如陈梦雷在《周易浅述》中所说,"圣人尽乎《易》,即合乎神。"确是这样。孔子彻底掌握了周易的奥妙,所以他的思维自然合乎"神"的要求。在他心目中,可以说《易》即是神。

芳子:最后还有一点感想,也可以勉强说是心得。那就是,在距今两千五百年前的上古时代,在传统的宗教神话还在弥漫成风的社会,孔子敢于顺应时代的变革,把天上的神从宝座上拉下来,使它为人所用,为民所用,使人们学《易》研《易》得以明神、入神、穷神、知化,从而利于修身、齐家、治国、平天下,这真是个伟大的业绩。

笔者:好,好极了。听你这番总结式的论述,我也很受启发。这真是"青出于蓝而胜于蓝"!

芳子:先生过奖了。哎呀,时间过得真快,不知不觉快到中午了。

笔者:这真是:

"秋山漫步话周易,不觉阳明近午天。"

芳子:多承教诲,获益匪浅,先生受累了,回宾馆去休息一下吧。午后我陪先生去登金顶,那时再继续聆听先生神而化之的讲解。

第十二篇 《易》立于交

自上古以来，关于《易》名的含义即有多种说法。简易、变易、不易之外，还有交易、日月、蜥蜴等解释，迄未统一。直到清末，仍有不同学说。据清末朱骏声《六十四卦经解·近时说〈易〉家》所述，“《雕菰楼易学》《周易遵述》大旨宗宋人，而兼汉人之象。取变易不取交易，以应比为主。《河上易注》本日月为易之义，专取爻位为《坎》《离》，而于周流之义则失。且因离交媾之义而视爻象为男女之事居多。叶佩荪以移易为宗旨而不取变易。苏秉国以变易为宗旨，而不取爻位。连斗山兼取交易、移易、变易，而于不易之义则失。”朱氏所述，未必能概括《易》学全界，但仅从上述表列也可窥见，两千年来《易》名意义问题不但未趋于一致，反而呈现愈益纷纭的趋势。何以取变易而不取交易，取日月而舍其他，取移易而不取变易？何以取变易而不取爻位？何以兼取交易、变易、移易面舍弃不易，等等，各家必各有专论，这里不谈。这里单就周易的交义，漫叙一下学《易》致用的心得。

本来，从周易的形成、内容、机制和功能来说，《易》名的变易之义应该说是占有中心地位。所谓移易、交易等，在一个思想体系中，只是变易的下位概念，属于变易的范畴。但由于这些下位概念，除了具有变易的一般属性之外，还具有本身独特的属性，有自己单独的内涵，其实际作用也非同一般，故而也值得抽出来谈一谈。这里专就《易》之交义及其社会作用，稍加论述。

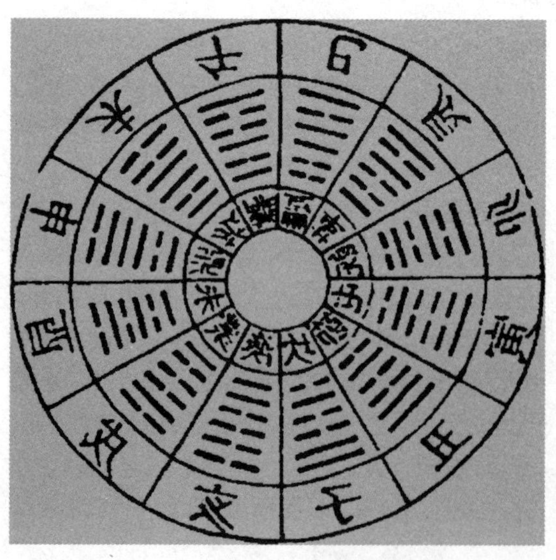

坎离交变十二卦循环升降图，出自清·胡渭《易图明辨》

《易》生于交

让我们先从《易》体的形成谈起。

首先我们可以下个定论：《易》生于交。

众所周知，周易的基本框架是八卦，而八卦的基本因子则是阴(--)阳(—)两个标象。在卦中，前者叫阴爻，后者叫阳爻。八卦的每一卦都是由阴阳两象相交而成，这从爻字的结构也可看出。单独的丿，相交为乂，又相交，而后成为爻字。这里暂且撇开字源训诂，单从字形的感觉上体会《易》名的交义之重要，亦可以思过半矣。

伏羲六十四卦次序

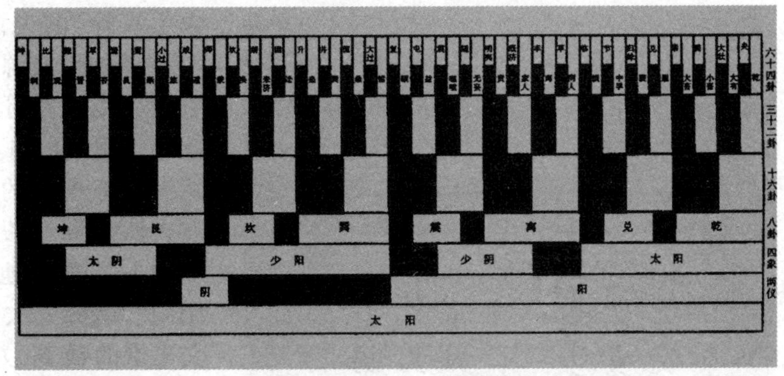

具体讲，八卦及六十四卦这一周易体系的形成，也无非是阴阳二爻相交而成八卦，八卦相交而成六十四卦。以现代语言来说，这就是阴阳两象的排列组合。而所谓排列组合，当然不是基本因子的机械排列，而是具有内在联系的有机构成，故而排列组合，实质上也是“交”的一种形式。

《系辞》说：“《易》有太极，是生两仪，两仪生四象，四象生八卦。”这段话表述周易产生的过程及其环节，已经表现出《易》体由阴阳相交而生的观点。但在先秦当时，只有文字的表述，这种观点的表现，尚不明显。迨到宋代，出现了先天六十四卦横图，以图表的具体形态，表画出这一关于易体形成的情形。

伏羲六十四卦次序图鲜明地显示，太极生两仪（阴阳），两仪生四象（太阳、少阴、少阳、太阴），四象生八卦（《乾》、《兑》、《离》、《巽》、《坎》、《艮》、《坤》）的过程与环节。八卦的整个形成过程，即是太极、两仪、四象相交的过程。其中的第一个环节太极生两仪，字面上看只是一生二，或一分为二，并无交义；但反过来看，同时也是二生于一或二分自一，也可谓相交为一的二又反回二的原状。无交何来分？分来自交。其交义呈现于分中。换言之，等于说相交于太极中的阴阳两仪，从太极中分出。两仪相交，生出四象。然后四象再相交，即生出整个八卦。至八卦生于“交”，六十四卦自然也生于“交”。上图表现得十分清楚，无须赘述。

在《说卦》中，八卦的产生又有另一种说法。其言曰：

“《乾》，天也，故称乎父。《坤》，地也，故称乎母。《震》一索而得男，故谓之长男。《巽》一索而得女，故谓之长女。《坎》再索而得男，故谓之中男。《离》再索而得女，故谓之中女。《艮》三索而得男，故谓之少男。《巽》三索而得女，故谓之少女。”

这种观点，后来被称为文王八卦（所谓后天八卦）次序。它把八卦的产生，比做子女之生于父母。绘成图表，其形象图所示。

《说卦》所说的“索”是什么意思呢？据《礼·曲礼》“大夫以索牛”注，索字是“求得而用之”的意思。“《震》一索而得男”的意思是，在《乾》父《坤》母相交的情况下，《震》子是《坤》母取用《乾》父初一的阳爻而后产生出来的。卦爻之数，自下而上，初一为长，所以《震》卦算作长男。其余六卦产生的情形，与此相同。这种观点未必符合八卦产生的实况，但以此观点述说八卦的产生，却较之“太极生两仪、两仪生四象、四

坤母			乾父		
兑少女	离中女	巽长女	艮少男	坎中男	震长男
得坤上爻	得坤中爻	得坤初爻	得乾上爻	得乾中爻	得乾初爻

文王八卦次序图

象生八卦”的说法,更鲜明地表达出《易》体的形成源于阴阳相交的情况。它把交义作为周易生命的本质动力,阐述得明明白白。

关于八卦的成因,有几种说法。有人认为源于投掷卜具。占卜时人们把卜具抛于地面,视其正反,以定阴阳。抛掷三次,即成一卦。与所谓文王课的钱卜,方法类似。都是看正反的组合情况,成卦占卜。而卜具的正反组合,即是正反相交,三阳相交便成《乾》卦,三阴相交便成《坤》卦,如此等等,终成八卦。八卦之成因未必如此,这且暂置不论,总而言之,还是无交不成卦,不成卦即不成《易》,自不待言。

占成于交

八卦成于交,《易》体成于交,《易》之施于占卜,亦成于交。《说卦》所谓“昔者圣人之作易也,幽赞于神明而生蓍,参天两地而倚数,观变于阴阳而立卦,发挥于刚柔而生爻……”是指占卜法而言。大意是用神妙的蓍草卜算,把天地两相掺杂而立数,即把一三五七九的天数和二四六八十的地数累计相加而立起大衍之数五十有五,再通过分二、挂一、揲四、归奇等手段而得出七、八、九、六。然后观察筮法运行结果的阴阳情况而成立一卦,用以占卜。其中所谓参天两地一语,众说纷纭,但不论采取哪种说法,都免不了蓍草的组合这一含义。亦即,四九根蓍草经过几次不同的交合,形成一卦。这一点,是不同学说的共同点。简言之,上古时代《易》之占卜,是以蓍草之相交而成卦的。可见,不仅《易》体生于交,《易》卜之卦,也生于交。

成卦之后,进行具体的占解时,要四面八方考虑卦内的种种关系:前卦与本卦的关系、内卦与外卦的关系,六个爻本身及其相互间的种种关系(阴、阳、刚、柔、位、中、正、应、比、承,等等),以及本卦与变卦的关系。然后将这些关系,加以分析、综合,再结合其时空的具体因素,对占卜的吉凶悔吝,作出推断。所谓卦爻间的关系,也就是卦爻间相交的情况。据关系断卦,这是周易断卦的精髓,就这一点来说,可谓占成于交。它与原始民族的简单观象法以及汉代扬雄的太玄、还有后代道观的各种抽签法,根本不同。这些东西都属于简单的直觉范畴,一卦的断语只有一个,是卜术中的下乘，而周易之卜筮则利用辩证思维的高级形式，据时空情况与卦爻关系占断，对同一卦会有不同的断语。两者不可同日而语。

这一方面，孔子有精辟的论述。他的体会是："《易》之为书也，原始要终，以为质也。六爻相杂，惟其时物也。其初难知，其上易知，本末也。初辞拟之，卒成之终。若夫杂物撰德，辩是与非，则非其中爻不备。噫！亦要存亡吉凶，则居可知矣。知者观其彖辞，则思过半矣。二与四同功而异位，其善不同。二多誉，四多惧，近也。柔之为道，不利远者。其要无咎，其用柔中也。三与五同功而异位。三多凶，五多功，贵贱之等也，其柔危，其刚胜邪?!"（《系辞下》九章）

这段话的具体意思是：周易这部书的原则是，对一卦乃至六十四卦，都要从头到尾进行全面探索。在一卦的实体中，六爻的阴阳刚柔及其动静地位和关系，互相交错混杂，表现出此一形势下事物的情况。在判断的过程中，初爻的内情很难了解，因为它只是事情的开端，最上一爻的情况容易明白，因为它已是事情的结局。初爻的爻辞依据概况拟定，一旦拟定，据此向前进展，其最终如何结尾，也便易于知晓。至于要想进一步把卦爻的阴阳、刚柔、动静以及中、正、应、比、承、乘等关系交揉混杂而弄清其性质，从而分辩其是与非，那就非得有二、三、四、五等中爻便不能期其完备。如此，则欲测知存亡吉凶，坐在家里即可办到。有智慧的人观看一卦的卦辞即可想见一大半。

六个爻的不同情况是：

二爻和四爻都是偶数，都是阴爻，功用相同。但所处的地位不同，其美善情况也不同。因为二爻距五爻远，四爻距五爻近。五爻是君位，四爻接近君位，在六十四卦中多表现为戒惧，二爻离君位远，在六十四卦中多表现为美誉。本来阴爻的柔性利近不利远（柔弱无力而又远离阳刚的支持，故不利），那么何以二爻离五爻远反而多有美誉呢？那是因为它是以柔性而居中（初爻与三爻之间）所以基本无咎。为什么呢？因为周易的重要原则是"中"，而"无咎"则是不偏不倚，无过无错，合乎中的大原则。所以二爻的柔性居内卦之中，是为无咎，且多美誉。

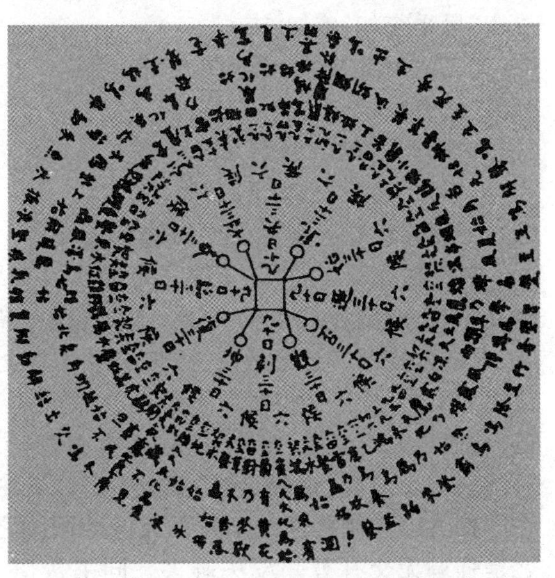

乾用九坤用六图，出自宋·朱震《汉上易传·卦图》

三爻和五爻都是奇数，都是阳性，功用相同，但在卦中所处的地位不同。三爻爻辞大多表示凶险，五爻爻辞大多表示功绩。为什么呢？因为三爻处于下卦之巅、上卦之下（六十四卦之中唯有《谦》卦三爻劳谦，为吉），处于不上不下的关口，而同五对比来说，五是君位，三是臣位，风险颇大，故曰凶。五爻是君位，高居一卦的主导地位，有独运之权而且处于四爻六爻的中间，占据中位，故而多功。这是由于贵贱的等级不同而致，但三多凶危是否一定由于阴柔之爻居之，五之多功是否由于阳刚之爻居之，以致如此呢？那也“不可为典要”，也有柔居阳位而吉祥，刚居阳位而凶危的。

对这段系辞中的同功而异位，明代易学大师来之德有独特的见解。他在《易经集注》中说：“同功者，二与四互成一卦，三与五互成一卦，皆知存亡吉凶，其功同也。善不同者，二中而四不中，故不同也。”所谓互，又名交互，即：六爻卦由上下二个三爻卦组成，而其中的二、三、四叁爻和三、四、五叁爻又可另成两个三爻卦，二四之间、三五之间都具有这种构成互卦的功能，都能另显存亡吉凶之象。但所处地位不同，故曰同功而异位。从交互的关系来作分析，当然可备一说。但不管是从哪一种分析法来做解释，其道理都是一样的，即：都是从对卦中六爻的性质地位等相互交叉的关系，进行综合分析，而后判定其存亡吉凶。

由此看来，卜筮的断卦也必须运用“交”的观点和方法。仍受交义的支配。

经文中的交字

除了卦、爻、象蕴含交义之外，在文字上直接表达交字的有两种：一种是经文的交字，另一种是传文的交字。

经文的文字有如下卦。

（一）《火天大有》卦䷍初九爻辞：

“无交害，匪咎，艰则无咎。”

（二）同卦六五爻辞：

“厥孚交如，威如，吉。”

（三）《泽雷随》卦䷐初九爻辞：

“官有渝，贞吉，出门交有功。”

（四）《火泽睽》卦䷥九四爻辞：

“睽孤，遇元夫，交孚，后无咎。”

下面探索一下上述“交”词的含义。

关于初九爻辞的“无交害”，自汉代以来易学界说法不一，难衷一是。王弼认为，初九“以夫刚健为《大有》之始，不能履中，满而不溢；术斯以往，后害必至。其欲匪咎，艰则无咎也。”意思是说，初九以阳刚之性处一卦的始端，上面没有相应的阴爻（四爻亦为阳爻，与初爻相对而不相应），而又不处于中位，不能以中和之性以行谦退之道，与他爻无所交往，如此下去，必有祸患。如欲免于过咎，必以临艰慎畏的态度，对待一切。对此《读易会通》按语认为，王注断句，“是以无交为一句，害为一句。”亦即初九以阳刚之性处于卑下无应的阳刚之位，而又与人无交无往，是必有害。总之是强调无交有害并没法避害。同书按语又进一步引苏蒿坪曰：“六五为《大有》之主，初九以阳刚之德，居穷下，与五继远，故为无交而不免于害也。此乃时势使然，非己之咎，然亦必艰以处之，有以待时而行义，乃无咎也。”苏氏认为初九爻远离

《大有》卦的主爻六五,不能与制权之主相应相交,难免受害。但这是时势使然,咎不在己。此际唯有谨慎小心,静待时机,可以免咎,与王注大体相似,都谓此爻辞含无交则有害之义。但其他多数注家,如朱熹、程颐、来之德等,都以为此句之意害虽在上面(指九四)但远离本身,无交则无害,与王注苏注的解说,意思相反。本文的看法是无交则有害的说法,较为合适。其实仔细想想,无交有害也罢,交有害也罢,都是以人际关系、物际关系和事际关系的"交"为中心而显示的正负两面的警诫,其区别不过是正面的交与负面的交而已。交的重要性于正负对比之中表现得更为鲜明。

《大有》卦的卦象是火在天上。为什么说火在天上而不说天在火之下呢?《易》卦的作者可谓煞费苦心,因为这同一卦象的两种说法,含义迥乎不同。火在天上,比如日在天上,高悬一团火,把宇宙人间照耀得明亮而温暖,于是万有勃然而兴,丰富多彩,此种生机勃勃、应有尽有的盛况,谓之"大有"。而这大有的形势是由谁为之主呢?那就是六五爻。它虽是阴性,却处于君位,虽是掌权的君主,却居中不偏,这表示它有权势,却以柔和之性待人接物,以谦虚的美德与卦中的五个阳爻相交接,虚己待人,以诚相接。所谓"厥孚交如"(厥,他的;如,语气词)意思是其真诚之情感动臣属,臣属也报以忠诚之心,彼此真诚相交,亲密相得,志同道合,形成大有作为的局面。但为什么又说"威如"呢?那是因为五爻虽禀性柔和,待人诚信,但毕竟是制权之主,处在阳刚之位,必有其威严的方面。否则,无法指挥一切。故而爻辞在强调上下以诚交接之处,又提出"威如"的口号。这正是孔子所谓"刚柔相济,政斯和矣"的思想。这也表现出,君主的"威如"必以"交如"为基础,才能真正巩固持久。所以孔子在象辞中这样解释说:"厥孚交如,信以发志也。威如之吉,易而无备也。"意思是,上下之间应以诚相见,以信相交,密切合作,相得益彰。九二诸爻受到六五爻诚信的感动,对六五爻报以忠信,乃发自内心,出于自愿,不是出于勉强。而六五爻的威如之吉,并不是出于对其余诸爻(臣下)的戒备、不信任,而是出于真诚之心,坦诚无私,自然而然树立起威信。这是王弼和孔颖达对原文的解释,很合乎爻辞及象辞本身的意思,顺理成章,令人首肯。关于这段象辞,王注和来注的阐释,虽都很恰当,但各有异趣。让我们先看看王弼是怎么解说的,他说:

"君尊而柔(指六五),处大以中,无私于物,上下应之,信以发志,故其孚交如也。夫不私于物,物亦公焉,不疑于物,物亦诚焉。既公且信,何难何备!不言而教行,何为而不威如!大有之主而不以此道,吉可得乎?"

王弼的解说,除了"不言而教"的道家思想成分犹当别论而外,其以"既公且信"来推论"何难何备",以阐释"威如"气势的形成,和孔颖达所说的"易而无备者,唯行简易,无所防备,物自畏之"的意思基本相通,但都未深入阐明。而来之德的注释则比较进了一步。他说:

"易而无备者,凡人君任贤图治,若机心深刻而过于防闲预备,则易生嫌隙,决不能与所任用之贤,厥孚交如矣。惟平易而不防备,则任贤勿贰,去邪勿疑,方可享无为之治矣。威如即恭己,易而无备即无为。若依旧注作戒解,则小象止当作威如则吉,不应曰威如之吉也。"(《易经集注》)

来氏以“恭己无为”来解释“厥孚交如威如”，其观点源于孔子所谓“为政以德，譬为北辰，居其所而众星共之”（《论语·为政》）的儒家德政学说，而儒家学说基本上是源于周易，以孔解《易》应该说是自流溯源的正确道路。但程颐、朱熹等则说法相悖。程传一面以上下相交解释孚信，另一面则说“若无威严，则易慢而无戒备。”（《易传》）朱传则谓“太柔，则人将易之，而无畏备之心。”（《周易本义》）将孚信与威严对立起来，与“厥孚威如”的交义产生乖违，恐非周易爻辞的原意。《周易折中》同意孔颖达的说法，认为：“盖言威如则疑于上下相防矣，故申之曰易而无备，明乎遏严扬善，顺理而行，非有所戒备也。”

总之，《大有》六五爻辞的“厥孚交如，威如吉。”其本意正是强调在政治上道义相交的重要性及其理想的实效。

其次，我们探究一下当《泽雷随》卦初九爻辞“官有谕，贞吉，出门交有功”中“交”的含义。

《随》卦的内卦是《震》为雷，雷的本性是动，而动的情况随卦体而有所不同。《随》卦的内外卦都是阳爻在阴爻之下，与正常情况的阳上阴下相反，这是一种反常的动。初九为一卦之主，主即做主，亦即此处所说的“官”，渝是变动之意，官有渝的意思就是主持人发生变动，亦即主爻的阳爻反而变为随从阴爻行动，是一种反常的现象，所以说“官有渝”。作为支配者的官一变而成为被支配的随从，当然会有失落感而产生忧闷甚至激愤。但爻辞认为这样不对，它主张此际应坚持正确的态度，以豁达明朗的心情，随时处顺，并离开私家的狭小范围，积极地走出门去，到广阔的外界，与广大的人群交接往来，这样才会获得成功。汉代易学家郑康成把“出门交有功”解释为“是臣出君门，与四方贤人交，有成功之象也。”（孙星衍《周易集解》引郑康成语）他以君臣的政治活动来解释周易，是汉易的一种局限性，但把“出门交有功”解作走出狭门而广交于众，还是抓住了原文的精义。后代易家解释这句爻辞，有两种断句方法。一种是：王弼、郑康成、孔颖达等皆以“出门”为一句，“交有功”为下句，即上文所说“出门去然后广交众人”之意。另一种是：宋人程颐、朱熹等以“出门交”为上句，以“有功”为下句。程曰：“出门交，有功，人心所从，多所亲爱者也……出门，谓非私匿，交不以私，故其随当而有功。”（《易传》）朱熹说：“……出门以交，不私其随，则有功也。”（《周易本义》）他们的意思是，当随时处顺之际，应随顺而交人，但不可限于私门，应走出门去，实行“出门交”，而不是私缩于“家内交”，这样出门广交，与群众亲近，才会有助于建功立业。这和《同人》卦初九爻辞“出门同人，又谁咎也”，意思相近。在象传里，孔子对此爻是这样解释的：

“官有渝，从正吉也。出门交，有功，不失也。”

在解说中，孔子强调了贞字。官有渝之时，应坚持正道，出门交而有功，也由于不失正道。无论上下之交，平辈之交，私人之交或广泛之交，周易都强调坚持贞正的态度。孔子的体会，可谓深合原意。这里为后世提出了人际之交的三个原则：随顺、广交、贞正。唯其贞正，始能诚信。故而“有孚”，也便成为人际之交的第四个原则。

六十四卦之中唯有《睽》卦表达异中有同、求同存异的观点。九四爻所谓“睽孤”,是处在睽离的局势中。九四爻为阳爻,与初九不相应,上下又全为阴爻所包围,陷于孤立,故称睽孤。但初九阳刚之性,毕竟是大丈夫(元夫),九四爻以同性与之诚信相交,互相援助,则虽有危险(厉),却无灾难。故而孔子在象传中阐释说:“交孚无咎,志行也。”意思是陷于睽孤之中的九四爻得与初爻以诚信相交,以致免于灾难。就是说,在互相信任互相援助的情况下,九四免于孤立的心愿得以实现。这句爻辞和孔传,着重强调孚信相交具有脱出孤立免于灾害的积极作用。这正是人际交往第四个原则的进一步运用。

彖传是孔子对全卦大意的解释。他认为《屯》卦䷂是表示天(乾)地(坤)相交之始,刚柔二气郁结不通,从而产生险难。上卦为水,为险;下卦为雷,为动。卦象表明,此际之宇宙是在险难中动荡不已。虽然如此,但在此种创始的局势下,万物新生,欣欣向荣,其前进之势,坚定不移,亨通无阻。此际刚柔越深入相交,雷雨愈加激烈,以致宇宙间充满疾雷暴雨,这是大自然草创万物时的冥昧状态。处于这种时期,人们应拥立君主,建立秩序。又必须忧勤兢畏,不遑宁处。

这是孔子耽读周易,钻研《屯》卦时得到的启发与收获。《屯》卦原来的卦辞只说是“元亨利贞,勿用有攸往,利建侯”,并未明说天地始交之义。从继《乾》《坤》两卦之后的屯难之象,引出刚柔始交之义,乃是孔子的心得。当然,这个以交义为主的心得,完全符合易蕴与事理,可谓做到了历史与逻辑的统一。

传文中的交字

经文本文之外,传文也有几处交字。为一目了然计,列举于下:

(一)《水雷屯》卦䷂彖传:

“《屯》,刚柔始交而难生,动乎险中,大亨贞。雷雨之动满盈,天造草昧,宜建侯而不宁。”

(二)《地天泰》卦䷊彖传:

“《泰》,小往大来,吉亨,则是天地交而万物通也;上下交而其志同也。”

象辞:

“天地交,《泰》。后以财成天地之道,辅相天地之宜,以左右民。”

(三)《天地否》卦䷋彖传:

“否之匪人,不利君子贞,大往小来,则是天地不交而万物不通也,上下不交而天下无邦也。”

(四)《风火家人》卦䷤:

九五爻辞:“王假有家,勿恤,吉。”

九五爻象传:“王假有家,交相爱也。”

(五)《雷泽归妹》卦䷵彖传:“天地不交而万物不兴。”

在六十四卦中有一最具特色的卦,那就是《地天泰》卦。它和爻辞象传之局部的交义不同,它是周易体系典型地表现交义的一卦。

周易从《乾》、《坤》两卦开始,经过一正一反的五个颠倒,到《泰》卦则是第十一

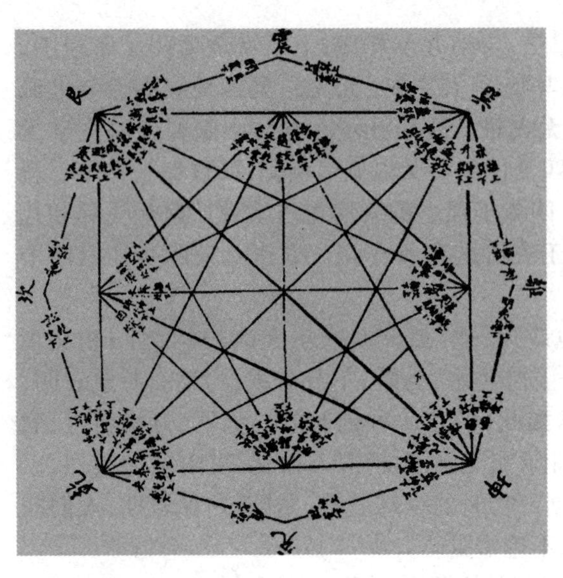

河图交八卦之图，出自宋·朱元昇《三易备遗》。此图揭示了河图与八卦的关系

卦。其间各卦的内在联系形成了一个社会发展的链条。简言之，即：“《屯》作君，《蒙》作师，《需》以养民，《讼》以刑政，《师》武《比》文，《小畜》富，《履》礼，而《泰》运成矣。”（朱骏声《六十四卦经解》）

这段话极其扼要地展示出，周易从《乾》《坤》开始产生万物以后，人类社会正常发展的步骤与要点，当然也是各该卦的主旨与主要局势。以今天的话来说，就是（《乾》《坤》造物以来）《屯》的主旨是在蒙昧中拥立君长，建立秩序。《蒙》的主旨是施行教育，启发蒙昧。《需》的主旨是满足民需，供养民生。接下来则是《讼》卦，人群构成有组织的集体，就必然发生各种各样的矛盾和违法现象，法治的刑讼就成为必要。但矛盾太大或集团对立，利害不能和平解决，只好用武。这便是下一卦《师》卦出现的必然性。但单凭武力也不能治国，必辅之以文，所以下面接以《比》卦。生产、教育、文武、刑政具备，行之有效，自然出现小康局面，此之谓《小畜》。富有之后，要注重典章制度和各种礼节，这便是《履》的主旨。这样，周易便依据上古时代的政治经验和政治理想，把到此为止的社会发展算作第一阶段。这个第一阶段的成果和形象是什么样呢？周易便以一个《泰》字点出了它的神情。朱骏声又加上一个“运”字表明它是一步步形势发展的必然结果，是气运达到的高峰。“泰运”二字实在画龙点睛，十分恰当、生动。

《泰》卦在卦体与卦象上特色明显。从周易的体系来看，始于《乾》、《坤》，经过五个反复，《乾》《坤》又聚到一起。不过前次是《乾》、《坤》对立，此次是《乾》下《坤》上。这个发展的小循环的结果，其最大特色是《乾》、《坤》相交，出现了天翻地覆的景象。这个阴阳之交，不是卦内爻间的局部之交，而是六十四卦发展链条上的体系之交。六十四卦始于《乾》《坤》之交，上经终于水（《坎》）、火（《离》）之交；下经始于《咸》《恒》的男女之交，终于末尾的《既济》、《未济》的水火之交。《泰》卦的阴阳之交，便是体系展开的阶段之交。交义重大，从一个侧面表现出周易的本质。

本来，“天尊地卑，乾坤定矣（《系辞》）”，这是常性，但忽然地上去而天下来，《乾》《坤》逆转。貌似奇特，实际上是合情合理的平凡现象，看看周易《泰》卦的卦辞、象传，便可一目了然。

《泰》卦卦辞：“泰。小往大来，吉亨。”

周易以阳为大，以阴为小，以自内往上为往，自外往内为来。意思是说，阴气（小）由内（下）往外（上）去，阳气（大）由外（上）往内（下）来，从而形成阴上阳下的景象，好似地上天下的局面。阳气原在上而下沉，阴气原在下而上升，于是二气相交，互

相融合,上下畅通,生机勃勃。这既是宇宙生发万物的功能所自,也是人世万事顺遂的机能所自。天气不下,地气不上,二气疏隔,则不能形成云雨,万物必枯旱而死。人间亦如此,一个社会中,上意不能下达,下情不能上通,上下梗阻,则万事无成,必乱无疑。所以,《泰》卦卦辞说阳下阴上的景象是吉祥而亨通。孔子在彖传中发挥此意,说卦辞的意思是"……天地交而万物通也,上下交而其志同也"。前句指大自然,后句指社会,都是申述"交"的重要性。"风调雨顺,国泰民安"这句俗语,简明扼要地表现出彖传的这个思想。

以周易六十四卦所展示的六十四个政治局面或社会场景比较来看,在作《易》者的心目中,《泰》卦是体现出自己政治理想的局势:上下一心,融合无间,万事顺遂,畅通无阻,大概犹如传说中尧舜时代那样的所谓"极治"的局面。可见周易的交义,在《泰》卦中已达到最高峰。

但依据物极必反的法则,《易》作者认为继《泰》之后而来的,必是相反的局面,即《天地否》的局面。否意是否塞不通,与泰意正相反。卦辞所谓"大(阳)往(上)小(阴)来(下)",形成天在上而地在下的结构,意味着阳气向上,阴气向下,二气背反,互相脱节。如此,正是彖传所谓"小往大来,则天地不交,而万物不通也。上下不交,而天下无邦也。"(天下阻塞,不成其为国家)这一卦又从反面表明了自然界与社会界阴阳交融的极端重要性。

这一点,在往后的卦里仍反复有所强调。

《咸》卦讲,男女间阴阳相感相爱是人世形成的基础,重点谈感应,未直说交字。但相感是精神相交,是相交的一种形式,是人们实际相交的前提和基础。彖传所说"二气感应以相与",正是此意。彖传又说"天地感而万物化生",这个意思和《泰》卦的"天地交而万物通也",意思是一脉相通的,是表达同样情况的两个侧面,也可说是从相感的道理上强调了相交的重要意义。

从为政治国的角度强调交的功用的,莫过于《风火家人》卦。此卦以齐家为中心,蕴含修身齐家治国平天下的道理。第五爻爻辞为"王假有家,勿恤,吉。"九五是至尊之位,作为一国之尊长,怎样以齐家为基础,从而收平天下之效?据王夫之的意见,爻辞中的假字,依陆绩训"大"为是。如此,则王假有家,即王者扩大自己的家,以天下为家,把齐家之道推广于全国。这种作风,当然受到欢迎而卓有成效,所以说,无需忧虑,前途吉祥。至于达到这一目的之手段,孔子在象辞中解释说:"交相爱也",亦即王者以亲亲的办法使家人感情融洽,再将此道推广到天下,使全国人都互相敬爱,同心同德,从而建立威信,以达到齐家治国平天下的理想。换句话说,就是周易作者主张治家治国都不仅要从严,还要以"交相爱"来调解人际关系。

周易中讲男女嫁娶的卦有《咸》、《恒》、《渐》、《归妹》四卦。其中的《归妹》讲少女自嫁长男。女从男而不待婚娶,违背当时的礼制,这是一方面。但另一方面,男女之配合,又是人世的正途,不可或缺。所以孔子在彖传中又赞叹说:

"《归妹》,天地之大义也。天地不交而万物不兴。《归妹》,人之终始也。"

孔子认为《归妹》所表现的景象与思想,是天地间正确的大道。为什么呢?道理在于，如果天地不相交而相隔阂，则万物何得生长？同样道理，男女不相交，人类如何生殖繁衍？在《序卦》中他把这个思想表达得更为充分，他说：

“有天地然后有万物，有万物然后有男女，有男女然后有夫妇，有夫妇然后有父子，有父子然后有君臣，然后有上下，有上下，然后礼义有所错。”

这段话的中心思想就是强调男女之交——夫妇之道是政治体制与社会秩序的根本。如无男女之结为夫妇，则根本没有什么父子君臣（政权、家庭），更谈不到什么礼义道德（意识形态）了。所以，虽然在有关嫁娶之义的《咸》、《恒》、《渐》、《归妹》四卦中，虽然《归妹》由于是女悦男动，不合礼法，就全卦而论，爻位皆不正，总体为凶而无利，但孔子从中看出交义在社会发展中的根本作用，从而大加赞颂。与婚姻相关的另外三卦，也都含有同样的意义。《咸》卦之感，是交相感应之义，男女交感，而后结为夫妇，而后生育后代，而后有社会，有人伦。正由于交感为人间之始，所以大《易》六十四卦的下半部三十四卦，即以《咸》卦一马当先。其意义的重要性，从六十四卦以《乾》《坤》之阴阳相交而产生万物为开端处，充分显现出来。因而孔子在彖传中一面解释说：“咸，感也。……二气感应以相与。止而说，男下女，是以亨，利贞，取女吉也。”一面感叹说：“天地感而万物化生，圣人感人心而天下和平。观其所感，而天地万物之情可见矣。”孔子研究《咸》卦，将其中男女交感而构成家庭的意义推广开来，及于社会和自然界，把自然界的万物化生和人类社会的和平安康，都归因于物心的交感交融，亦即阴阳二气的相互交感。于此足见，在孔子心目中，周易的交义实占有根本地位，是周易的精髓。

在周易六十四卦中，《乾》《坤》之后继以《屯》《蒙》。《屯》是《乾》《坤》二卦始交而产生的首卦，即序卦所谓“《屯》者物之始生也”。万物始生时的混沌、艰难、动荡、惊险的状态，就是《屯》卦的特点。孔子在彖传中形容为：“刚柔始交而难生，动乎险中，大亨贞。雷雨之动满盈，天造草昧，宜建候而不宁。”但是本来《屯》是个多难的可怕局面，为什么卦辞却说“《屯》，元亨利贞”呢？孔子又说它是“大亨贞”呢？这里面有许多道理。主要的理由正如汉代易学家虞翻所说：“刚柔（指《乾》《坤》）交，震，故元亨，之初得正，故利贞矣。”意思是说，《屯》卦表现出阴阳相交而震动的情况，这是万物始生而前途无量的大好形势（元亨），它一开始就走上正路，所以说应该坚持正常地发展下去。后来晋代易学家王弼又补充解释说：“刚柔始交，是以《屯》也。不交则《否》，故《屯》乃大亨也，大亨则无险，故利贞。”他进一步说明刚柔始交的

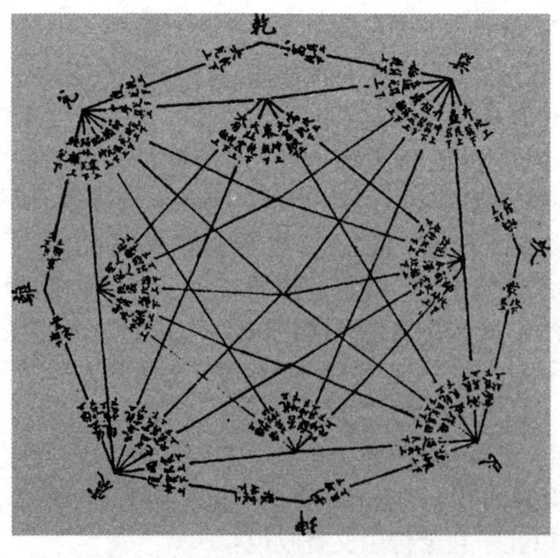

洛书交八卦之图，出自宋·朱元昇《三易备遗》。此图揭示了洛书与八卦的关系

屯难状态，是大为亨通之路。若不交，则社会否塞不通。大为通达，便非险途。故而宜于固守此路，坚持走下去。经过这样解释，屯难之为通途的原因也就昭然若揭了。

《易》体首尾的交义

周易交义最显著的表现是在六十四卦的首尾。其首是《乾》、《坤》两卦，相交而生六十二卦（可谓象征相交而生万物）。若不相交，则《乾》、《坤》止息，《易》亦无生（万物无从生起）。其尾为《既济》《未济》两卦，《既济》表示事物之完成，《未济》表示事物之尚未完成。为什么这样说呢？因为《既济》卦之六爻阴阳皆当位相应，亦即相交。不但六爻相交，而且上下卦亦相交：上水下沉，下火上炎，上下交流，相反相成。这种状态，象征矛盾的解决，事情的终结，譬如渡河，业已渡过，故名为《既济》。相反，《未济》卦则是六爻阴阳皆不当位，火在水上，水在火下，火性上炎，水性下沉，彼此乖离，不相交接，不相为用。譬如渡河，尚未渡过，故名《未济》。从周易体系的开头与结尾四卦情况来看，也可以看出交义是贯穿全体的精髓与灵魂。

综上所述，可以断言：无交无《易》。因为无交则无变，无变自然无《易》。清人李道平对《系辞》所谓"《乾》、《坤》，其易之蕴邪?!《乾》、《坤》成列，而易立乎其中矣。《乾》、《坤》毁，则无以见《易》"的论断作注疏说："阴阳交，则《易》立，若《乾》坤》体毁，则阴阳不交，故无以见《易》也。"（《系辞上》十二章）把交义断为《易》体成立的基础，抓住要害，完全正确。

互体见交义

除上述之外，周易还有所谓"交互"之说。其内容为：一个六爻卦由上下两个三爻卦组成。如《观》卦由《巽》为风和《坤》为地组成，《坤》为下卦，《巽》为上卦，故全名为《风地观》，这是一种结构分析法。此外，还有另一种结构分析法。即：把《观》卦的二、三、四视为一卦（《艮》卦），三、四、五视为另一卦（《坤》卦），乃形成《山地剥》卦。于是，一个六爻卦就形成了四个三爻卦，亦即《风地观》卦包含着《山地剥》卦，简称《观》卦包《剥》卦。这种结构分析法的专称是所谓"交互"卦，三、四、五爻相交，谓之交，二、三、四爻相交，谓之互。当然，实质上这不过是六爻内诸爻相交的特定称呼而已。

交互卦另一名称谓之互体。这种体例，在先秦时代的卜筮中也出现过，但作为取象解卦的重要方法，则是汉代易学家对周易内蕴的一种发挥。一些汉儒认为，在周代孔子以前古人已开始用互体占卦。在《左传》《国语》二十多个筮例当中有三例即是这样。最常用的例证为《左庄二十二年》陈候使周太史占筮，筮得《观之否》卦。周太史解曰："是谓观国之光，利用宾于王。《坤》，土也；《巽》，风也；《乾》，天也。风为天于土上，山也。"汉儒把这段话解释为，《否》卦下《坤》为土，上《乾》为天，二、三、四爻形成《艮为山》，三、四、五爻形成《巽为风》。恰好是一个六爻卦包含两个交互卦，是互体早已存在的例证。

交互法未必是周易固有的解卦法，但周易内蕴的交义，自然而必然地会在占筮活动和易学研究中发扬发展起来。为此，后代所谓交互体遂逐渐越出六爻的中间四爻，而把五爻、上爻直到初爻亦构成另一卦，再把初爻、二爻、三爻又构成另一卦，如此层层交互，谓之“约象”。总之，从根源来看，统是周易本身内在的交义的进一步表露。

周易之易是否只应解做交易之易，那倒也不见得。但即使周易之易应作变易解，也不排除作交义解。因为无交焉能有变？“一阴一阳之为道”，说的就是阴阳之交既是宇宙的规律也是周易的法则。

文明的交义

周易作为一部天人合一的哲理书，它的意义当然不限于哲理内部。对政治、社会和人生各方面都有根本性的指导作用。

在思考周易交义的过程中，不免联想到闭关自守、故步自封的落后性和互相交流、改革开放的进步性。英国历史学家罗伯特·路威的《文明与野蛮》一书，非常鲜明、尖锐地以史实证明了这一点。他说：“地理只吩咐，如此如此的事情是不能有的，如彼如彼的事情是可以有的，他可不规定哪些事情是非有不可的。要懂得如此者何以如此，如彼者何以如彼，我们必得拿历史来补充地理。此话怎讲？让我们再回到加拿大阿塔巴斯康人去。北方部落应该住暖和房子的住不着，却让南边部落去住。这是什么道理？答语很简单。南方的部落遇见些外族，他们住的是结实房子，就模仿过来了。北方的同胞没‘交’上那些阔朋友，便只能继续在漫天风雪中躲在破烂帐幕里发抖。”

很清楚，南方部落冬天享福，缘于“交”上了好朋友。北方同胞之所以在冬天受罪，是因为闭关自守，与世无“交”。

这本书又举例说：“有人举日本来做地理势力的绝妙好例，可是没有比这更无意识的话了。日本的山川，日本的气候，并没有在1867年有一个突变呀。然而日本的政治家扔掉了向来的闭关政策，扔掉就是扔掉了。于是日本人就跟我们的文明接触了，要些什么就搬些什么过去。再说，也不用等到1867年呀，前个一千多年日本不已经大批地输入中国文明了吗？日本文化发展中的关键是和两个外族的关系——不是日本的地理，是日本的历史。”（吕叔湘译）

哲学证明“交”的重要性，历史也证明“交”的重要性，在探讨周易的易字时，不能只取变义而忽略交义。

第十三篇 “大人”肩谈

孔子对周易的活学活用

文献记载,孔子晚年酷爱读《易》,下的工夫很大,至于韦编三绝(这里“三”恐是“多”之意)。显然,这不是仅止于学而知之,而是融会贯通,探赜索隐,略其占筮形式,着重钻研《易》理,揭发并发扬其内在的哲学本性。终于继三圣(伏羲,文王,周公)之后,使周易成为一部光辉的哲学(包括道德哲学、政治哲学、人生哲学)著作。

但自古以来,学术界就有一种看法,认为孔子曾经删诗书,定礼乐、作春秋,而在六经之中,只对周易,未敢改动一字。似乎孔子对高深的周易,只是被动地学习,而未能以超越的积极态度来对待,实际上当然并非如此。先不说孔子通过赞《易》进行哲学化,仅就应用问题来说,孔子对周易的占筮也持保留态度。只说自己多学几年周易可以“无大过”,却未说可以预测祸福。《论语》中记载,他曾引用周易《恒》卦的爻辞,赞扬守恒精神,并说过“不占而已矣”这样的话,和战国末季儒学大师荀子所说的“善为易者不占”(《荀子·大略篇》),意思相通。就是说,精通周易是通其义理,用之于人事。至于其占筮,则知之而已,无须深入。荀子是号召“制天而用之”(《荀子·天论》)的唯物哲人,不屑“鬼谋”(卜筮之术),是理所当然。他的先师孔子,向来“不语怪、力、乱、神”(《论语·述而》),对周易取其义理而“不占”,亦无足怪。

这样,孔子以不事占筮的态度对待占筮书,等于从占筮书中去掉占筮之用,只取其奥义,发挥哲理以进德修业。这应该说是对周易的改造与提高。在某种意义上说,这也可以说是孔子对周易的删节。

这篇读《易》的感想文,不可能全面论述孔子如何将周易哲学化。不过,单提一个大问题来证实一下孔子在这方面的表现,却很有必要。

对周易原来是什么性质的书,《易》学界是有歧见的。有的说纯是占筮书,有的说

孔子删诗述书图,出自《春秋五霸七雄列国志传》。孔子晚年退出政坛,曾删编《诗经》、《春秋》,然而对《周易》未改一字,足以体现孔子对《周易》的敬畏态度

不完全是，有的甚至说，其实质内容根本不是。究竟如何，姑置不论。单说主张周易为占筮书的，宋代的朱熹之外，明代来之德也持此说，他在《易经集注》《乾》卦的注解中讲了何谓《彖辞》，说："《乾》，卦名，元亨利贞者，文王所系之辞，以断一卦吉凶，所谓《彖辞》也。"

然后，讲此《彖》辞的性质：

"……文王言筮得此卦者，大亨而宜于正固，此则圣人作易，开物成务，冒天下之道，教人以反身修省之切要也。……此文王占卜所系之辞，不可即指为四德。至孔子《文言》纯以义理论，方指为四德也。盖占卜不论天子，不论庶人，皆利于贞。若即以为四德，失文王说教之意矣。"

话讲得十分明显。亦即：《乾》卦《彖》辞之元亨利贞，不是并列的四个词，而是两个句子。元亨是说《乾》卦的大通之德性，属于天道。利贞是说占者占得此卦时，以守持正固的思想为有利，属于人道。来氏认为这是文王原来给《乾》卦缀上的《彖》辞的本义。至于把《彖》辞视为四个并列的形容词，名之为"四德"（亦即四性），乃是后来孔子纯以义理看待周易，才把它说成四德，不合乎文王《彖》辞的原意。来氏并以占辞的教诫对任何人都是平等的为理由，对他所尊敬的孔子进行了不客气地驳斥。他的本意就在于，孔子不应对周易仅取义理而忽视占术，以致改变了周易作者的原意。换句话来说，就是孔子不该对周易进行违反本义的改造。

来氏把周易视为占筮书，是因袭朱熹之说，看错了它的本性，这是另一问题，容后再谈。但从这段话里却可窥见，孔子学《易》的态度是不仅边学边体会边深入，而且在充分把握《易》义之后，又能进一步做到融合已意读《易》解《易》。略其鬼谋，扬其人谋，终于使它成为中国上古时代哲学的高峰。

顺便说一下，四德之说并非创自孔子。孔子生前十三年（鲁襄公九年），穆姜已将"元亨利贞"解为四德。孔子只是采用旧说加以发扬而已。来氏此说来自朱熹，并未将来龙去脉交代明白。

如上所述，孔子是边学《易》，边释《易》，边发展《易》。这里有两个方面：一方面发掘其内蕴，一方面以己意阐释之，齐头并进。所产生的哲学成果，既是《易》义又是己义，细看《易》传便可了然，定型的周易实质上已成为从占筮胞衣脱胎而出的儒家的哲学著作。

顺便辩解一下：李镜池先生认为，"既然是'引申发挥'，则原来没有的思想又何尝不可以'引申发挥'呢？引申发挥的只能是引申发挥者的思想，不能说就是原来的事物已经含有的。"（《周易探源》）

李先生这种观点，是一种外因论，以生物为喻，动植物不可能互相转化，因为彼此并无对方的"基因"。就学派来说，佛学可以派生许多支脉，但总体离不开释伽教义。《易》学也如此，尽管研究者多达数千家，但谁也不能逸出六十四卦的架构和阴阳之道。原因就在于，孔子所说的"易之为书也，广大悉备"（《系辞下》十章），其中有其道理，始可引申，始可立说。孔传对周易的发展正是如此。它不是以周易的"碎片"为建立周易哲学的材料，而是把周易吞下去消化掉，与自己的血液融合，而后产生出"孔易"这个哲学胎儿。因此，想要真正了解孔子翼赞周易的文辞，就必须从弄清孔子如何“以孔解《易》”并以《易》释《易》处着手探索，才能弄清真相。

大人是何等人物

下面仅就《乾》卦《文言》中的一段话，由此角度试作探讨。

在《乾》卦《文言》中，孔子在解释九五爻“飞龙在天，利见大人”时，对所谓“大人”作了如下说明：

“夫大人者，与天地合其德，与日月合其明，与四时合其序，与鬼神合其吉凶，先天而天弗违，后天而奉天时。天且弗违，而况于人乎！况于鬼神乎！”

这段话，就字面译成今语，可以是这样的：

“（九五爻）所谓大人，其德行与天地相一致；其圣明与日月相一致；其行动如四时一样有节有序。其把握吉凶得失的本领，与阴阳万变的妙用相一致。先于天而动，天也不逆；后于天而动，也能顺应天的变化。”

从基本精神来看，这段对《乾》卦九五爻“大人”概念的阐释，其主要思想其实来自周易。孔子一定是在熟读周易，融会贯通之后，才结合自己的见解，作了这样的“以易解易”，故而言简意深，既符合周易的意蕴，又有所发挥。

下面，仅就这一点谈谈读《易》心得。

这句话是孔子对所谓大人的定义。从语气和内涵来看。大人是孔子心目中至高无上的理想人物，得到孔子倾心尽情的热烈颂扬。那么，大人也者，究竟是什么样的社会存在呢？

大人一词，在大约作于殷末周初的易经文辞中以及春秋末季的《左传》、《论语》中，多次出现。无疑，它是那个时代较为常用的词语。文王演《易》时，把它用为繇辞，以后又由周公把它用为爻辞。孔子学《易》时特别作了颂扬式的界定。

让我们先看看周易卦爻辞中的大人，看看它在周易思想中具有什么含义，占有什么地位。

统计一下，在周易中大人一词共出现十三次。其中单独出现十一次，与小人相对出现一次，与君子相继出现一次。单独出现的可以《乾》卦和《讼》卦为代表。《乾》卦九二爻辞是“见龙在田，利见大人”。九五爻辞是“飞龙在天，利见大人”。两个大人所处爻位不同，释义也有不同。但从某一角度分析，可以解作（一）大德之人，有龙德之人，即圣人，虽不在君临天下的尊位，但具有极为崇高的道德修养。（二）既有大德又有尊位，甚至是君临天下的大人物。前者是在野的大人，如大舜未得志之时。后者是在其位的大人，如尧舜禹汤文武周公等人。不仅有德而无位者可称大人，甚至在困境中的大德之人也可称大人。《困》卦卦辞曰：“亨，贞大人吉，无咎。”处于《困》境，有德者能持正自处，即可吉而无咎。如程颐所说，“大人处困，乐天安命，乃不失其吉也”（《易传》），可见大人的基准在德而不在位。如果无德，则地位再高，也不算大人。如殷纣王，权势最大而道德最低，只能算作“独夫”（孟子语），绝不在大人之列。

有些学者认为，在周易中必须是有大德的圣贤人物，始可称为大人。如：《周易集解纂疏》引孟喜曰：“大人者，圣人德备也，”引乾凿度曰：“大人者，圣明德备也”。王

成汤像，图出自明·天然撰《历代古人像赞》。在《易经》中，既有大德又有尊位者可称之为“大人”，如尧舜禹汤均可称之为“大人”

安石在《大人论》中也曾重复此说，认为“称其事业以大人，则……德之为圣，可知也。”都把大人视为具有至德的圣人。强调“德”在大人称号中的重要性，是合乎大人本义的说法。但另一方面，周易所说的大人虽必有德，却并不完全指道高德尊的圣贤或君主，官员之有德者也可称大人。如《讼》卦卦辞之“利见大人”，则是指断案正公的官员，亦即“能以其刚明中正决所讼”（程颐《易传》）的当权人物。后代所称颂的包文正公，在周易中即可称之为大人。

另外，在周易中大人与小人对举论定，只有《否》卦六二爻辞“包承，小人吉，大人否，亨。”意思是六二以阴柔之质，包容承受上峰（九五）的意志而博取欢心，是小人阿谀之道，在小人来说，是吉事，而在大人，则洁身自好，守其否境，是为光明大道。此对举的定论，鲜明地表现出大人这一概念是以道德为灵魂的。总结一下，可以论定：

有大德的人物可称为大人，不论在位与否，也不论地位高低。在周易中，它是伦理概念也是政治概念，而主要是伦理概念。这一点，和当时的流行名称“君子”颇相类似。君子一词有时仅指统治者，不论其道德如何，如诗经中的“彼君子兮，不素餐兮”（《伐檀》），是老百姓讥刺统治者，说他们“不白吃饭”。但周易中的十九个君子，却全指道德高尚的好人，也和大人的情况一样，不论其在位与否。另外，在周易中大人与君子相继并举的例子只有一个，那就是《革》卦的九五爻辞“大人虎变”和上六爻辞“君子豹变”，两者前后相继出现，也是一种对比，虎的威武胜于豹，虎毛脱变的文采胜于豹。这一比喻显示，大人的德行超过君子的德行，两者在道德修养的等级上有所不同，所谓“君子小于大人”（孙星衍《周易集解》引陆绩曰），大约即是此意。孔子曾说：“君子而不仁者有矣夫！”（《论语·宪问》）何宴引孔注说：“虽曰君子犹未能备。”可见君子次于大人，可为旁证。但同时孙星衍本人又有异说，他认为：“《易》者圣人效天法地之书。人与天地参，则《易》与天地准，通天地人之谓儒，天大地大人亦大，故《易》称大人，亦称君子。《尔雅》释诂：君，大也。君子即大人。大人者，合乎天地日月四时鬼神，先奉时而后不违，则自天祐之，吉无不利。”（同上）他把君子视为大人的别名，把二者混为一谈，既有悖经义。也与自己著作中上述《革》卦的注释矛盾。这只能说是孙氏学《易》注《易》尚未精到之误。说到这里，涉及一个有关的问题，需要一并说清楚。有的学者单从阶级结构来分析周易的人物概念，认为“大人、君子是支配阶级，小人、弄人是被支配阶级。”（郭沫若《中国古代社会研究》）这种抽掉伦理意义，单作阶级分析的看法，并不能全面揭示这些概念的内涵。这一点在周易的爻辞和思想中表现得十分清楚，无须赘述。至于今日江湖占书或庙里神签中常见的“利见大人”字样，已全指富贵人物，那并非周易本义的延续与发展。如曰来自周易，那也只不过是周易占筮形式恶性影响的后果而已。

总之，大人的神圣性或崇高地位，原无待孔子的赞颂与说明。周易本身原来就表现得非常明显。《乾》卦以龙德喻大人，以飞龙在天喻大人之高升，其隐含的重要性，已达到至高无上的地步，当然非君子可比。由此足见，孔子在此只是从《易》卦中掘发出《易》义，加以推衍，从而作出了关于大人的定义。孔子删《诗》《书》定《礼》《乐》成《春秋》，赞周易，整理、继承和发扬传统文化，功绩卓著，但他却说自己是“述而不作”，不免过谦之嫌。因为继承、整理、发挥，也是“作”之一种。这一点从他为周易作传——从他发挥周易的含义为大人作解中，也可以窥见一点消息。

何谓天地之德　如何与天地合德

大人的本质特性是与天地合其德，周易如此表示，孔子即如斯论定。《乾》《坤》二卦代表天地，这是伏羲画卦时如此取象，文王、周公亦仿此缀辞。这恐怕不仅周易，即《连山》、《归藏》二书，其《乾》《坤》之象义，亦无二致。孔子所说的与天地合其德，实质上就是与周易的《乾》《坤》二卦合其德，合可训同，或训应。训同，谓大人与天地同德，似乎过分；训应，谓大人与天地之德相应，分寸比较合适。

这里，若要全解此句的真意，首先必须弄清什么叫“德”。德字，古作直，是直的分化字。德的本源在于道，道为德之母体，老子曰“道生之，德畜之”（《道德经》五十一章），韩非曰“德者道之动”（《韩非子·解老》），孔子曰“志于道，据于德”（《论语·述而》）等，都说明德是道的具体表现。道即规律，一个人得了道，掌握了规律，按此想事行事，即谓一个人有德，个体如此，国家也如此。所谓德政，实即合乎道、合乎法则的政治，反之则是不合乎道、不合乎法则的政治。所谓有德者，就是思想和行为都合乎规律的人。天地之德，就是按规律运行的天地的性质与功能。所谓大人之德与天地之德相合，就是说，大人的品性与行为与天地的性质与功能相一致。

那么，周易所示的天地之德是什么样的呢？这一问题，要先从天地说起。这里所说的天地，并非具有人格的天神地祇，如殷商以前的普遍观念那样。但另一方面，它也不是指单纯的自然的天地本体，它所指的乃是大自然的天地的本质属性，亦即周易中的《乾》《坤》之德。《乾》为天之德。《坤》为地之德。从文字构成来看，《乾》之“卓”旁象声，“乞”旁象意，意为草木初生，引申为万物始生之义，坤字右旁申象声，左旁土象意，意为土地，引申为大地万物之义，是为大自然的天与地之性质、功能，亦即此处所说的天地之德。

说到这里，又碰到一个问题，即：《文言》此句是解释《乾》卦九五爻时出现的。那么所谓大人与天地合其德的天地，是仅指《乾》卦中的天（九五爻）地（九二爻）呢，还是泛指以《乾》《坤》为“易之门”“易之蕴”的天地？对此，有不同的看法，如荀爽认为，

“与天合德，谓居五也；与地合德，谓居二也。”（孙星衍《周易集解》）意思是，此句所指仅为《乾》卦爻辞中的大人，九二之“见龙在田，利见大人”，是大人居二位，与地合德。九五爻之“飞龙在天，利见大人”，是大人居五位，与天合德。这种解释，就是把《文言》所谓大人仅限于《乾》卦，这显然是片面观点。理由很简单，倘若从这个观点出发进一步推论，那么下文的“与日月合其明，与四时合其序，与鬼神合其吉凶”云云，却又远远超出《乾》卦的范围。前后脱节，无法理顺。《周易正义》引庄氏所说“谓覆载也”，以及《周易集解》按语所谓“抚育无私，同天地之覆载也”，虽然讲得并不完善，但意指一般的天与地，亦即周易整个体系中的天与地，应该说，这是正确的看法。

但所谓天地之德，究竟指何而言，自来说法不一。除“抚育无私”的覆载之说外，程颐的“合者，合乎道也。天地者，道也”（《易传》）之说，是传统的标准观点。朱熹虽讲了“人与天地鬼神，本无二理，特蔽于有笔者之私，是以梏于形体，而不能相通”（《周易本义》），欲以理字贯通大人与天地之合，但接下来又讲“大人无私，以道为体”，仍将天地之德归结为道，并无新意。张载的说法是“浩然无间，则天地合德”（《横渠易说》），以气之融一为说，亦语焉不详。说得较为具体的是王夫之。他的《周易外传》中有这样一段话：“夫《易》，天人之合用也。天成乎天，地成乎地，人成乎人，不相易者也。天之所以天，地之所以地，人之所以人，不相离者也。易之则无体，离之则无用。用此以为体，体此以为用，所以然者，彻乎天地与人，惟此而已矣。故《易》显其用焉，”大意是说，周易之功能在于天地人合一而用，强调人与天地合德为周易之精髓。关于德是什么，他在下文提出《乾》以纯奇而“居天下之至易”，《坤》以纯偶尔“行天下之至简”，“天秉《乾》德，自然其纯以健知矣；地含《坤》理，自然其纯以顺能矣。”以易、简、顺来点明《乾》《坤》之德，即天地之德。以《系辞》的观点来阐释天人合用说，实际是以孔解《易》，以孔解孔。虽非直接诠释大人与天地合其德之句，但其内容却与此息息相关，只是说法稍为具体一些。来之德以独抒所见见长，但于此仍袭旧说。他所谓“大人所具之德，皆天理之公，无一毫人欲之私。若有一毫人欲之私，即不合矣”（《易经集注》），仍是程朱理学观点的复述，并无创见，而且与孔子《文言》的原意并不一致。从《论语》来看也罢，从《易》传来看也罢，孔子的思想绝不否定人欲。若以无间、无我、无欲来解释人天合一，颇有禅味，显然是佛学成分渗入了儒学。还有陈梦雷之说，也可资参考，他说：“九五之为大人，大以道也，天

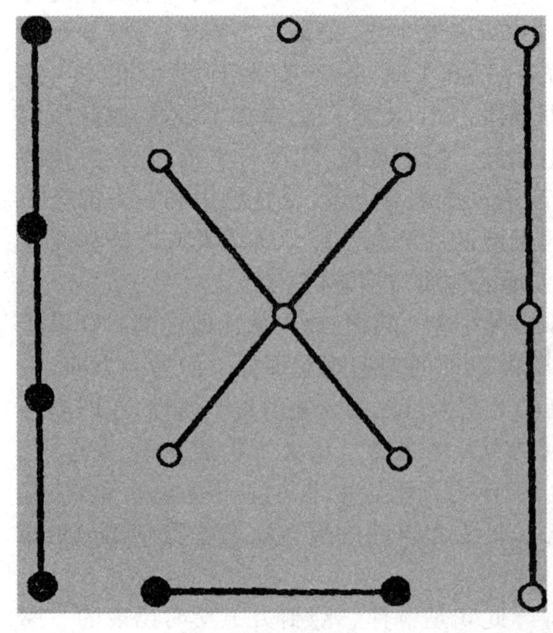
天地之数十有五图，出自宋·刘牧《易数钩隐图》

地者。道之原。大人无私，以道为体，则合乎天地易简之德矣”（《周易浅说》）。这是以孔子易简之说来解释天地之德，而又以程朱道学观点来解释易简之德，是孔学与宋学的杂烩。如此等等，说法分歧。但有个共同点：都说得简陋、笼统，语焉不详。不仅关于天地之德的解说如此，关于“与日月合其明，与四对合其序，与鬼神合其吉凶，先天而天弗违，后天而奉天时”等的解说，也都是一个调子。

下面举几个通行的权威注释，以见一斑。

（一）上述《周易集解》引庄氏曰与天地合其德者“谓覆载也”，与日月合其明者“谓照临也”，与四时合其序者，“若赏以春夏，刑以秋冬之类也”，与鬼神合其吉凶者，“若福善祸淫也”，先天而天弗违者，“若在天时之先行事，天乃在后，不违，是天合大人也。”后天而奉天时者，“若在天时之后行事，能奉顺上天，是大人合天也。”

这种注释支离破碎，意思不能贯通，又不圆到，其中有的说法还牵强附会，令人难以苟同。说天地之德为覆与载，不但不全，而且只触及天地功能的一部分，未揭示天地的本质。说日月之明为照临，也太简单，如何“合明”，并未言及。而以福善祸淫之报应观点解释与鬼神合其吉凶，又流于怪异，不具说服力。至于先天而天弗违，后天而奉天时的注释，则仅是字面的译述，说了等于没说。而其最大缺陷，则是未能以周易思想做解释，即未能做到以《易》解《易》，当然也不完全符合孔传的思想。

但号称“发明三圣之旨，通贯万化之蕴”，作为学易必读的《周易正义》，也引用上述庄氏之说，不加修补，不能不令人感到失望。

（二）程颐的解说：

“大人与天地日月四时鬼神合者，合乎道也。天地者道也，鬼神者造化之迹也。圣人先于天而天同之，后于天而能顺于天者，合于道而已。合于道，则人与鬼神岂能违也？”（《易传》）

在此处，程氏从总体上单以一个道字做解，深得要领。但“天地者道也”的道，应是规律之意，单以合乎规律来解释这段话，未免过简，虽然以“造化之迹”解释鬼神，说得很恰当，但其他方面，只是笼统带过，仍未能讲清原意。

（三）朱熹的解说：

“人与天地鬼神，本无二理，特蔽于有我之私，是以梏于形体，而不能相通。大人无私，以道为体，曾何彼此先后之可言哉！先天不违，谓意之所为默与道契，后天奉天，谓知理如是奉而行之。”（《周易本义》）

朱氏在《本义》中说理又说道，实际仍在说道，与程说仿佛。但说鬼神与人本无二理，不如程颐“造化之迹”之说，具体、深刻。至于合德、合明、合序、合吉凶等，均未言及。对先天后天，也是以道、理一笔带过，只是原文的浅释，而非内涵的发明。

（四）来之德的解说：

“合德以下，总言大人所具之德，皆天理之公，而无一毫人欲之私，若少有一毫人欲之私，即不合矣。天地者造化之主，日月者造化之精，四时者造化之功，鬼神者造化之灵。

“覆载无私之谓德，照临无私之谓明，生生不息之谓序，祸福无私之谓吉凶。

“合序者，如赏以春夏，罚以秋冬之类也。合吉凶者，福善祸淫也。先天不违，如

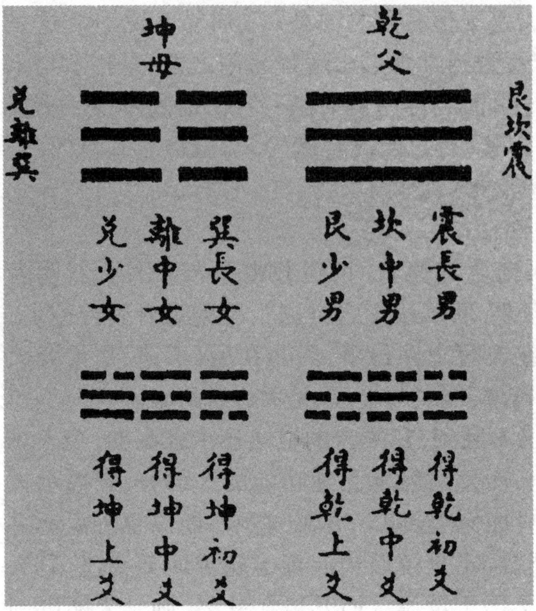

文王八卦次序图，出自清·胡渭《易图明辨》

礼虽先王所未有，以义起之，凡制耒耜作书契之类，虽天之所未为，而吾意之所为，默与道契，天亦不能违乎我，是天合大人也。奉天时者，奉天理也。后天奉天时，谓如天叙有典，而我惇之，天秩有理，而我庸之之类。虽天之所已为，我知理之如是，奉而行之，而我亦不能违乎天，是大人合天也，盖以理为主，天即我，我即天，故无后先彼此之可言矣。……《乾》之九五以刚健中正之德，与此大人相合，所以宜利见之，以其同德相应也。”（《易经集注》）

来氏此解，显然是继承《正义》、《本义》的旧说而略作浅释，颇似理学《易》说的延长。但其中提到《乾》九五以刚健中正之德，与大人同德相应，能以《易》德释人德，应视为合德的正面解释。唯把大人仅限于《乾》九五，未能广及全《易》、泛及人类，却与《文言》之孔意不全相应。

（五）再看看陈梦雷的《周易浅述》：

“九五之为大人，大以道也。天地者，道之原，大人无私，以道为体，则合于天地易简之德矣。天地之有象，而照临者为日月，循序而运行者为四时，屈伸往来生成万物者为鬼神，名虽殊，道则一也。大人既与天地合德，故其明目达聪，合乎日月之照临；刑赏惨舒，合乎四时之代禅。遏扬彰瘅，合乎鬼神之福善祸淫。先天弗违，如先王未有之礼可以义起，盖虽天之所未有，而吾意默与道契，虽天不能违也。后天奉时，如天秩天序天理所有，吾奉而行之耳。盖人与天地鬼神本无二理，特蔽于有我之私而不能相通，大人与道为一，即与天为一，原无彼此先后之可言，其曰先天后天者，亦极言或先或后皆与天合也。”

在上述名家的解说中，陈氏的阐述比较具体，能将原文的概念略加展开。但总体看来，仍然是旧说的延续。除所谓蔽于有我之私云云带有禅味外，大人与道与天为一而无先后之可言云云，既非周易之含义，也乖离孔子《文言》之思想。虽然其中提到天地易简之德，触及要害，但全面看来，仍未抓住孔子思想和周易内涵的统一和融合，未能以此为中心展开解说，所以如此解说，仍不能令人满意。

孔《易》与周《易》的合德

为此，想要彻底全面了解《文言》此话的真义，必须首先把握孔传与《易》义的“合德”。

在孔子思想中，周易是至高无上的圣典，他以“《易》其至矣乎”的赞叹词句进行颂扬，认为《易》之所以如此高尚，原因在于“《易》与天地准”，亦即效法天地人而作，故能“弥纶天地之道”，亦即“冒天下之道”，把天地间的一切道理和法则完全包络在内，其内涵“广大悉备，有天道焉，有人道焉，有地道焉，”故而能“以体天地之撰，以通神明之德”，“开物成务”，’以通天下之志，以定天下之业，以断天下之疑 ”“崇德广业”，“穷神知化。”（以上《系辞》）总之，周易之借天道以明人事的内容，和孔子效法天地的天人合一思想，是完全一致的，不谋而合的。因此，能与天地合德以开物成务，是周易理想中的大人，当然也是孔子理想中的圣人，尧、舜、禹、汤、文、武、周公，便是孔子所崇拜的与天地合德的伟大人物。

那么，所谓与天合其德的“德”，依《易》义与孔义来说，其全部面貌（性质、功能）的具体情况到底是怎样的呢?

前面说过，天地之德即乾坤之德，在实物谓之天地，在《易》中谓之《乾》《坤》。就形体说，谓之天地；就性质说，谓之《乾》《坤》。欲知《乾》《坤》之德，须先知《乾》《坤》之状。《乾》之状为三个阳爻，《坤》之状为三个阴爻，三阳重而为六，成为《乾》卦，三阴重而为六，成为《坤》卦。《乾》《坤》两卦的结构显示，《乾》是纯阳之体，《坤》是纯阴之体，孔子所谓“《乾》，阳物也，《坤》，阴物也”，当指此而言。

先说《乾》卦。《乾》取象于天，象征天的阳性，纯阳之性。纯阳之性的特点是什么呢？是“刚”，是刚强有力。不仅刚强有力，而且运动不息。这就叫做“健”，健是天的本性。天之运行，强而有力，不疲不倦，永无休止。故而取象于天的《乾》，也便以健为本质属性。同时，如前所述，乾字的构成表示事物的伊始。始生之物，潜力最强，如一粒草种，表面虽弱，但具有纯阳的内在活力，即便深厚的土壤，甚至沉重的石隙，也能穿透而出，其力量何止千百万斤。故而“《乾》知大始”之“始”，也充分具有健意。总而言之，纯阳之体、刚强不息、生物之始这三点，筑成了天的《乾》性，亦即健性。这是天的本性，亦即天德之主。

《乾》卦的《彖》辞是元亨利贞，这是文王所缀，是对一卦大义的断语，其含义历来有歧释。一种解释，最早见于《左传·襄公九年》。鲁成公之母穆姜因谋叛而被废。当时她曾占筮以问吉凶，遇《随》卦辞元亨利贞。她的解释是：“元，体之长也；亨，嘉之会也；利，义之和也；贞，事之干也。”这种解释，恐非深居王宫骄奢淫逸的穆姜所能作出，大约来自巫史的传统说法，或流行于上层社会的说法。穆姜之说为四德说，其出现早于孔子生前十三年之久，孔子赞《易》时当然早已知道它。孔子在《文言》中的解说与此类似却不尽同。《文言》曰：“元者善之长也，亨者嘉之会也，利者义之和也，贞者事之干也。”除把元者体之长的体字改成善字之外，其他和穆姜之话完全一样。显然，这是孔子作《文言》时引用穆姜的四德说而略加改造的结果。但是，虽文辞略有改变，解释的话却和穆姜相同，都是所谓“体仁足以长人，嘉会足以和礼，利物足以和义，贞固足以干事。”本来穆姜对元亨利贞的解释，已很精当、深刻，再经孔子一润色，以“善”代“体”，其哲理性与伦理性又提高了一个层次，使《易》理发扬的广度与深度大为提高。但有些《易》家却持歧见，如朱熹就认为元亨利贞并非四德，而是筮辞“元亨，利贞。”即占得此卦者，其运“大通而利于守持正固，原是文王以占筮教人之辞。”

这种说法突出了占筮性而贬低了义理，殊不可取。“元”何以处于体之最高位，即善之最高位？这须从“元”的本始意蕴领会。“始”为生之始，其精粹其活力其前途，一片光明，宇宙最美最善者无逾于此。“天地之德，浑涵于此。于时为春，于人为仁”（陈梦雷《周易浅述》）亦即《释名·形体》所谓“天以生物为元，人以生物为仁”。宇宙间之真善美，皆由此开端。故曰善之长。“亨者嘉之会”的意思是，善之始发，蓬勃不已，通向四方，一切皆为之畅达融合，所谓“乾元者，始而亨者也”，大概就是这个意思。此之为亨。嘉为美，众美由此融合，形成美之冠，则为“嘉之会”。“于时为夏，于人为礼。”夏季万物畅茂，众美合聚，而礼须交接会通，人物盛聚，所谓礼仪三百，威仪三千，繁文缛礼，气象万千，故曰“嘉之会”。“利者义之和也”，是说《乾》天始生，畅通无阻，众美合聚，“阴阳相合，各得其宜”（荀爽语）成果和合，有利于世，“于时为秋，于人为义”。义者宜也，合理为宜，诸事皆宜，即义之和，亦即利之和。故曰“义者利之和也”。“贞者事之干也”的贞，一作正，贞训正，干训树干，坚守贞正，为办事的骨干，“于人为智”。秋收冬藏，冬日须确保收成，坚实无误，以待来年之需。人智亦如收成，必善于守藏，以利今后之用。如此，元亨利贞，即始、通、宜、正，一气生发，沛然莫能御之，是由于天之德一以贯之。这天之德是什么？就是一个健字。所以，《乾》者健也，是对《乾》卦元亨利贞四德最扼要的断语。分开讲，谓之元亨利贞，统而言之，谓之健。即：天以其乾元之性发而致亨利，归于一贞，是健德的功能。《乾》卦卦象爻象彖辞如此表现，孔子的体会也完全相符。他赞叹：“大哉，《乾》元，万物资始，乃统天。”

意思是：《乾》元为万物始生之基，宇宙一切皆靠它而生。它是天的本质，能指挥天的运行。

《乾》元何以具有如此强大的威力？孔子答曰：“天行健。”（《大象》）意为天的运行，刚强不息，“大哉《乾》乎，刚健中正，纯粹精也。”（《文言》）（六爻纯阳，是阳之精。阳为刚，刚则不屈，健则力作不息，一三五爻居阳位，为正。二与五爻分别居初、三与

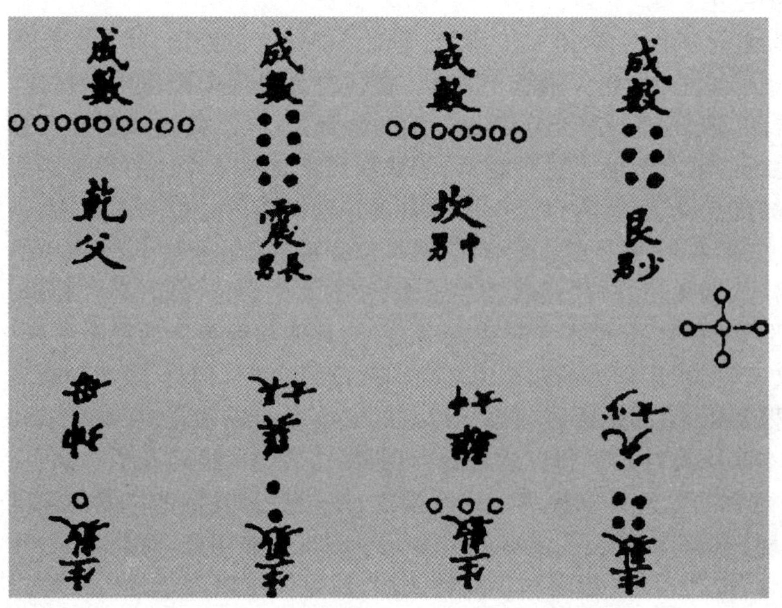

河图序乾父坤母六子之图，出自宋·朱元昇《三易备遗》。此图揭示了八卦皆由乾坤而来的道理

四、六之间,为中,是为刚健中正。)

"夫《乾》,天下之至健也。"(《系辞下》)

(《乾》为天下最刚强有力而孜孜不息的品质)

从上述《乾》性的解释可以看出,孔子认为天德的根本是《乾》,《乾》即是健,天之所以能为万物之始,生生不已,运行不忒,亨利贞干,端在于健德。

天地相对而统一,《乾》《坤》亦相对而统一。《乾》卦皆奇爻,通体纯阳;《坤》卦皆偶爻,通体纯阴。《乾》象天,《坤》象地。坤字由土(土地)与申(伸展)构成,为大地之象征。地之德(即纯阴之德),是什么呢?文王的《彖》辞已有明示。《乾》卦《彖》辞为元亨利贞,《坤》卦《彖》辞亦有这四字,但插入"牝马"。如依程传,这是由于"四德同而贞体则异。"意为元亨利贞之四德,天地(《乾》《坤》)同具,区别在贞之性质不同。"《乾》以刚固为贞,《坤》则以柔顺为贞。"柔顺之性取象于牝马,牝马之行止须依于牡马,听从牡马指挥,有健行不息之性,故而比喻为"牝马之贞"。

《坤》卦卦辞有两种解法,第一种是自王弼始分为两句,元亨为上句,利牝马之贞为下句。朱熹也如此断句,他认为《易》为占筮之书,占者筮得《坤》卦,其运气为元亨(大通),但须坚守牝马般柔顺从阳,健行不渝,方才有利。另一种是看作一句,元、亨、利、牝马之贞为几个并列谓语,类似《乾》卦,仍为四德,这是程颐的说法,来之德斥之为"泥于四德,所以将利字作句"(《易经集注》)。其实,《乾》《坤》如天地一般,互相对立又互相依存,《乾》《坤》合作始成四德。《系辞》所谓"《乾》《坤》其易之蕴邪?《乾》《坤》成列,而《易》立乎其中矣。"《易》立于《乾》《坤》之列中,《乾》《坤》合作,为六十四卦之始。《易》不单始于《乾》,也不单始于《坤》,而始于《乾》《坤》两卦之一体。这样,从根本看来,《乾》德不能孤立,四德之于《乾》《坤》,自分处观之,《乾》健而《坤》顺,《乾》阳而《坤》阴;而自合处观之,则健顺统一,始成《乾》《坤》之四德。从"乾道成男,坤道成女;乾知大始,坤作成物"(《系辞上》首章)等处来思索,自然会领悟《乾》《坤》四德是合中有分,分中有合,虽有不同而浑然一体。由此观之,侧重筮法的朱、来之说,既不合于《易》蕴,自亦不合于孔子思想。故此无妨说,《乾》《坤》合体而四德始备,而万物资始资生,而万象亨通,而万事宜合,而贞正固持。《乾》之能如此在于健,《坤》之能如此在于顺。《说卦》传所谓"《坤》者顺也",是抓住了《坤》的本质特性。《乾》统天而行,《坤》顺天而行,《乾》健而不息,《坤》顺而不息,如此而造成生生不已、千变万化的花花世界。

对《坤》之特性,孔子在《大象》传中作如是说:"地势《坤》,君子以厚德载物。"

不说地势顺而说地势《坤》,为什么?朱熹认为是用字偶有不同,不必穿凿(转引自《周易浅述》)实则坤字即顺字,古文作巛,而巛即顺之假借。故而"地势坤",实即"地势顺"。

但这里出现了问题:地之形势本是参差不齐,何以言顺?孙星衍《周易集解》引宋衷的解答是:"地有上下九等之差,故以形势言其性也。"意为不言地形而言地势者,是由于地形之不齐不可言顺,而以地势言之则可,因为地势可用来表明地性之故。《周易正义》则认为,"地势方直是不顺也,其势承天,是其顺也。"把地势顺解作具有承顺天运之势,实乃片面之词。因为地不仅顺承天运,亦顺应物宜,地势之顺乃地对外之天性，不因对象而异。问题的症结在于，势字不仅作形势解，也作力之奋发解，如风势雨势。此处之地势可释为地之性能。地势顺即地之性能为顺，这样解释，较为合适。

从地势《坤》中，孔子体会出的道理是“厚德载物”。这个体会如同从天行健中引出的自强不息的道理，同样符合天地之德，极为深刻。很明显，大地具有敦厚之性与载物之能。以厚性承载万物，是地之功能，而此功能当然来自顺德。如违戾不驯，则不能顺天生物，也不能载物成物。唯以顺德，大地才能做到“不习无不利”，发挥其“元亨利牝马之贞”的作用。《文言》说：“《坤》道其顺乎！”可谓一语中的。对《乾》卦，孔子赞叹说：“大载乾元，万物资始，乃统天。”对《坤》卦则赞叹说：“至载坤元，万物滋生，乃顺承天。”一则资始，万物凭以始生；一则资生，万物凭以生成；一则统天，以健德统领天体；一则顺天所施，以顺德厚载万物。

为什么对《乾》元称大，而对《坤》元称至？程传说，这是由于“资生之道，可谓大矣。《乾》既称大，故《坤》称至。至义差缓，不偕大之盛也。”他认为至义稍逊于大义，自资生之道视之，《乾》称大而《坤》称至，合乎分寸。而王引之则训“至”为“大”，认为“《坤》与《乾》有并大之义”，不必如《正义》以来宋世说《易》之“强为分别”（《经义述文》），虽可备一说，但稍嫌粗略。细绎文义，“大”与“至”此处义应有别。“大”言天体广大无疆，无所不包，“至”训极，言大地顺天生物，厚德载物，其功能无所不尽。“大”是就资始统领空间而言，“至”则是就顺随资生的功能而言。总而言之，是谓《乾》《坤》之德广大而极尽之意。健顺之外，《乾》《坤》还以其阳阴之质而体现为刚柔，刚柔也是《乾》《坤》之德。孔子曰：

“大载《乾》乎，刚健中正，纯粹精也。”（《文言》）

“《坤》至柔而动也刚。”（《文言》）

“《乾》《坤》其易之门邪！《乾》阳物也，《坤》阴物也，阴阳合德而刚柔有体……”（《系辞下》六章）

《杂卦》说：“《乾》刚《坤》柔。”无论《杂卦》是否为孔子所作，这一论断则完全符合孔意与《易》义。全经《彖》传言及刚柔之卦凡五一，《象》传言及刚柔者凡十六爻，可见刚柔之为用，在《乾》《坤》的德行中也占有重要位置。

或曰：阳刚阴柔，阴阳刚柔本为一体，分而言之，何也？这一点，《说卦》已给予解答，答曰：“立天之道曰阴与阳，立地之道曰柔与刚。”天道变化谓之阴阳，近于造化而言。地道运作谓之刚柔，近于物性而言。或者也可说，侧重于本质谓之阴阳，侧重于功能谓之刚柔。

所以，《乾》卦纯阳，亦可谓纯刚，《坤》卦纯阴亦可谓纯柔。刚柔与阴阳一样，同是《乾》《坤》天地之德行。而《乾》《坤》天地创生万物，则万物亦莫不有阴阳之质与刚柔之性，即：健顺二德虽源于《乾》《坤》，但万物（包括人）既资生于《乾》《坤》，则亦莫不有健顺二性。故而人或物之与天地合其德，自有其演绎的必然性。

天地合德与《乾》《坤》合德

从《乾》《坤》运行的功效方面来看，易与简也分别是《乾》《坤》的个性。《系辞上》说："《乾》知大始，《坤》作成物；《乾》以易知，《坤》以简能；易则易知，简则易从；易知则有亲，易从则有功；有亲则可久，有功则可大；可久则贤人之德，可大则贤人之业，易简而天之下之理得矣。天下之理得，而成位乎其中矣。"（四章）

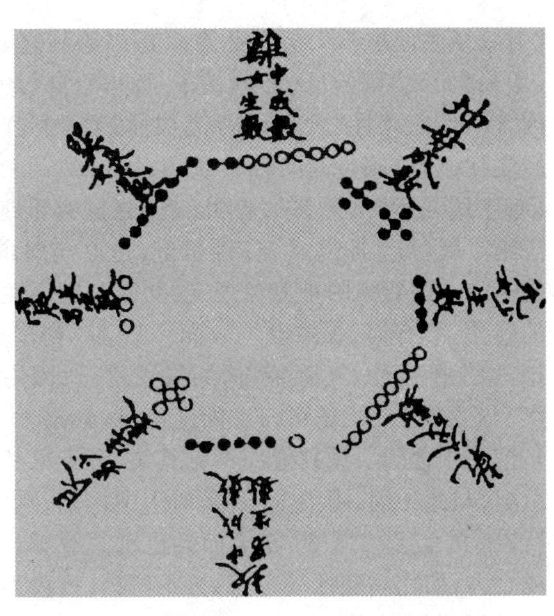

洛书序乾父坤母六子之图，出自宋·朱元昇《三易备遗》

知训主，大即太。《乾》知大始是说乾主持至极致大的创始。《坤》作成物，是说《坤》顺《乾》而作成万物。《乾》以易知，是说《乾》以平易主持创始，以健德而动，主持始物，自然而然，顺理成章，毫不勉强造作。不见其有为而实际上无所不为，平平易易，并无繁难之处。孔子所谓"天何言哉，四时成焉，百物生焉"（《论语·阳货》），就是《乾》以易知的一个注解。《坤》以简能，意为《坤》之性为顺而静，承《乾》之施而作成万物，并不自作主张，"不习无不利"，简简单单，并不复杂。以简约显其功能，是《坤》的个性。易则易知，简则易从以下，讲人法《乾》《坤》之德和天地之道的功效。《乾》的个性既如此平易，则人所容易明白（此处"知"是知晓之意）。《坤》之个性既如此简单，则人所易于遵从。容易明白便获得人们的亲近，容易遵从，便会显出其功效；获得众人亲近，自可恒久不已；显出功效，则可发扬光大。恒久不已之理，便成为贤人的自在之德，发扬光大之德，便成为贤人的功业，人若抓住易简二字，便掌握了天下的根本规律，掌握了天下的根本规律（亦即掌握了《易》理），便可在天地之间确立适中的地位，"至此则体道之极功，圣人之能事，可以与天地参矣。"（《周易本义》）约言之，就是《乾》性易，《坤》性简，，易简为天地之理，人得易简之理，与天地合德，天地人并而为叁，从而形成圣人的地位，同时也才成为通晓周易的人物。

《乾》《坤》的易简之性，也是由《乾》《坤》的健顺之根性所决定的。《乾》健而动，自然地主于始物而无繁难，是为易。《坤》顺而静，受《乾》阳之气而具成物的功能，简单而不复杂，是为简。一言以蔽之，健则易，顺则简。也可以说，易简是健顺所派生的德性。

总起来说，以上所述，要点在纯阳之《乾》与纯阴之《坤》，其根性是健与顺，由健顺而生刚柔，而生易简。

但关于天地《乾》《坤》之德的问题，到此是否已告终结？细思之，尚未说清。亦即进一步观之，《乾》《坤》合德的关系、相反相成的关系，还有待说明。

一阴一阳之谓道，道之内涵为阴阳互根，阴阳互变，纯阳之《乾》必以纯阴为根，纯阴之《坤》也必以纯阳为根，相反相成。可谓阳兮阴之所倚，阴兮阳之所伏，老子所谓

"万物负阴而抱阳",应是此意。是以周易之始,并非始于《乾》卦而是始于乾坤二卦(殷易《归藏》则始自《坤》《乾》,而非始自《坤》卦)。故而《乾》之根性"健"中,自然内含《坤》之根性"顺";《坤》之根性"顺"中,自然内含《乾》之根性"健"。如此,则运行之际,《乾》则行健而有时或顺,《坤》则行顺而有时或健。《文言》说"《乾》元用九(善于用九)乃见天则",表明《乾》之健有重刚之时,应节之而保持刚柔适中,是天之法则。就《乾》卦说,《乾》性虽健,也必与时偕行,潜、见、惕、跃、飞,各随其时不能一健了之。最要紧的是避免过亢,勿以刚健之性,一意猛进,以免物极必反,遭到"有悔"的惩罚。"有悔,非德也。"故而《乾》卦"初曰德之隐,二曰正中,三四曰进德,五曰天德,独上不言德。"(陈梦雷《周易浅述》),因为上为亢极,"知进而不知退,知存而不知亡"(《文言》),无德可言。即此可见,《乾》虽纯阳而含阴质,《乾》虽刚健而含柔性,是谓阳中之阴。见其健而不见其柔,等于见其阳而不见其阴,同是片面观点。《坤》的情况,与此相同,阴中含阳,是谓阴中之阳,顺中含健,也是与时偕行,"不可为典要"。所以《文言》说:"《坤》至柔而动也刚。"意即《坤》性虽极为柔顺,承《乾》行事,但其生成之力,如牝马随牡马奔行,势不可挡,孜孜不息,是为顺中之健,柔中之刚,从根本上说,正是阴中之阳的表现。

关于《乾》《坤》之间这种既对立又统一的关系,孔子是这样论述的:

"夫《乾》,天下之至健也,德行恒易以知险。夫《坤》,天下之至顺也,德行恒简以知阻。"(《系辞下》十三章)

这段话,由于文字的解释有所不同,意思也有差异。一般都训知为知晓,意即《乾》为天下之至健,其德行永恒平易,但学者可以从中知道艰险。《坤》为天下之至顺,其德行永恒简约,学者可从中知道阻难。这样解释,须将全句的主词"乾",在句中换为"学者"(意中省略),甚不自然。拙见以为这段话的主词《乾》与《坤》,理应一贯到底,则文气充沛自然。暗换主词,总嫌别扭。关键在知字。实则知字多义,亦可训见、现,如《左僖二十八年》:"晋侯闻之而喜可知也。"《吕氏春秋·自知篇》:"文侯不悦,知于颜色"等,即是。知为现意,则此段话两复合句都不必暗换主词,可以解作:"《乾》为天下之至健,其德行经常平易而有时现出艰险,《坤》为天下之至顺,其德行经常简约而有时现出阻难。"这样解释,文气充沛,文意通顺,较知训晓为优。总之,《乾》性虽恒常健而易,但不是没有艰险,如《乾》三爻即重刚而有险,上九即过亢而有悔。《坤》性虽恒常顺而简,但不是没有阻难,如《坤》初之履霜坚冰至,六四之"括囊"避害,上六之疑于阳必战,就是明证。

综上所述,深入思之,即可知"与天地合其德"的天地之德(《乾》《坤》之德),究为何物。分言之,天之德为健、刚、易,以健为主,时或有险。地之德为顺、柔、简,以顺为主,时或有阻。合言之,正如王夫之所说"天秉《乾》德,自然其纯以健知矣。地含《坤》理,自然其纯以顺能矣"(《周易外传》),天地之德无非健、顺二字。人处天地之间,与天地参,法天法地,进德修业。法天之健德,以"自强不息";法地之顺德,以"厚德载物"。能如此,则会逐渐造成与天地合其德的根基。理想的大人,是在这方面已达到人天合一的崇高境界。君子进德修业,也应以此为奋斗目标。恐怕不止大人、君子,即小人、平民也应沿此道路立身行事。这既是周易的内蕴,也是孔子的思想。孔子以《易》解《易》,以孔解《易》,的确做到了孔《易》合一,浑然一体。

从古迄今,在中华两千多年的历史上,孔子从周易中发掘出来的这一与天地合其德的思想——以向上的精神自强不息,以广阔的胸怀宽厚容物,应该说,早已成为民族传统思想的精华与骨干,由历代的大人、君子以及平民继承下来,并发扬光大。反过来,凡与此相反的思想行为,当然是中华文化长河中的污物与糟粕,应被抛弃,自不待言。

何谓"与日月合其明"

周易六十四卦体系的结构是三十二对卦的联结,分为上下两经。上经三十卦,下经三十四卦。上经始于《乾》《坤》,终于《坎》《离》;下经始于《咸》《恒》,终于《既济》《未济》。所谓"与天地合其德,与日月合其明,与四时合其序,与鬼神合其吉凶"云云,虽然表面上是对《乾》卦九五爻大人的精神境界及其德行所作的说明,实际上这一说明的含义,早已蕴藏、贯通于全《易》体系之中。上经之始于《乾》《坤》,是说卦,也是说万物。始于《乾》《坤》即始于天地,万物莫不如此。《乾》《坤》之德亦即天地之德,所以"与天地合其德",也就是与《乾》《坤》合其德。《乾》《坤》为《易》之门、《易之蕴》,六十四卦象生于斯,含义亦生于斯。由此可见,从内涵来看,周易可谓始自天地之德,前面所述都是关于这方面的内容。上经的结尾是《坎》《离》,《坎》为水、亦为月,《离》为火,亦为日,《说卦》早有交代。如此,则上经之终,亦可谓终于日月。换言之,也可以说周易上经始于天地之德,终于日月之明(《淮南子·天文训》"月,天之使也,积阴之寒气,大者为水,水气之精者为月。")。当然,这是就结构的安排而言,实质上天地日月之明德,是贯通于全经的机体。为此,关于"与日月合其明"的含义,首先应该从周易本身来探赜索隐。

关于这一问题,汉易的解释可见于《周易集解纂疏》。其中引荀爽之说:"《坤》五之《乾》二成《离》,《离》为日,《乾》二之《坤》五为《坎》,《坎》为水。"讲了《乾》《坤》爻变形成《坎》《离》的情景。这种卦变说,和大人"与日月合其明"的问题,毫无关联,离开义理单讲象数,文不对题。其中按语引庄氏谓"照临也",又说:"言大人威恩广被,无远弗届,若日月照临于四方也。"意为大人之治理天下,其恩德与威严无远不被,如同日月的光辉,居高临下,照亮人间。这是单从政治的侧面来做解释,大体上与周易

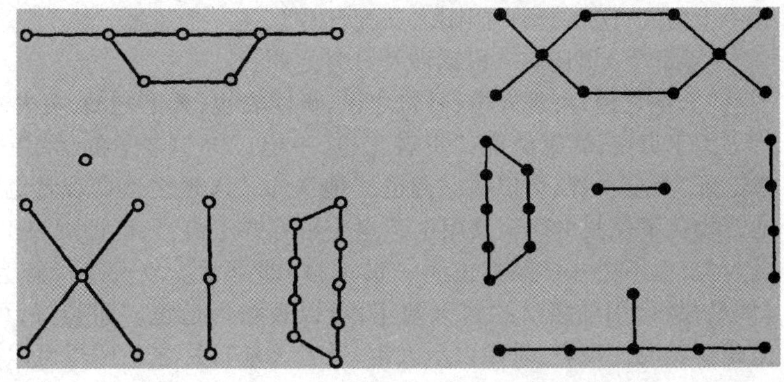

天数图(左)与地数图(右),出自宋·刘牧《易数钩隐图》

本义及孔传《文言》之义接近，但语焉不详，深广程度有所不同。孔颖达的《周易正义》仍采用庄氏说法，没有补充。张载所谓“照无偏系，则日月合明”，来之德所谓“照临无私”，也都是旧说的延用，并无新解。

欲彻底了解此句的含义，还得首先对《文言》作者的本意，进行探索。

《系辞上》十章有这样一段论述：“……法象莫大乎天地，变通莫大乎四时，悬象著明莫大乎日月。”在这里，孔子所谈的是关于人法自然的问题。他认为，在效法和取象上最大的对象，莫过于天地；在变化会通上最大的东西，莫过于四季；在高悬形象、显示光明上最大的东西，莫过于日月。换句话说，在孔子思想中，在人法自然以立人事方面，天地、四时和日月，占有最大最明显的根本地位。所谓悬象著明，当然具有居高临下，普照人间，给人以温暖和光明，惠及万物而无偏私等含义。上述庄氏等易家的解说，当是由此演绎而来。

在论及周易的优越性和《乾》《坤》的始基功能时，孔子曾这样赞叹说：

“广大配天地，变通配四时，阴阳之义配日月，易简之善配至德。”（《系辞上》六章）

译成今语就是：

以《乾》《坤》为始基的周易大而且广，与天地相似；往来变化，运动不已，与四季相似；一阴一阳，一夜一昼，与日月相似；平易简约中庸贞正，与圣人的最高德行相似。

这段话的中心思想是，天地之大、四时之变和日月之明，是周易所反映的对象。既是宇宙之真理，又是圣人的至德。

这段话所说的日月，已经不仅指其光明，不仅指上述庄氏所说的“照临”，而涉及天体运动的阴阳问题。日为阳，月为阴，日为昼，月为夜，日月之光就是在这种一阴一阳的交替更叠中居高临下，普照人间的。这样看来，孔子在《系辞》中所谈到的日月，其内容早已超出后代的解说。这里，不禁令人感到这些后代的儒家弟子，对孔子的易传似乎理解得尚未透彻。

《系辞下》还说过：“日往则月来，月往则日来。日月相推而明生焉。”（五章）

这是孔子讲解《咸》卦九四爻辞“憧憧往来，朋从尔思”时所说的一段话当中的一部分。他讲“天下殊途同归，一致百虑”的定理时，举出日月四时为例，说明大自然在不停地变异中，体现一定不移的真理。日月不停地往来推移，互相交替，昼夜轮回，从而生出人间的光明。换句话说，他认为日月之明，是在昼而夜、夜而昼这样的阴阳交替中生出的，这和上举“阴阳之义配日月”，是一个意思。

《系辞下》里还有一段话涉及日月之明：

“天地之道，贞观者也；日月之道，贞明者也；天下之动，贞夫一者也。”（一章）

关于贞字，韩康伯说：“贞者正也，一也。”并引老子的话“王侯得一以为天下贞”来论证“万变虽殊，可以执一御也。”他认为，“天地之道贞观者也”的意思是：“明夫天地万物莫不保其贞而全其用也。”这个解释并不恰当，但训贞为正为一，还是对的。训贞为常，也不错——保其正而一贯不移，即是常。故贞字可解为常保其正。孙星衍《周易集解》引陆绩曰：“言天地正，可以观瞻为道也。”讲得好，可视为正解。来之德循此解释说：“观者，垂象以示人也，道者天地日月之正理。”可以说，符合《系辞》的本义。具体说,天地保持正常的“大观”形象,垂示人间,使圣人得以仿效,所谓“效天法地”,取得德行之本而造福于天下。正如《系辞下》另一处所说“包(伏)羲氏之王天下也,仰则观象于天,俯则观法于地。”“黄帝尧舜垂衣裳而天下治,盖取诸《乾》《坤》。”(二章)《说卦》所谓“《离》也者明也,万物皆相见,南方之卦也,圣人南面而听天下,向明而治,盖取诸此也”等等,意思在于说明天地、日月等大自然,以其正常的面貌垂象示人,人间万事万物亦循正常之理而运行。人间的圣人效法天之象与德而创为《易》卦,又吸取《易》卦之象与理,而治理天下。效法日月之明,是其中一大端。帝王南面而治,向明而治,是取诸《离》卦,而《离》卦则来自于效法天日之明。

从上述可得出一个信息,即《文言》所谓“与日月合其明”,其意义绝不止“照临与阴阳之义”而已,那只是自然的客观的景象与功能。圣人、大人效法日月之明、效法其照临及阴阳之变的景象与功能,用之于治国平天下。甚至面南而坐,也是从效法天日之明而来。①

依据这一点进一步观察,可以见到,在周易体系中法天之“明”,实为重要概念。

《坎》《离》与日月

探讨“与日月合其明”问题,必然涉及《坎》《离》二卦的象征。据《说卦》所记,《坎》《离》象征水火,也象征月日。从义理上说,《离》为火,又为日,日为火之司,其关联自然成理。但《坎》为水,又为月,月与水的关系却不易理解。虞翻注释《坎》卦卦辞所谓“……水行往来,朝宗于海,不失其时,如月行天。”以设譬联结水月关系,实为牵强。《淮南子·天文训》所说“月,天之使也,积阴之寒气,大者为水,水气之精为月”,这样论理而推,较前说为优,但《易》中并无此象,当属离经衍义,也难令人首肯。对此唯有从象数上寻觅,始可找到答案。陈梦雷的解说,就合乎经义。他说:“六十四卦以《乾》《坤》为首,而《坎》《离》居其中。盖《坎》《离》二卦,天地之心也,造化之本也。天一生水而二生火,《坎》藏天之阳中,受明为月。《离》丽地之阴中,含明为日。《坎》为水而司寒,《离》为火而司暑。《坎》为月而司夜,《离》为日而司昼。故先天之图,《乾》南《坤》北,后天则《离》南而《坎》北。《坎》、《离》为《乾》、《坤》之继体。”(《周易浅述》)这样从《乾》、《坤》相交而生《坎》、《离》,从《坎》、《离》的天阳多少而生水火,从《坎》、《离》内伏阴阳之别而分日月,再以《坎》《离》之司寒司暑,论及其为夜为昼,最终据以论证先后天图中《乾》、《坤》、《坎》、《离》位置的相对变动,层层深入,条条成理,既可自圆其说,又不乖离周易象数之义。虽是承袭汉宋《易》家之说,但作为问题的答案,却比较允当。

但另一方面,周易六十四卦大小《象》及卦辞爻辞中表现日明之处,却多于月明之处。爻辞虽有“月几望”三处:《小畜》上九《归妹》六五以及《中孚》六四,但都是强调阴须顺阳,并未涉及日月之明与照临之义。

① 上古帝王之治取之于《易》卦,显然属于臆想。但那是另一问题,此处只探讨《系辞》中天人合一的观念。

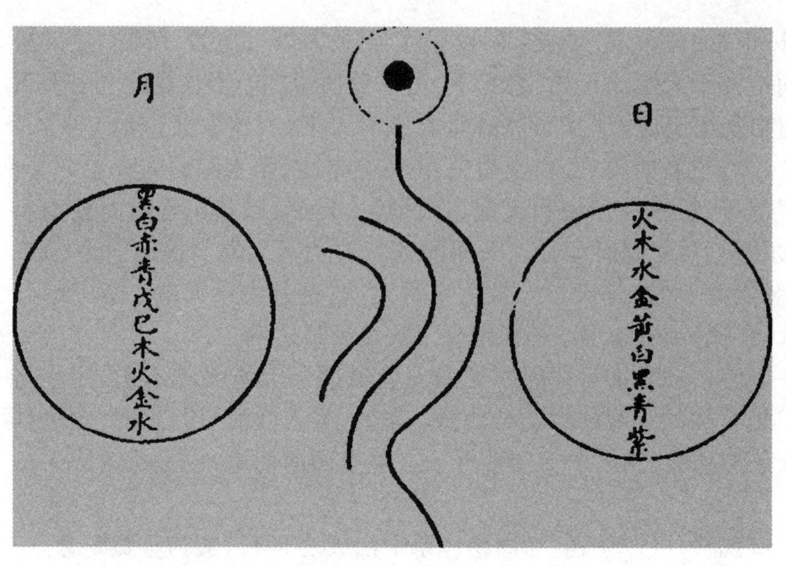

日月为易图，出自元·张理《大易象数钩深图》

在六十四卦经文中并无直接讲说日月之明之处。但《易》象中却有，《离》卦就是。《象》传则从《易》象中发掘此义加以引申，并结合人事发挥议论。《坎》《离》为伴侣，但《坎》卦《象》传却只谈水谈险及处险之道，而未涉及日月之明。何以如此？也许在孔子看来，从"习坎"之水象中引出险义自然合理，而引出月明则过于穿凿吧。《离》卦的《象》传是：

"《离》，丽也。日月丽乎天，百谷草木丽乎土。重明以丽乎正，乃化成天下。柔丽乎中正，故亨。"

对这段话，王弼的注释是，"丽犹著也。各得其著之宜。"简明扼要，十分恰当。古文离字为多义词，有分合二义，此处释为丽，丽即附著之义。《离》卦的卦象是上下二卦皆为《离》，一阴附著于二阳之间，象征火，火为明，两火相继，即两明相继，是为重明。重明象征高挂于天上的日月，白天日明，夜里月明，二明相继，以重明照临人间。同时，百谷草木则附着于土地而生长，万物亦皆有所附著，而各得其宜。但《离》卦卦象启示人们，不但明以继明，而且阴附于阳，阴顺乎阳。二爻为阴，其位中而且正，五爻亦得中。虽阴居阳位为不正，但《易》道中贵于正，无中不正。正因为"柔（阴爻）丽乎中正"——柔顺而居于中正之位，故而亨通。所谓重明，是说日与月在中正的正常运行中照临四方，万物赖以生长发育，天下得以文明。上下皆明，故曰重明。

《离》卦一面反映日月重明的天道；一面又反映出圣人自天道悟出的"继明"治世的人道。《象》辞所谓"明两作，大人以继明照于四方"，既是这样。大意是：从两明相继而来的卦象中，君临天下的圣人悟出，治世之道为日月相继，明而继之以明，以明明之德惠及人间，前后皆明，是为继明。

细看《离》卦卦象与《象》《象》辞，可以看出，所谓"夫大人者与日月合其明"的含义，大体如此。《礼记·大学》所说"在明明德""明明德于天下"等，大约来源于此。

附带说一下，《周易大传新注》认为"有德无位为大人，即大德大才之人"，恐是误解。不但于全经中许多大人之义不合（详见前文），仅就《离》卦《象》传来看，也很清楚，有德无位的贤者（如颜渊），自无由照临四方而化成天下。必须有其位而丽乎中正者，始可言此。另外，该书又袭用来之德说，以为“《离》卦卦体，上《离》下《离》，《离》为日，是太阳今天升起，明天又升起，继续不断，永远如此。”把重明看作重日，而不取《离》为火、为明之义，且置“日月丽乎天”及“继明照四方”之明文于不顾，恐有失孔传原意。孔传原意很清楚，自然是《乾》九五大人与“日月合其德”的观念的延长。解《离》卦时应与《乾》卦前后照应，否则易陷于一偏。

日月高悬太空，照亮人间，其象犹如悬卦于天间，宇宙万物，俱在其光辉照临之下，繁荣生长。吉凶善恶，也无所隐匿。此种形象，在周易中构成《火天大有》卦。象辞说：“火在天上，大有，君子以遏恶扬善，顺天休命。”孔子由此卦象中悟出，君子应如火在天上，生育万物，洞见善恶，并止恶扬善，扶阳抑阴，从而顺应上天的美命。司马光说得好：“火在天上，明之至也。至则善恶无所遗矣。善则举之，恶则抑之，上之职也。明而能健，庆赏刑威得其当，然后能并有四方，所以顺天休命也。”（《温公易说》）

天上之明，无过于日月，日月之明，犹如火在天上。从《大有》卦的象义可以体会到，“与日月合其明”者，其意义不仅如上述阳阴交替，照临人间，生育化成万物，以明德治国，惠及众庶，而且善恶分明，赏罚得当，能以“明而能健”的德行，治理天下。

“明而能健”的德行多表现于赏罚。在周易《大象》中，论及断狱之卦凡四：《火雷噬嗑》、《山火贲》、《雷火丰》和《火山旅》，每一卦的卦体中都含有火。何以如此？显然火之态为明，光明辉眼是火的特征。断狱的基本条件是“明”，即看清案情的原貌，在“明”的基础上断案，才能断得正确，否则不明不白必成为冤假错案。故而《象》传以火喻明，以明为断狱之必的体会很有道理。治国之道不仅断狱如此，其他是非赏罚等莫不如此，如能做到明如日月与日月合其明，则国泰民安的功业，自可期其必成。

“与四时合其序”的含义

《系辞上》说：“法象莫大乎天地，变通莫大乎四时”（十一章）。孔子认为，“尊法天卑法地”，“与日月合其明”之后，继而效法的便应是天地日月运行而生出的四季。在天上地下，趋时而变（《系辞》“变通者趣时者也”）的事物中最大的乃是一年四季的变化。人向大自然学习，必须“广大配天地，变通配四时”（《系辞上》六章）。如天地之广大，如四时之变通。变通的内涵是，阳变而通乎阴，阴变而通乎阳，老阳老阴变化往来，轮转不已，酿成“寒往则暑来，暑往则寒来，寒暑相推而岁成焉”（《系辞下》五章）。亦即天地日月之阴阳变化，造成春夏秋冬四季的有秩有序的互变互通。《乾》《坤》所秉的元亨利贞四德，即与人间的春夏秋冬四季相应。春之元始，配仁；夏之嘉会，配礼；秋之利物，配义；冬之贞固，配智。学者从四季中学习仁、礼、义、智，从而进德修业。同时因应四时之变，春种夏耘，秋收冬藏，有秩有序，不失其时，以增进农业生产，更是众庶、君子，尤其是在位的大人，必须重视策划的生计大道。故此，“与四时合其序”，不仅在精神修养的进益上十分重要，尤其在物质生产的指导上具有极大的价值。但这还只是就狭义而言，如扩大眼界，就其广义而言，则所谓“与四时合其序”者，还有更深邃的内涵。这方面，周易本身和孔传都有具体而明显的表达。孙星衍

《周易集解》引庄氏认为“若赏以春夏，刑以秋冬之类也”，《周易正义》也袭用此说。此说以刑赏之合乎时节解释在位的大人“与四时合其序”，有一定的历史依据，但内容贫乏，又未抓住要点。实际上，四时之序的问题，孔传已讲得十分清楚。天地日月之运行，能够形成四时的秩序，就《易》蕴来看，有两个必要条件。一是节；一是革。前者见于《节》卦，后者见于《革》卦。

《节》卦《彖》辞说：“天地节而四时成，节以制度，不伤财，不害民。”

节字本义是“竹约”（《说文》），竹子分为一段一段，是为节，衍义为有限而止之意。事物分段落，就是分节。在天地运行中，气候形成段落，即形成季节，于是春夏秋冬四季得以形成。《周易正义》解释说：“天地以气序为节，使寒暑往来，各以其序，则四时之功成也。王者以制度为节，使用之有道，役之有时，则不伤财，不害民也。”把孔传大意讲得很明白。

进一步思考一下便会明白，天地之气候倘无节制，冬寒当止不止，夏热当至不至，生存环境无节奏无秩序，则人间万事万物何得生、长、收、藏？所以，天地运行必须有节，有节而后才能有排列次序，形成循环不已的生长链条，这才是正常的天地运行之道。大人的进德修业，也必须仿此而行。建立各项制度，以节制各项工作，造成正常的工作秩序，如同四季之运行有序一样，始可利国利民。节，是四时之序形成的首要条件，也是与四时合其序的首要条件。

四时之序形成的第二个必要条件是革。只有节制而无革新，便不会生出新段落，无新段落，当然就不会形成运行的前后次序。就气候来说，春革成夏，夏革成秋，秋革成冬，冬革成春，春、夏、秋、冬，有节有革，自然形成正常合理的秩序。就这个意义来说，无革也便无节，无序。因此，《革》卦说：“天地革而四时成。”表明天地形成四季，必经变革。变革是万物新陈代谢、生生不已的普遍法则，无变革也便无有推陈出新；新旧不交替，也便不能形成新秩序。所以孔子赞叹说：“革之时大矣哉！”天道如此，人道何尝不然。孔子由此悟出，“汤武革命，顺乎天而应乎人。”季节的革新是自然界生存发展的必然规律，为政者应该效仿这一规律，致力于人间的变革。政权的变革属于“与四时合其序”的顺天应人的必然规律。

由上述可见，大人“与四时合其序”的内涵，绝不只是传统《易》学所说的治国的局部手段“赏罚的季节”之类，更重要的在于，治国平天下的大政方针，必须要有革新、有节度、有秩序，合乎人道，如同四季之轮变有序，合乎天道一样，这才是“与四时合其序”这一命题的本质意义。

何谓鬼神　如何与鬼神合其吉凶

关于“与鬼神合其吉凶”这一命题，其本质含义如何，须先以说者的思想为探索的起点。《论语》记载，孔子不谈怪、力、乱、神，重人事而罕言“性与天道”，是入世的伦理大师。对“六合之外”的所谓鬼神之事，抱着存而不论的态度，“知之为知之，不知为不知”。基于此，可知《文言》所说的鬼神，绝非超现实的主宰。这一点《易》家旧解亦多认同。主要有下列几种解释：孙星衍《周易集解》引荀爽曰“神为天，鬼为地也。”

以天地为解，亦即以阴阳为解，并非殷人传下来的仿人的神鬼观念。同书引虞翻之注大意相同。虞曰“谓《乾》神合吉，《坤》鬼合凶。”这一解说，是“与天地合其德”这一根本观念的推衍，《乾》神吉《坤》鬼凶。大人既然能与《乾》《坤》合德，自然就能与鬼神合吉凶。此解虽有象数意味，并未讲出吉凶含义，但仍是以阴阳之变讲鬼神，而非以俗念讲鬼神。

其次是福善祸淫说。同书引庄氏曰：“若福善祸淫也。”其按语曰：“祸淫福善，叶鬼神之吉凶”，《周易正义》亦持此说。来之德解释说：“祸福无私之谓吉凶……合吉凶者福善祸淫也”（《易经集注》）。此说之意，颇类似俗话所谓善有善报，恶有恶报，善报为福，恶报为祸，皆自作自受，长久而自然形成者。《坤·象》所谓“积善之家必有余庆，积不善之家必有余殃。”庆为福，殃为祸，系天地自然的法则，非私意所可转移。但这和汉代以后传入中国的佛教思想的因果报应论，却迥乎不同。面对此种人间动态，执政的大人应持什么态度？陈梦雷解得好，他说“与鬼神合其吉凶”的意思是：“遏扬彰瘅，合乎鬼神之富善祸淫”亦即《尚书·毕命》所说“彰善瘅恶”之意。大人如能做到赏善罚恶，使善归于吉，恶归于凶，而无私心，就符合天阳地阴，天神地鬼的运行规律，顺天应人，无往而不利。此之谓“与鬼神合其吉凶”。

再次是造化说，程颐持之。程说：“天地者道也，鬼神者造化之迹也。”古词“造化”的意思是创造化育，自然成物。《淮南子·精神训》“伟哉，造化者！”注曰“谓天也。”同书《本经》“与造化者相雌雄”，注曰：“天地也。”同书《览冥》“怀万物而友造化”注曰“阴阳也。”其注释将造化解作天地阴阳创造并化育万物。如此，则程传之意大约是，鬼神乃是天地造化万物而运作的“影子”。与荀、虞之说基本相同而稍显具体。其实，无非是《系辞》所谓《乾》始《坤》成，阴阳变化，生育万物的玄妙功能，谓之鬼神。有善有恶谓之吉凶，不过是这一学说的变相表达而已。总之，此说认为大人者，能做到顺应造化之迹所显现的吉凶，从而修德进业，平治天下；绝不以私欲另造吉凶祸福而违背自然。张载所说的“酬酢不倚则鬼神合其吉凶”，意思也大同小异（韩

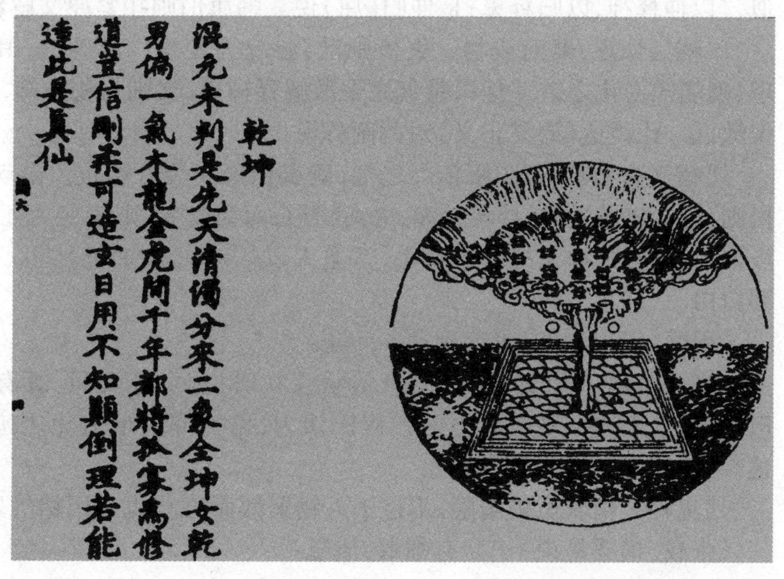

宋·龙眉子《金液还丹印证图》中的乾坤图。此图的上方代表天，下方代表由大海环绕的大地，表现了古人对“乾坤”的理解

康伯说："酬酢，犹应对也"）。

最后是来之德的兼并观点，来氏一面说："天地者造化之主，日月者造化之精，四时者造化之功，鬼神者造化之灵"，以造化说作解；另一方面又说："复载无私之谓德，照临无私之谓明，生息无私之谓序，祸福无私之谓吉凶……合吉凶者福善祸淫也。"（《易经集注》），又以祸福说作解，并两说为一。并无新意。

另外，还有"气"说。吴澄在《易纂言》中说："日月、四时、鬼神皆天地之气所为，气之有象而照临者为日月，气之循序而运行者为四时，气之往来屈伸而生成万物者为鬼神，名虽殊，其实一也。"

他以气和气的屈伸往来解释鬼神，这是把《系辞》的屈伸往来说与后代的气为宇宙本质说结合而作出的注释，与《易》义和孔说大体接近，如将气解为阴阳，则与《系辞》完全一致。

最后还有陈梦雷的浅释，值得一提。他说："天地者，道之原。大人无私，以道为体，则合于《易》简之德矣。天地之有象，而照临者为日月，循序而运行者为四时，屈伸往来生成万物者为鬼神，名虽殊，道则一也。"（《周易浅述》）显然，他是采用程氏的道说，去其造化说，而以孔子的屈伸往来说代之，作为自己的浅释。实际上，深入想想，上述天地、阴阳、造化、气、道等说法，本质上无非是孔子所说的一阴一阳之谓道，名虽殊，其实一也。也可以说，诸说都是以孔说为基础而衍申出来的。

为此，回过头来还须探索一下《系辞》对此问题的原始观点。

周易本文无神字，有二鬼字（《既济》九三"高宗伐鬼方"及《睽》上九"载鬼一车"）前为地名，后为外貌的形容，俱与哲理无关。《系辞》中神字三十三个，鬼字一个，神鬼连用二处。弄清鬼神连用之处，就可了解在孔子思想中《易》传的鬼神是指何而言。《系辞上》说："精气为物，游魂为变，是故知鬼神之情状"。（四章）

对此，古人咸以哲理加以解释。如孙星衍《周易集解》引郑康成说："游魂谓之鬼，物终所归；精气谓之神，物生所信（伸）也。……其状与春夏生物，秋冬终物相似。"以伸释神，以归释鬼；是伸归（屈）说。韩康伯则扣紧原文解释说：

"精气烟煴，聚而成物。聚极则散，游魂为变也。游魂，言其游散也。尽聚散之理，则能知变化之道。"他以精气之聚散解释神鬼，聚则为物为神，散而游则为鬼：这是聚散说。孔颖达《周易正义》对此阐释说：

"精气为物者，谓阴阳精灵之气，氤氲积聚而为万物也。游魂为变者，物既积聚，极则分散，将散之时，浮游精魂，去离物形，而为改变，则生变为死，成变为败。……但极聚散之理，则知鬼神之情状也，言圣人以《易》之理而能然也。"把原文含义讲得明明白白。

程颐《伊川杂录》也谈到这一问题：

"问：《易》言鬼神情状，果有情状否？曰：有之。又问：既有情状，必有鬼神矣。曰：《易》谈鬼神，便是造化也。"程氏认为，鬼神即天地造化之迹，上文已详，不再赘述。郭雍《家传易说》则曰：

"鬼神之情状虽极幽隐，不过于人物聚散而已。"也袭用精气聚散说讲神鬼。

张载《横渠易说》于此有细解，他说：

“精气为物，游魂为变：精气者自无而有，游魂者自有而无。自无而有，神之状也，自有而无，鬼之状也。大意不越有无而已。物虽是实，本自虚来，故谓之神。变是用虚，本缘实得，故谓之鬼。”以从无到有，从有到无的道家之有无说来作解，实质上与上引聚散生死之论，并无二致。

来之德《易经集注》的解释是：

“阴精阳气，聚而成物，则自无而向于有，乃阴之变阳，神之伸也。魂游魄降，散而为变，则自有而向于无，乃阳之变阴，鬼之归也。”

他继承聚散有无说，又加上阴阳伸归二义用以解释鬼神之情状。

陈梦雷《周易浅释》说：

“神者伸也。……鬼者归也，亦渐归于澌灭而已。”“人生谓之神，死谓之鬼。”以伸归生死释神鬼，也是重复归说。神字又音申，原可表示伸长之义，死字有归义。人死为归，而“人所归为鬼”（《说文》），“人死曰鬼”（《礼记·祭法》），“众生必死，死必归土，此之为鬼”（《礼记·祭义》）。以伸、归释鬼神，也属古义。

圣迹图中的《筮贲损益》图，描述了孔子与弟子们占问的情景

除“鬼神之情状”有如上诸种解说外。单就神字来讲，《系辞》还另有含义，最著名的命题是“阴阳不测之谓神”。

对此，韩康伯的注解深得要领，他说：

“神也者，变化之极，妙万物而为言，不可以形诘者也。……不知其所以然，而况之神矣。”

这是说，事物的千变万化，莫可测知为神，神是形容词，不知其变化之故，故以神字形容之。犹如成语“料事如神”之神一样，并无超现实的神秘性。

这样综合看来，《系辞》所谓鬼神者，既有精气聚散、伸归、生死、造化之迹等义，又有变化莫测之义，用陈梦雷的话来说，无非是“阴阳二气聚而为神，……散而为鬼，离合聚散往来于天地间……阴阳变化而不可穷诘”，谓之鬼神，他这番话，是把《系辞》的精气聚散说和变化莫测说综合到一起的论述，大体符合孔传的本义。此外，《系辞上》当中还有一处鬼神连用的话即：“此所以成变化而行鬼神也”，是讲述筮数起卦的妙用，也是莫测高深之意，与人格化的鬼神无关，《系辞下》中“所谓“鬼谋”（十二章），是指谋于占筮，也含有幽深难明之意，也非世俗所说的鬼。

孔传的鬼神之义，大致如此。

然则，大人"与鬼神合其德"又是怎么一回事呢？这一点，细读《系辞》，也会从中找到答案。《系辞上》说："一阴一阳之谓道"，"阴阳不测之谓神。"（五章）

意为阴阳之相反相成是宇宙的普遍法则，而阴阳的微妙变化令人莫测，是为神。（神鬼一体，神为阳为主，鬼为阴为辅，都是变幻莫测之义。）

在人之中，有所谓圣人，能力超众，可以把握阴阳变化的规律，是为大人。孔子认为这种"知变化之道者，其知神之所为乎"（《系辞上》九章）!？意为了解神之所为，就是了解阴阳变化的趋势，使不测之神成为可知之几微。所以，《系辞上》又说："神以知来，智以藏往"（十一章），虽指《易》筮之妙用而言，实亦可用指人事。把过去的经验教训铸为智慧，深知变化趋势，从而测知未来，这也就是"精义入神，以致用也"（《系辞下》五章）的意思。孔子认为，"穷神知化，德之盛也"（《系辞下》五章）。亦即能尽知事物变化的法则，是为德的高峰，当然便可"与鬼神合其吉凶"。至于何谓"吉凶"，在《易》理来说，不过是"言乎其失得也"（《系辞上》三章），得为吉，失为凶。而导致吉凶的法则是："吉凶以情迁"（《系辞下》十二章），意为"吉凶无定，唯人所动，情顺乘理以之，吉；情逆违道以蹈，凶"（韩康伯注）。就是说，顺乎情合乎理的行为，趋于吉，逆乎情违于道的行为导致凶。或吉或凶，或得或失，关键在于合理或不合理。既然居于德之高峰的大人能穷神知化，当然其行为便合情合理。而合情合理，自可趋吉避凶。

总起来说，在孔子的理想中，德高位尊的大人，能做到穷神知化，顺天应人，从而在治世修业上，合情合理，福善祸淫，趋吉避凶。这就是"夫大人者与鬼神合其吉凶"的全部含义。

类似的大人物，在历史上不乏其例。

汤武革命，顺乎天而应乎人，合情合理，似有神助，结果为吉。

武王伐纣，进军孟津，以时机未熟，暂时退兵，以观动静。"知进退存亡而不失其正"（《文言》），终获胜利。这是知变化之道，以退为进，故而结果大吉。

孔明知阴阳变化之道，未出茅庐而预知天下强弱必演变为三分，真有神鬼不测之机智，故而如愿以偿。

仅从以上几例，即可看清，为政者倘能深谙阴阳变化之理，顺天应人，"与鬼神合其吉凶"，则必胜无疑。

先天后天，运用自如

剩下的问题就是"先天而天不违，后天而奉无时"了

在注释前句时，孙星衍《周易集解》引崔憬曰："行人事合天心也。"又引庄氏曰："若在天时之先行事，天乃在后。不违，是天合大人也。"注释后句时，引崔憬曰："布政圣政也。"又引庄氏曰："若在天时之后行事，能奉顺上天，是大人合天也。"

其中的"行人事合天心也"，恰 中要害，可谓一语道破天机。不仅适用于解释先天后天问题，《文言》这一全段也离不开这一中心。

但这里存在两个疑问：一是开宗明义处说的是与天地合其德，结尾却只说天而不说地；二是所谓先天后天的天，是指何而言。关于前一疑问，可以这样回答：天地即《乾》《坤》，天为主而地顺之，以天代表天地，并无不可。开头说大人与天地合其德，是要全面表达天健地顺等德性，不宜以天为代表。后面的天，当然是天地的代表、首脑，实际已包含顺天而行的地在内，语气上更简洁有力。至于先天后天的所谓天，并不是殷代统治宇宙的天帝之意，也不是周初人们思想中"天命靡常"的带有人格意味的天。就整个周易《易》传来看，"天"字凡一百九十七个，是出现频率最多的概念，意义可分为五种：以《说卦传》所称《乾》为天，以天为《乾》的取象素材；（二）以天为《尚书·尧典》所说"钦若昊天"（以太阳为主体之大天），如《乾》卦九五爻之"飞龙在天"，《系辞》之"尊效天"，《文言传》之"天玄而地黄"，等等；（三）指与人相对的自然社会与历史的大势，如《大有》卦《象》传之"顺天休命"，《无妄》卦《彖》传之"天命不佑"，《萃》卦《彖》传之"顺天命也"等等；（四）指一卦之上爻，如《大有》卦上九"自天佑之，"《大畜》上九"何天之衢"，《明夷》上六"初登于天"，"《中孚》上九""翰音登于天"，等等；（五）指一种肉刑，如《睽》卦六三"其人天且劓"，天是割鼻之肉刑。所有天字，都不表示天神。孔子在《系辞上》五章里有一段话，使我们对天及天佑这类哲理意义的天字，能正确理解。

"《易》曰：自天佑之，吉无不利。子曰：佑者助也，天之所助者顺也。人之所助者信也。履信思乎顺，又以尚贤也。是以自天佑之，吉无不利。"

这段话虽是对《大有》上九爻辞的解释，但爻辞是表达人事的，解释也离不开人事。所以顺字阐明天人合一的道理，正是上述"行人事合天心"的表述。天的概念表达得最鲜明是《革》卦的《彖》传"顺乎天而应乎人"，革命之顺天应人的天，当然不是指天帝天神，而是指与人相应的客观力量，具体说，也就是俨然存在的大自然、社会与历史潮流汇合成的合乎规律的不可抗拒的积极的客观大势，顺者昌，逆者亡。它与神秘的超现实的带有感情和幻想作用的主宰，毫无共同之处。这就是"先天而天弗违，后天而奉天时"中的天字意义。

先天，是在天之前，即在客观形势的发展尚未到来之前。此时，预见

亚圣孟子像，图选自明·吕维祺编《圣贤像赞》。孟子与孔子同为著名的儒学思想家。孟子（包括孔子）极重视"时"的思想，孟子说孔子是"圣之时者也"。这与《周易》中的"时"的意思大致相同，都是强调随机应变，立身行事不可死守规律，在变通中求得中道

形势到来之朕兆而采取行动，推动形势的发展，这就叫做先天而行事。反过来的“后天”，是在天之后，即客观形势已经到来，适应形势（奉天时）而推动形势前进，这叫做后天而行事。先天行事而符合天势，所以天势与己身努力并不违拗，谓之“先天而天弗违”。客观形势业已到来，自己承应形势，顺势行动，与天势的发展，正相适应，谓之“后天而奉天时。”

这里出现一个问题：奉天时的时字应作何解。《周易全解》释之为“时势”，似不妥当，因为先后天的天字，已经具有时势之义，无须赘以时字。天时应是两个词，即天之时，而不是一个词。把它视为“天时、地利、人和”之天时，就这段话的全文来看，显然与原意不融洽。至于《周易译注》，则把天解作“天象”，把“先天”解作“……自然界尚未出现变化时，豫先采取必要的措施”，把“后天”解作“……自然界出现变化之后，及时采取适当的措施。”又把天时视为一个词，说它是“指大自然的阴晴寒暑等变化规律。”这样以自然界的气象变化和人所采取的事先事后的措施，来解释这里的天人关系，显然大大缩小了天字的意义，歪曲了时字的含义。

如上所述，这里的天实际是指天道，即指按规律运行的客观形势而言。那么，奉天时的时字在此处是什么意思呢？想弄清这一点，还得取之于周易。“时”为《易》蕴之重要概念，孔子（包括孟子）极重视“时”的思想，《易》传中出现五十七次。《系辞下》云：“变通者趣时者也”（首章），意思是随机应变。王弼说：“卦者时也，爻者适时之变者也”（《周易略例》），是说卦是表现一种情境，爻则随情境之变而变。《艮》卦《彖》辞说得明白：“时止则止，时行则行，动静不失其时，其道光时。”就是说，时机适于止则止，适于行则行，或动或静合乎时宜，则《艮》止之道是光明的。孟子认为孔子是“圣之时者也”，意思相同。都是说，立身行事不可死守旧规，要随时应变，在变通中求得中道。用今天的话来说，“时”就是具体情况，辩证法所谓一切以时间、地点、条件为转移，可以说成以“时”为转移。俗语说：“看情况办事。”就是依“时”办事之意。为此，“时”字可以解作时机、时宜。所以，后天而奉天时这句话，应该解作：客观大势形成之后再采取行动，其行动也是顺应客观大势的时宜，恰到好处。

举例来说，前者如燧人氏发明钻木取火，是客观上前所未有的。发明出现之后，与客观需要完全一致，这岂非“先天而天弗违”？凡人类正常的发明创造，出现之后为举世所欢迎的，都属于这一类。在政治方面，例如孔明未出茅庐而测定天下三分，先于客观形势而拟定的大政方针，实行之后，正符合客观形势的发展而不违背，也正是“先天而天弗违”。

“后天而奉天时”的事例，也比比皆是。殷纣暴政，天怒人怨，形成火山将要爆发的客观形势。武王忍无可忍，奋起抗争，虽是为形势所迫，也正是大势所趋，他因应并顺从形势发展，在孟津又暂时以退为进，把握时机，终于取得胜利。又如袁世凯复辟称帝，蔡锷等志士发动讨袁，虽后于形势的到来，但因为本质上顺应历史潮流发展的时宜，符合天心人愿，故而一举获胜。

对文言中关于大人的定义这一段，做了如上探索之后，首先感到的是，《易》学史上一些传统的权威性解释，都不能令人满意。王弼《易》注，对此一字不提，不在话下。

荀爽、虞翻、庄氏等人的小注，或偏于象数，或言之过简，管中窥豹，只见一斑。大名鼎鼎的程注，也只以一个道字，解释大人的人天合一，结论正确，但未免过于笼统。朱熹把道字换成理字，也语焉不详。总之，历代易家均未能对孔子这段话作出具体详尽的解释，都未能阐发其奥义。尤其令人遗憾的是，未能就《文言》乃是孔子学《易》的心得与体会这一点，未能就孔子以《易》解《易》，乃至以《易》发《易》，进而达到以孔解《易》的哲学高度这一要点，进行论述。有鉴于此，笔者试从《易》学体系的高度和孔《易》思想融合的深处，做了如上一些阐释。

同时，笔者由此联想到孔子所创始的儒家思想的来源 。孔子自称“述而不作”，可能是“信而好古”《论语·述而》的表示，也可能对述、作的字义另有他解。但实际上，删《诗》、《书》定《礼》、《乐》作《春秋》乃至赞《易》等活动，虽有旧章为基础，但在体系上文辞上内容上均有创新，蔚然成家，成为先秦时代的显学。举例言之，仁孝的思想源于尚书，兴观群怨，温柔敦厚的思想，源于诗经，无为而治(《论语·卫灵公》)的思想源于老聃，礼的思想源于周礼，等等，而孔子思想中的主体成分，即其哲学部分——宇宙观、社会观，人生观等核心部分以及中庸的思想方法等，则无疑是由周易脱胎而来。本文所述的法天效地思想，与日月合其明，与鬼神合其吉凶，与四时合其序，先天后天与天合拍的思想，亦即天人合一的思想，就是孔子学《易》之后写《乾》卦心得《文言》时，从周易中获得的思想升华。

关于孔子思想与周易的关系，容后再谈，本文到此结束。最后，还想再提个问题：孔子理想中的所谓大人，其典范究竟是什么模样？是什么样的人物？

《易经今译》作了如下的解释：“……《庄子》在《逍遥游》篇中，描述藐姑射山的仙人，乘云驾驭飞龙，遨游在四海以外，就能使天下万物和谐，五谷丰收。这一仙人的形象，也与‘大人’相似。”

如此将孔子理想中的大人与庄子理想中的仙人相比，认为近似，这难免泾渭不清、风马牛相混之嫌。道理很简单，孔子属于儒家，其天人合一的思想是入世的，是讲天道以明人事的入世主义。而庄子则属于道家，其天人合一的思想是出世的，是疾人事而向天道的浪漫主义。大人是圣明的人物，仙人则是超凡的构思，两者的性质根本不同。至于孔子理想中的大人，具体面貌如何，笔者认为，可以从孔子思想的专集《论语》中找到答案，《论语》泰伯篇说：“子曰：大哉，尧之为君 也！巍巍乎，唯天为大！唯尧则之。荡荡乎，民无能名焉！巍巍乎，其有成功也！焕乎，其有文章！”这段话是对理想的先王帝尧至德的极度赞颂。大意可归纳为十六个字：帝尧法天，功德无量，万民争颂，文明显赫。其中的决定性思想，是“唯天为大，唯尧则之”。则者法也，唯有帝尧法天而治，才能获得如此成果。法天就是效法天之德，就是与天地合其德。惟其能与天地合其德，做到天人合一，先天后天，运用自如，故能成就伟大事业。基于此，可以说《易》传《文言》中所称颂的大人，其思想源于周易的《乾》卦；而孔子则联系史上的圣明帝王加以定义与称颂，构成他理想中的大人形象。

第十四篇 《易》卦的功能及《易》与蓍的关系

吉凶者得失之谓也

如同“观物说”那样，孔子在“太极说”的末尾，也谈到八卦的功能，即“八卦生吉凶，吉凶生大业。”（《系辞上》十一章）

在孔子的认识中，周易的所谓吉凶，与其他占卜不同。其他占卜的吉凶只限于占辞的狭义范围，周易的吉凶则以占辞面目而讲义理。在孔子看来，只要事物滋生，分出门类，利害便不同，难免产生纠葛，出现得失，得失就是吉凶。《系辞》伊始所说的“方以类聚，物以群分。吉凶生矣”，即含有这层意义。这是得失的事理，是八卦所谓吉凶的现实基础。八卦所谓吉凶，是指阴阳二象相反相成而产生的得失。所谓“刚（阳）柔（阴）杂居而吉凶可见……爱恶相攻而吉凶生”（《系辞》十二章），“刚柔相推而生变化，……吉凶者失得之象也”（《系辞上》二章）等，即指此而言。虞翻的解说是：“阳生则吉，阴生则凶。”李道平疏谓：“‘阳生则吉’者，阳主息，故吉也。‘阴生则凶’者，阴主消，故凶也”（《周易集解纂疏》）。便是以阴阳二象的本性与变化所产生的得失，对自然和人事作出的诠释。当然，这种得失是自然与人事的得失在卦象中的反映。依照这一视角来看，“八卦定吉凶”这句话，便可解为阴阳二象经四象而构成八卦（含六十四卦）之后，其卦爻象和变化就产生了反映万物间利弊得失的性能。这和上述“观物取象说”所谓八卦“通神明之德”“类万物之情”，意思相通，但内涵有所扩展，触及人间的利害关系。尤其是下文的“吉凶生大业”，更进一步表示，人们一旦从卦爻象的变化中体会到阴阳之道所显示的吉凶之理，以为立身行事的指南，趋吉避凶，变通尽利，那便会成就光辉富有的伟大事业。这是从阴阳变化之道的客观作用这一层面，对《易》象八卦的功能所作的解释。

定吉凶与见吉凶

无须赘言，周易的确具有这样的功能，孔子在《系辞上》中曾就此反复加以强调。如说：“夫《易》，开物成物，冒天下之道”（十一章），“圣人所以崇德而广业也”（七章），等等，不一而足。但是另一方面，“八卦定吉凶，吉凶生大业”这一论断的内涵，似乎不止于此，还有另一层面的意义。从辞以达意的角度察看，这个论断如只表现上述八卦的客观功能，则应说成“八卦见吉凶”，而不应该说成“八卦定吉凶”，“定”或“见”，一字之差，谬之千里。“见”只表示客观作用，“定”则表示本身的能力。换言之,“定”有方法论的意味,“见”只有表现论的意味。孔子终身谨于事而慎于言,从不随意用词。此处不用“见”而用“定”,必有道理。看看下文,便见分晓。

“……法象莫大乎天地,变通莫大乎四时,悬象著明为天下利,莫大乎日月,崇高莫大乎富贵,备物致用,立成器以为天下利,莫大乎圣人,探赜索隐,钩深致远,以定天下之吉凶,成天下之亹亹者,莫大乎蓍龟。”(十一章)

这段话的内容很重要,译成今语如下:

能够效法的形象,最大的莫过于天地。变化而通达的事物,最大的莫过于四季。形象高悬而光明显著的,莫过于日月。人间崇高的事业,最大的莫过于帝王的富贵。备置实物供民使用,创制器具,便于天下人利用,功能最大的,莫过于在位的圣人。能从事物的幽昧之处探索深藏的事理,钩取深远的几微,从而判定天下万端的吉凶,促使天下人奋勉前进,最好的莫过于蓍龟。

据此下文来看上文,“八卦定吉凶”之意便昭然若揭。所谓定,是判定之意。也就是说,八卦(周易)具有依据本身阴阳变化的象数义理来预先判定事物前程的功能。但是,用什么方法求取卦情与爻变,据以判定吉凶呢?那就是蓍占的方法(易占用蓍不用龟。文末所谓蓍龟,只是为了垫音的行文需要),亦即《系辞上》九章所详细介绍的用蓍草求卦的方法。不经蓍草(或其他算具)的运算,便得不出具体的某卦,而不通过某卦的具体卦情,测问的吉凶便无法判定。不仅《易》占如此,任何占卜也都得如此。换言之,必须经过数→卦→测三个步骤,才能判定来事的吉凶。《系辞上》二一章所说的“蓍之德圆而神(运算时,蓍草变化无方,如圆球旋转莫测)。卦之德方以知(求出的卦,形体固定而蕴涵智理)。六爻之义,易以贡(一卦六爻,以刚柔变化告知所测的来事)”这三句话,清楚地表明了“八卦定吉凶”的具体过程。宋儒杨万里所说“以蓍之神,得卦之知(智),故六爻之义可推,吉凶之告可献矣。”即指此而言。

由上述情况来看,可知所谓八卦定吉凶并不是见吉凶。“见吉凶”可能表示客观作用,“定吉凶”则无疑是说八卦经占筮而判定来事的吉凶。但由此也可见,由阴阳二象推衍生成的八卦,一方面是表现宇宙的本质和规律的图形(通神明之德),和表现天下各类事物情态的缩影,具有这样的客观性能,这可谓“见吉凶”;另一方面,它又具有用于占卜的形式和功能,与揲筮的方法结合后,又可据以预测来事,这可谓“定吉凶”。前者是表现必然性义理的哲学功能,后者则是以揲蓍的偶然性求取义理的必然性,从而测定吉凶的占卜功能。换言之,也可以说由阴阳、四象衍化而组成的《易》象,内蕴双重功能:表现事理和用以测事。八卦乃至六十四卦由阴阳、四象衍化而组成后,在尚未与占筮结合以前,它只表现出前一功能。只有当它与筮法结合以后,才表现出占筮功能。这一点,从上引孔子那段话里,可以清楚地看出。孔子生活于春秋时代,距离周易成书的年代,总比宋代的朱熹等要近的多,并且他讲话慎重而有分寸,所以他对阴阳八卦的形成和性质的论述,无论如何总比后代人可靠性大,可以作为探讨问题的主要依据。

蓍生《易》,还是《易》生蓍

依据孔子上述言论来看,显然阴阳二象并非来源于占卜的兆象,阴阳二象组成的八卦最初也不是用于占筮。虽然它含有用于占卜的可能性，但如不遇到筮法开发的条件，就不能由可能变成现实。但是，有的学者却持相反的看法，认为后世所说的“先有卦而后有蓍的说法”是不对的，根据是孔子《说卦》传的首章：

“昔圣人之作《易》也，幽赞于神明而生蓍，参天两地而倚数，观变于阴阳而立卦，发挥于刚柔而生爻。”

这些学者把这一章的内容解为，圣人首先创立用蓍草占卜的筮法，然后依照筮法，观察蓍草运算或阴或阳的结果，而一爻一爻地画出了八卦。并且，依此断定蓍草的占法发明在前，八卦的形成在后，筮占的奇（天数）偶（地数）成为卦的阳（乾）阴（坤），蓍占的奇数偶数成为《易》卦的结果，记录下来便形成卦乃至八卦。

但这个解说，不可避免地要碰到几个疑难问题。如避开这些疑难问题，这个解说便不能成立。

（一）孔子在《系辞》里多次反复强调《易》的阴阳八卦之源，是效天法地。他认为古圣仰观俯察，观物取象，“极深而研几”，立象尽意，经过两仪、四象的衍化过程，才以《乾》《坤》两卦为底蕴而逐渐演成八卦，乃至六十四卦。这既合乎事物发展的道理，也合乎思维发展的规律。孔子从未表示阴阳八卦源于占筮，只有朱熹、高亨等才持有这种观点。正因为这样，朱熹才主张经传有别，认为“到孔子，方始说从义理”，占筮才是《易》的本义。

（二）虽然上古人对“数”怀有神秘感，认为占筮所得奇偶是表示天地之数，但那毕竟只是量的概念，只反映万物量的侧面一点，和反映万物本质规律，涵盖宇宙一切的哲学范畴根本不同。奇偶概念如何上升而质变为阴阳范畴，难以解答。

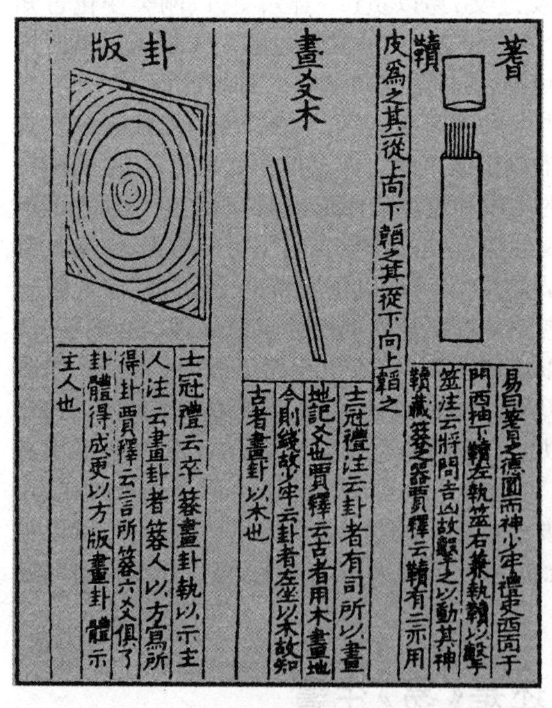

《筮具三图》，介绍了古代卜筮的工具。图出自聂崇义集注的《新定三礼图》

（三）“昔者圣人之作易也”这句话，意思模糊。昔者指何时？圣人指谁？都未说清楚。如指伏羲，《系辞》中已经明说，此处不必含糊。可见未必指远古的伏羲，也许是指近古的文王。以孔子的慎言文风来说，可能它对蓍占何时产生，何时进入《易》境，也不了解，正如他对周易的作者是谁并不了解一样，只好模糊了之。尤其是这句话中的“作易也”三字，意思固然重要，但表达上仍是一片烟云。“作”的意思是创作。最初伏羲画阴阳二象，可谓之画或是作。

上述三个难题，都使蓍法生《易》之说难以作答，难以成立。下面再看看另一种解说。

对《说卦》传首章的另一种解说，从东晋《易》家干宝的言论中即可发现。干氏的注释认为，首章是表明圣人"始为天下生用蓍之法"(《周易集解纂疏》引语)，是讲述蓍法创立和用以求卦的过程。但他的注释还不大清楚、具体。讲得最清楚而具体的是宋代哲人程大昌。他在《易原》中论述"设卦占卦之别"说："夫子之说卦也，曰：'圣人之作《易》也，幽赞于神明而生蓍，观变于阴阳而立卦，发挥于刚柔而生爻。'以若语而细抽其序，则蓍在卦前，变出蓍后，有类乎蓍能生《易》矣。故后人因用四策，而傅会以为四象也。特不悟策之有数，盖其受之于《易》耳，而非能与《易》立则者也。夫子说《易》，而蓍先于卦者，正为扣蓍得卦者言之，非其追言伏羲作《易》之始也。"

这段话的大意是：若从首章的文字来看次序，蓍法的创立在前，卦变地出现在蓍法之后，似乎蓍法能生出《易》卦，以致后人把蓍法四营附会为两仪生四象的四象。这是因为不懂得蓍策的有数是从《易》卦吸收过来的，并不是蓍法能为《易》卦提供创立的准则。孔子讲《易》，把蓍法放在立卦之前，乃是对用蓍求卦的人说的，并不是追述伏羲始作《易》卦的情况。

清代学者陈梦雷的解说更干脆，他以结论式的语气说："伏羲非因有蓍而后画卦也，盖因生蓍而用之以求卦也。"(《周易浅述》)

作《易》与生蓍是否出自伏羲之手，是否出自一人之手。蓍法是否因《易》而生，是另外的问题，姑置不论。总而言之，上述两种相反的解法中，显然后一种蓍草求卦说，较为中肯，似应视为正解。因为，倘若孔子《说卦》传首章讲卦生于蓍，那么他在别处讲"观物取象""效天法地"以及太极生八卦等说，都不能成立，整个《系辞》乃至十翼的主体思想都站不住脚。这两种相反的解说，或此是而彼非，或彼是而此非，二者必居其一。当然，观物说和太极说是代表孔子对《易》源的真实观点。

由此可见，《说卦》传首章的内容是告诉人们，八卦是八卦，蓍法是蓍法。八卦与蓍法结合，才能求出测事的卦，不经蓍数的引导，就无法进入《易》象，求出相应的卦，就无法"定吉凶，生大业"。筮法是《易》卦显示占测功能的必要条件。文中所说的"参天两地而倚数，观变于阴阳而立卦，发挥于刚柔而生爻"，就是概述蓍法立卦的具体进程。亦即运用蓍草经过倚数、观变，依据蓍数表现出的刚柔而生爻。再依据爻卦的阴阳，从六十四卦中求出某一卦象。首章前四句的内容，就是这样。至于演化为四象、八卦的图像，也可谓之画或作。不过，问题在于"作《易》也"指什么时候，是画卦"之前"、"之际"，还是"之后"？《易经今译》把"作《易》也"译为"制作易经的意图"，当然不妥，但可见这三个字的意思非常含糊，不容易看清楚。但从下文"幽赞于神明而生蓍"(深入探求天地阴阳造化的奥妙而创建了用蓍草占筮的方法)看来，"作《易》也"大约是表示伏羲作成八卦之后，又发现了神奇的蓍草，并据此发明了《易》占的方法。也可能是指别的圣人创造了筮法，而由伏羲用于《易》占。前文说过，世界上任何占卜，都在占经之外另有占法。占经是本体，占法是导体，本体不能导入占卜，得由占法导入。故此，圣人作了《易》卦，只是建立了占卜的依据，要想占事知来，还必须另有导入的筮法。从事物产生的顺序来看，一定是先有作为依据的本体，然后再导入开门入室的方法，不管这方法的来源如何，先后顺序必然如此。这个顺序绝不能颠倒，不能先有导入的方法，后有依据的本体。尤其是本体产生于方法之类的观点更是于理不合，说不通的。

占非《易》的本质功能

《说卦》传首章末两句是“和顺于道德而理于义，穷理尽性以至于命”。意思是《易》卦能够配合、顺应天人之际的道德法则，理顺人间的正义，穷尽事理，探尽物性，以至通晓大自然赋予的命运。这是对《易》卦创作宗旨及其功能的极度赞颂，较之《系辞》所说的通神明之德，类万物之情和定吉凶、生大业等功能，更深远更巨大。但揆诸事理，《易》要想发挥如此巨大而深远的功用，单凭蕴理的卦象是不够的。因为高度抽象的卦象，其腹中深处的奥义，除圣者之外，难以为一般人所了解。所以必须缀以文辞（卦名、卦辞、爻辞），使一般人看得懂，才能达到定吉凶，生大业，顺道德，理仁义，穷理尽性以至天命的高度功效。孔子所谓“系辞焉而明吉凶”（《系辞上》二章）“辨吉凶者存乎辞”（同上第三章）等，就含有这个意思。但《易》卦仅有象和辞还不够，还只是“方以知”（一个具有方正形体而内涵智慧的静止的卦体），还需要一个“圆而神”的蓍法（圆变莫测的揲蓍法），以导入《易》体而求出具体的卦，才能抓住这个卦的卦象、卦序、卦辞、爻辞及其变化，再依据道德义理和占辞，结合事态进行分析，才能作出吉凶悔吝等占断，以预测来事而趋吉避凶。只有这样，《易》才能起到“以通天下之志，以定天下之业，以断天下之疑”（《系辞上》十一章）的作用。当然，周易并没有这么大的作用，但不管怎样，孔子对周易作用的想法，从《易》传的文字来看，是这样的。故此，可以说，《说卦》传首章内容应为两部分：第一部分是讲《易》与筮法的结合，筮法求卦的过程。第二部分是讲《易》象有了文辞和筮法之后，能发挥出如何巨大的功能。

《说卦》传第二章接着从《易》理上对卦象的结构意义及其发展作了说明。它说：

“昔者圣人之作《易》也，将以顺性命之理。是以立天之道曰阴与阳，立地之道曰柔与刚，立人之道曰仁与义。兼三才而两之，故《易》六画而成卦。分阴分阳，迭用柔刚，故《易》六位而成章。”

孔子认为，当初圣人作《易》的原则是，依顺天命（大自然造化的必然形势）与物性（包括人性）的法则。所以每卦三画，自上而下象征天道、人道、地道。天道为阴阳之气，地道为刚柔之质，人道为仁义之德，是为三才。而三才俱是两两相对，于是把三画卦增加一倍，形成了六画卦。六画卦的六个爻，或为阴柔，或为阳刚，流动变换，“上下无常”。《易》的卦体，就是这样由原来的三画三位进一步变成了六画六位（初、三、五爻为阳位，二、四、六爻为阴位），形成现有的章法。（王弼所谓初、上无位，是解卦法，不是指卦的章法）

以上所述，便是孔子所叙述的周易阴阳八卦的作用、主要含义、蓍占、功能以及卦体发展形成的大概情形。

综上所述，可以总结出下面几点：

第一点 孔子对阴阳八卦来源的看法，与朱熹、高亨等的占筮说不同。他以观物取象说和太极说从历史上和逻辑上论述了阴阳八卦的来源,合情合理。较之占筮说以类比和想象为据,要高明得多。

第二点 孔子对《易》的来源、发展与形成的论述,亦即从阴阳二象的产生及其经四象而发展为八卦,再由三画卦发展成六画卦这一系列的论述,完全符合事物发展和思维发展从简到繁的自然规律。

但是有的现代学者却从筮占数术发展的考察研究中,得出了相反的论点,如《中国文化三百题》的占卜部分说:

西周前后成书的《易经》,即蓍占专书。《易》经中的八卦:乾、坤、坎、离、震、艮、兑,用阴爻(—)阳爻(—)组成卦形,代表四组基本的对立事物,乃由原始筮占不断简化而成。蓍占是建立在古人对阴阳关系、天人关系的数学解释上的占筮。

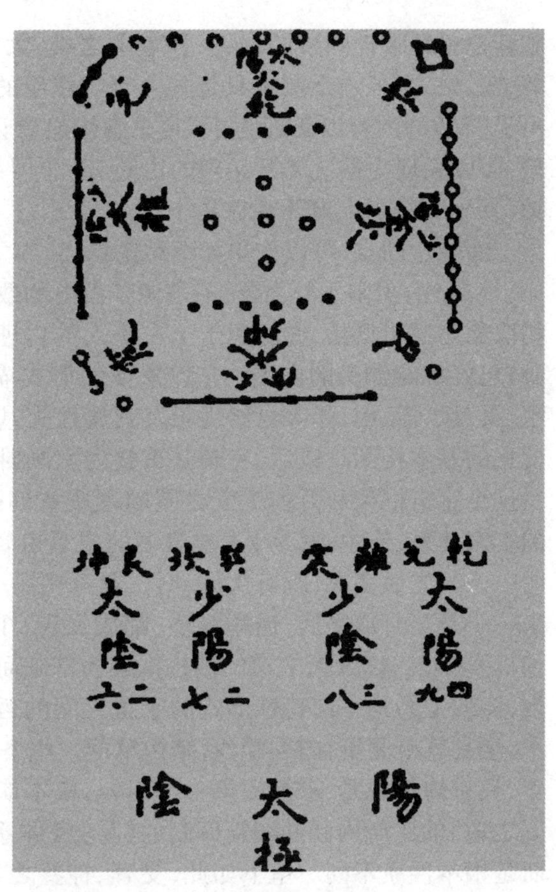

伏羲以河图作易图,选自宋·胡方平《易学启蒙通释》

这段话认为,易经是占卜术中蓍占专书,以数来解释阴阳关系和天人关系。同时,原始的筮占是复杂的,经过不断简化,才形成了八卦。但是,蓍占是否是以阴阳关系和天人关系作数学解释为主的占术,尤当别论,《易》却迥非如此。如上所述,它不是一般的筮书。对它来说,蓍占只是起卦之法,而非《易》的本质。《易》的本质是阴阳之道的哲理,“占”只是它的外形和功用,只是它的功效的一部分。说它原来就是蓍占,和朱、高的肤浅说法一样,是表面的认识。说它是由原始蓍占不断简化而成,更是联想大于实据。这种看法恐怕也是在考察近现代落后种族的蓍占之后,通过逻辑的类比而形成的。但这种不完全的古今类比,不仅可靠性很小,而且还有一个极大的漏洞,无法自圆其说,即:除周易外古今中外的其他各种各样的筮占(包括其他杂占),何以没有一个演变成冒天下之道的哲学?为什么?可见《易》之所以为《易》,之所以主体是哲学,那只能是它原来并非占术,不是由蓍占简化或演化而来。

第三点《易》先有阴阳八卦,而后引入筮法。《易》是仿天效地,和顺于道德而理于仁义,穷理尽性而做成的,不是模仿蓍草演数,在占卜过程中画成的。

第四点 古圣人作《易》的目的是顺性命之理,不是简单的测事。其内容充满天道、地道、人道的义理。所以它与蓍法结合用于占筮后,其占事知来的方式和内容,也和其他单纯求神问事的占卜,如龟卜之类,大大不同。孔子说"《易》有圣人之道四:辞、变、象、占。"占卜测事只是其内容与作用的一小部分。而且,尤其特殊的一点是,由于《易》的内容以义理为主,并充满忧患意识和训诫思想,所以其占断也离不开义理,而以义理为据。离开义理的占断,绝非周易的占断。也许因为这样,孔子虽也颂扬《易》占的功用,却不主张占卜。

综合这四点,可以作出如下结论:

《易》的阴阳八卦之象,不是源于占卜的数字记录或其他符号的记录,而是源于观物取象与逻辑概括,亦即源于上古圣人的哲理观察与哲理思维,其原始的八卦(三画卦)已经深藏渊奥的内涵。它以象征的形式描绘出一幅以天、地为本,由天地所生的水、火、风、雷、山、泽等自然现象及其属性为基础的宇宙框架及其涵有万事万物无限变化的基本构图。以后,三画卦重叠为六画卦,再衍化为六十四卦三百八十四卦,则是这个宇宙框架和万物生变之图顺理成章的推演。对于《易》这个所谓"先天之学"的本来体系,连主张《易》为占筮书的朱熹也赞叹说:"……圣人作《易》根原,直截分明……其先后多寡,既有次地,而位置分明……方见六十四卦全是天理自然,挨排出来……及至卦成之后,逆顺纵横,都成义理,千般万种,其妙无穷。"(朱子大全《答袁仲机》)显然,以天人之道的结构框架为基础而演化成的周易体系,虽以占筮的面目出现,实质上乃是一部特殊形式的宇宙人间的哲学。古往今来世界上任何占卜星相之术,全是就事测事,内容浮浅,结构单薄。龟卜就是个典型的例证,它风行于殷代几百年,只有灼龟观兆,求神问事一点内容,根本谈不到体现任何天人法则,与周易"冒天下之道"的广阔内涵和鸿篇巨制的《易》象体系,无可伦比。双方不是小巫大巫之别,而是根本性质不同。龟卜如此,筊牌、神签之类的杂占,更不在话下。即此可见,《周易探源》作者李镜池所谓"周易是占筮书,与卜辞同类,向鬼神贞问是它的本义"云云,是错误的片面观点。同朱熹、高亨一样,都没有从周易形成的全过程及其主体内容和主要功能上抓住它的根本性质。

但是另一方面,也必须看到,原始的《易》象(阴阳八卦)体内已经蕴涵以占卜面貌用于测事的基因,所以发展到卦形完备并有了文辞之后,它才能够自然而然地接受蓍法,形成我国特有的以占卜形式寓理测事的哲理著作、伦理著作和辩证思维的图书。